新时代教师发展丛书

教师怎样进行

校本研修

◎ 严先元 课文丽 编著

U0660694

教师怎样让师德师风落地生根
教师怎样引导学生用好信息技术
教师如何进行教育评价
教师怎样做教育行动研究
教师怎样进行教学诊断
新课程的课堂教学是什么样子
教师怎样进行校本研修
教师怎样设计一堂好课
教师怎样进行课堂教学质量的管理

东北师范大学出版社

长 春

图书在版编目(CIP)数据

教师怎样进行校本研修 / 严先元,课文丽编著. —
长春:东北师范大学出版社,2020.7
(新时代教师发展丛书/严先元主编)
ISBN 978 - 7 - 5681 - 7005 - 5

Ⅰ.①教… Ⅱ.①严… ②课… Ⅲ.①中小学—师资
培养—研究 Ⅳ.①G635.12

中国版本图书馆 CIP 数据核字(2020)第132933号

□责任编辑:何世红 □封面设计:隋福成

□责任校对:李 杭 □责任印制:许 冰

东北师范大学出版社出版发行
长春净月经济开发区金宝街 118 号(邮政编码:130117)
电话:0431-84568164
网址:http://www.nenup.com
东北师范大学音像出版社制版
辽宁新华印务有限公司印装
沈阳市张士经济技术开发区
中央大街六号路 14 甲—3 号(邮政编码:110021)
2020 年 7 月第 1 版　2020 年 7 月第 2 次印刷
幅面尺寸:169 mm×239 mm　印张:15.75　字数:226 千

定价:90.00 元

总　序

教师是立教之本、兴教之源。教师作为教育发展"第一资源"的价值判断，确定了教师在实现中华民族伟大复兴中国梦进程中的重要作用。中共中央、国务院在《关于全面深化新时代教师队伍建设改革的意见》中明确指出："教师承担着传播知识、传播思想、传播真理的历史使命，肩负着塑造灵魂、塑造生命、塑造人的时代重任，是教育发展的第一资源，是国家富强、民族振兴、人民幸福的重要基石。"这不仅强调了教师与现代化国家的共生关系，更突出了建设高素质、专业化、创新型教师队伍与建设具有中国特色社会主义现代化强国之间的密切关联。

党的十九大报告指出，使命呼唤担当，使命引领未来。建设高素质、专业化、创新型教师队伍任重道远。我国有研究者指出，建设这样一支队伍主要有三条基本途径：一是个体内在路径，二是制度外部路径，三是文化融合路径。[①] 本书在这三个方面都有涉及，但更多地聚焦于教师主体性实践的个体内在路径，对当前广大教师来说，这可能是更适切的。

关于本丛书内容选择，主要出于以下考虑：习近平总书记曾在《求是》杂志发表《一个国家、一个民族不能没有灵魂》的重要文章，他引用《左传·襄公二十四年》中的话"太上有立德，其次有立功，其次有立言"，教导我们要"立德""立功""立言"，才能创不朽之业。本丛书重视通过"以德立身、以德立学、以德立教、以德育德"，促进师德修养提升，不仅有专册论述，而且在各册中突出价值定位和价值引领。由于教师的"建功立业"在时

---

① 朱旭东，宋萑，等.新时代中国教师队伍建设的顶层设计 ［M］.北京：北京师范大学出版社，2018：8-9.

间和精力上大多用于"教学活动"，特别是用在"提高教学质量的主阵地——课堂教学"上，因此我们针对教学诊断、教育评价、教育行动研究、校本研修等都做了分册撰述。同时，根据教师专业的特质，教师发展必须以"实践性知识"作为支撑，我们也从校本研修、行动研究、技术促进学习和提高信息素养等方面做了一些专门的讨论，希望教师以"立言"的形式进行创新探索，积淀经验成果，实现交流互动。

建设教育强国是中华民族伟大复兴的基础工程，我们每一位教师都为投身这伟大斗争、伟大工程、伟大事业、伟大梦想而深受鼓舞。我们深信，经过奋发努力，"教师综合素质、专业化水平和创新能力大幅提升，培养造就数以百万计的骨干教师、数以十万计的卓越教师、数以万计的教育家型教师"，"广大教师在岗位上有幸福感、事业上有成就感、社会上有荣誉感，教师成为让人羡慕的职业"的目标一定能实现。

为此，我们期待着本套丛书的出版能够为广大基层教师的教育教学工作带来一定的帮助。

2020 年 7 月

前　言

　　教师专业化是现代教育发展的历史要求，教师专业发展则是教师专业化的方向、主题和核心内容。从教师教育的历史实践看，教师专业化的重点正从群体转向个体。教师个体的专业化也从强调教师个体的被动专业化转向强调教师个体的主动专业化。教师在学校情境中，为提高教育实践的水平和质量而自觉地学习、研究、修炼，正在成为广大教师的一种选择。

　　随着我国迈入中国特色社会主义新时代，教师作为"教育发展的第一资源"，其职责与使命正在激发起教师的激情与智慧，具有中国特色的校本研修制度，也出现了许多新特点、新变化和新模式，诸如学习化社区，跨界共同体学习，混合式研修，云端课程等等，正在成为一种新趋向，不断促进原有的校本研修"提档升级"。当然，这绝不是一种零和搏弈，作为制度化实体的学校，在教育研究和教师进修上的作用应当有更大的创新空间。

　　记得苏联著名教育家苏霍姆林斯基在他的《和青年校长的谈话》中讲过一件事：一位有30年教龄的文学课女教师上了一堂出色的公开课，这是一位熟悉生活而又富有智慧的教师直接触动学生心灵的一堂课。她的讲授毫无训诫的意味，而是精细入微，真挚亲切。教师的每句话都像是启发大家要对照自己，深入思考自己的命运和未来。在一片赞叹声中，一位附近学校的校长问："你花了多少时间准备这节课？"女老师回答道："一辈子都在准备……至于考虑这节课的教材和教案的时间，大约20分钟。"苏霍姆林斯基感慨地说："教师上好一堂课要做毕生准备。我们这行职业和劳动工艺的精神基础和哲学基础就是这样：为了在学生眼前点燃一个知识的火花，教师本身就要吸取一个光的海洋；一刻也不能脱离那永远发光的知识和人类智慧的太阳。"在当代这样一个学习化社会，我们更是衷心期望老师们能依托学校文化环境，不断地进取和发展——这也就是我们编写这个小册子的目的。

本书引用了许多教师教育研究者和中小学教师的研究成果和实践经验，我们除了表示感激之外，还深望得到更多的指教。

目　录 Contents

第一章

教师校本研修以何种理念来统领

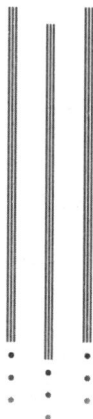

没有教师生命质量的提升，就很难有高的教育质量；没有教师精神的解放，就很难有学生精神的解放；没有教师的主动发展，就很难有学生主动的发展；没有教师的教育创造，就很难有学生的创造精神。

教师的校本研修是教师立足于学校场域、提升自身专业素养的充满理性自觉的"行动"。哲学家汉娜·阿伦特曾从"积极生活"的角度分析了人类的三种最基本的活动：劳动、工作与行动。他认为劳动是一种满足于人的生物性需要而从事的活动，目的在于维持生命，是与人的自由或者从根本上说是与人性相对立的一种奴役性状态；工作是联系着人类确立和维持为政治生活所必需的物质性事物的能力，工作看上去比劳动更自由，更有尊严，更能体现人的意义，但它活动的对象仍然是受着必然规律支配的自然（物）；唯有行动，才是人之为人的生活最为根本性的——因为行动超越了人的生物性存在以及对物质世界依赖的私人领域，开始走向基于公共善和共同生活的公共领域，人不但作为独特主体的存在事实在社会共同生活中得到确认，而且行动所产生的结果——决策、共识、思想、道德、价值、精神、历史、文化等这类无所表象却奠基人类意义世界的"事物"，促进了社会价值的实现以及个体成员之间共契性的达成。因此，行动作为一种理性交往实践，它引领个体突破了私人领域，并进一步过渡到社会公共领域，赋予了所处生活世界丰富的意义与发展的动力，因而是一种理性的生活方式和积极的生活态度。阿伦特的分析是囿于西方制度情境的分析，但他认为"行动意味着去创新，去开始"①，是很具启发意义的。教师校本研修的"行动"，需要一些自觉化的理念来统领。

一、　强国良师的追求

"强国以强教为支撑，强教以强师为保障。"② 强国呼唤良师。在新时代的校本研修中，强国良师的追求是一种责任担当，也是一种使命意识，是立德树人根本任务的具体化和自觉化。

2018 年 1 月 20 日颁发了《中共中央　国务院关于全面深化新时代教师队

---

① 阿伦特. 人的情境［M］. 王寅丽，译. 上海：上海人民出版社，2009：139.

② 朱旭东. 新时代教师队伍建设的新价值［J］. 中国教师，2018（2）.

伍建设改革的意见》（以下简称《意见》）。《意见》明确提出："百年大计，教育为本；教育大计，教师为本。为深入贯彻落实党的十九大精神，造就党和人民满意的高素质专业化创新型教师队伍，落实立德树人根本任务，培养德智体美全面发展的社会主义建设者和接班人，全面提升国民素质和人力资源质量，加快教育现代化，建设教育强国，办好人民满意的教育，为决胜全面建成小康社会、夺取新时代中国特色社会主义伟大胜利、实现中华民族伟大复兴的中国梦奠定坚实基础。"《意见》还明确指出："教师承担着传播知识、传播思想、传播真理的历史使命，肩负着塑造灵魂、塑造生命、塑造人的时代重任，是教育发展的第一资源，是国家富强、民族振兴、人民幸福的重要基石。"

正是在这样的意义上，习近平总书记把教师视为中华民族伟大复兴"梦之队"的筑梦人。

"强国良师"的意义和要求是极为深远的。

（一）认清历史方位　实现新的跨越

中国特色社会主义进入新时代，这是我国发展新的历史方位。新的时代，我国社会主要矛盾已经转化为人民日益增长的美好生活需要与不平衡不充分发展之间的矛盾。就教育来说，发展的不平衡与不充分，归根结底是"公平"与"质量"问题。党的十九大提出"努力让每个孩子都享有公平而有质量的教育"，指明了新时代聚焦解决的问题，广大教师必须对准这一基本的、务实的又有深远意义的目标，用心、倾情、运智。

1. 使命呼唤担当　责任引领未来

习近平总书记讲过，"孩子成长得更好，是我们最大的心愿"。他指出，"两个一百年"奋斗目标的实现，中华民族伟大复兴中国梦的实现，归根结底靠人力，靠教育。当代教育体系的一个基本特征是，正在经历一个连续不断地适应、改进、改革的过程。而"没有教师的协助及其积极参与，任何改革都不能成功"。①

教师要肩负起新时代赋予的使命，就必须根据教育工作的特性，不忘初心，精益求精，砥砺前行，未来教育家必须强化这种责任意识。事实上，教师的发展同学生的发展总是协调统一于教育活动中的。"教育是一个使教育者和受教育者都变得更加完善的职业，而且只有当教师自觉地完善自己时，才能更有利于学生的完善与发展。""没有教师生命质量的提升，就很难有高的教育质量；没有教师精神的解放，就很难有学生精神的解放；没有教师的主动发展，就很难有学生的主动发展；没有教师的教育创造，就很难有学生的创造精神。"② 教师专业活动所具有的示范性、拓展性等特点，是实现教育质量提升、教育潜能释放和教育效应外溢的关键性因素。

2．加强德行修养　提高整体素质

广大教师应谨记习近平总书记的嘱咐：教师重要，就在于教师的工作是塑造灵魂、塑造生命、塑造人的工作。"传道者首先要明道、信道。"他勉励教师要努力做到"三个牢固树立"，即牢固树立中国特色社会主义理想信念，牢固树立终身学习理念，牢固树立改革创新意识。他还提出"好教师"的"四有标准"，即要有理想信念，要有道德情操，要有扎实学识，要有仁爱之心。总书记希望广大教师要以德立身、以德立学、以德施教，坚持教书和育人相统一，坚持言传和身教相统一，坚持潜心问道和关注社会相统一，坚持学术自由和学术规范相统一。这些教导指明了教育者的目标、准绳和路径，要始终躬身践行。

党的十九大提出"加强师德师风建设，培养高素质教师队伍"。这是落实立德树人根本任务的现实之举和长远之计。教育者应该以此鞭策自己，加强德行修养，提升整体素质。德行作为一种高度内在化、人格化的道德品质，整合了教师的价值观、情感、意志、态度、自我等方面的心理要素，是一个人全部思想行为的"定向"性的品格。教师的德行集中地表现在教师的职业道德上。教师应遵循以下原则：教师的专业活动具有鲜明的伦理本性和道德

---

① 国际 21 世纪教育委员会向联合国教科文组织提交的报告 [R] // 教育：财富蕴藏其中. 北京：教育科学出版社，1996.

② 叶澜，等. 教师角色与教师发展新探 [M]. 北京：教育科学出版社，2001.

倾向；教师的德行体现出一种人文关怀；教师的道德修养渗透在全部教育活动和"全时空"之中；教师的德行是教师人格魅力的源泉；教师道德要适应社会发展，"与时俱进"。教师的德行养成应注重以下几点：工作中的道德践履，从调整人际关系入手，注意社会性学习，随时反思自省，重视自强与自律。

3. 胸怀理想信念　不懈"砥砺前行"

习近平总书记十分重视理想信念教育，他提出要树立中国特色社会主义共同理想，要把理想信念放在首位。"革命理想高于天"，"理想信念"是人"精神上的'钙'"。总书记关于理想教育的一系列论述，抓住了教师队伍建设的精义和核心。应当认识到，教师职业是一种"志业"。我国学者余家菊先生认为，教育是"向上事业"，教育者要立志、勤奋与有恒。"吾国言教育者，首重立志"，"志立矣，又必须实际追求之而后能有所得，故吾国言教者又特重乎勤。勤也者，自动努力，无荒无忘之谓"。①

一个有理想信念的教师要通过进一步的职业生涯规划把理想信念落到实处。具体地说，即：理性地进行自我分析、外部环境分析和专业发展重点分析；拟出个人的近期、中期和长期专业发展目标；制订出周密的专业发展计划；选择合适的专业发展路径，将专业发展计划付诸实践；收集和分析专业发展的反馈信息；对自己的专业发展结果进行合理评价，并由此对专业发展计划进行不断的调整和完善。

（二）坚定文化自信　彰显中国特色

文化是一个国家、一个民族的灵魂。文化自信是一个国家、一个民族发展中更基本、更深沉、更持久的力量。党的十九大报告提出，推动中华优秀文化创造性转化、创新性发展，要不忘本来、吸收外来、面向未来，更好地构筑中国精神、中国价值、中国力量，为人民提供精神指引。这对于站在教育改革发展前沿的教育工作者，无疑是一种重托。

---

① 余家菊. 教育哲学论稿 ［M］. 武汉：华中师范大学出版社，2008：7.

1. 重视价值引领　守护精神家园

教育是一种价值负载的"崇善"活动，担负着"使文化功能和对灵魂的铸造功能融合起来"的责任。面对价值观多元、多样、多变的全球化时代，处于中国特色社会主义伟大实践关键阶段的我国教师，树立一种"合乎最广大人民群众的最大利益"的社会主义核心价值观念，仍然是我们这个时代"最根本的、最高的、统率一切的价值取向、价值标准、价值原则"。要完成这一使命，就要引导学生对多元文化与价值进行分析、比较与鉴别，使其自主建构符合主体需要与新时代要求的价值观、道德观。

党的十九大报告强调社会主义核心价值观是当代中国精神的集中体现，凝结着全体人民共同的价值追求。强调要以培养担当民族复兴大任的时代新人为着眼点，把社会主义核心价值观融入教育活动的全过程和各方面，并使之转化为学生的情感认同和行为习惯。特别要注重揭示课程内容的价值蕴含，注重学习意义的价值理解，注重教学方式的价值蕴意，着力培养善良人性，明辨荣辱是非，凝聚价值共识。

2. 凝练实践经验　增长教育智慧

大国良师是在中国这片教育沃土中成长起来的具有中国特色、中国气派和中国精神的教育实践者，拥有丰厚的"实践性知识"。"实践性知识"是教师所具有的独特的专业知识，具有缄默性、整体性、个体性、情境性和工具性等特征，它是教师通过对自己教育教学经验进行反思和提炼而生成，并通过自己的行动形成的对教育教学的认识。它暗含一种动态生成、不断丰富的过程[①]。对于一个优秀教师来说，开发和积累自身的实践性知识并使之成为中国特色的教育思想财富，是一种义不容辞的责任。

习近平总书记讲过："教育改革要坚持文化自信，好经验要坚持，不足的要补齐。"优秀的教师要通过多种形式反思和检验，不断疏理、总结、概括和完善自身的经验，积极探索教育规律、育人规律，为发展中国特色、世界水平的现代教育做出自己的贡献。十九大报告提出，"时代是思想之母，实践是

---

① 陈向明，等. 搭建实践与理论之桥：教师实践性知识研究［M］. 北京：教育出版社，2011：67.

创新之源"。我们必须以此为座右铭。

3. 注重与时俱进　走向专业自觉

坚定的文化自信必然走向文化自觉。所谓文化自觉，就是"一定文化中的人对其文化有'自知之明'，明白它的来历、形成过程，所具有的特色和它发展的趋向"。自知之明是为了加强文化转型的自主能力，取得决定适应新环境、新时代文化选择的自主地位。① 也就是说，文化自觉是指一个民族、国家及其人民在文化上的觉醒和觉悟，包括对文化在社会生活中的地位和作用的深刻认识，对文化发展条件和规律的主动把握，对文化发展权利和责任的勇敢担当。

文化自觉在教师身上表现为专业自觉。教师专业自觉，关注教师个体内在的觉悟，解决了教师追求专业发展的内在根源，是教师专业化的"内在道路"。② 高度专业自觉的教师倾向于以积极的方式看待自己，能够准确地、现实地领悟他们自己和所处的世界，对他人有深切的认同感，具有自我满足感、自我价值感。③ 实践表明，专业自觉是未来教育家内在成长之路的依托。

（三）聚焦专业发展　投身创新实践

习近平总书记向全国广大教师所致的慰问信中叮嘱：牢固树立终身学习理念，加强学习，拓宽视野，更新知识，不断提高业务能力和教育教学质量，牢固树立改革创新意识，踊跃投身教育创新实践，为发展具有中国特色、世界水平的现代教育做出贡献。

1. 成就"第一资源"　明确专业属性

《中共中央　国务院关于全面深化新时代教师队伍建设改革的意见》中首次提出教师是"教育发展第一资源"的价值判断。

作为一种教育资源，教师不同于其他教育资源的根本意义在于教师能够

---

① 费孝通. 反思·对话·文化自觉 [J]. 北京大学学报，1997 (3).
② 舒志定. 教师教育哲学 [M]. 北京：北京大学出版社，2012：205.
③ 教育部师范教育司. 教师专业化的理论与实践 [M]. 北京：人民教育出版社，2003：66.

能动地发挥其"专业性"，激发教师资源的高度可再开发性的关键是调动起教师专业发展的能动性。因此，解读教师的专业性并促进教师的专业性发展，是提升教师作为"第一资源"的品质在微观层面上的一项不可回避的重要工作。当前对于教师专业性内涵的探讨当中，教师"全专业属性"的概念有助于充分理解教师"第一资源"的根本意义。

朱旭东教授认为，以往对于教师专业性内涵的探讨有一定的缺失，事实上，对于教师的研究一直以来重视教师教的专业性和学科的专业性，而不太重视教师学的专业性，这与长期以来主张"学生主体、教师主导"的"学与教"二元论的基本假设有关。① 在这种二元关系中，"学"仅仅指向学生，而与教师无关，即使有关，也存在于教师"教"的关系建构中。殊不知，在教师的全专业属性中，教师学的专业性是一种内在规定性，教师必须具备学的专业性，教师要懂得学习理论，要能够运用学习理论开展学科专业和教的专业工作；教师还需要具备学习设计、学习实施、学习评价的能力。尤其是在"互联网＋"时代，教师在微课、翻转课堂等现代信息技术环境下的课堂转型中，还要具备学习技术开发和使用的能力。

因此，教师的全专业属性包括三个部分，即教师学的专业性、教的专业性和学科专业性。只有具备了这三部分专业属性，才能称得上教师这个角色和身份的专业性。

重建教师专业内涵，让教师资源具备"全专业属性"，不仅是以促进教师专业发展为目的和路径的，还是一条现代学校内生发展的路径与方向。教师全专业属性概念，是基于教师专业地教会学生学习的内涵而提出来的，也是由现代学校建设的基本价值观决定的。为此，现代学校需要开展教师全专业属性的队伍建设，由此使教师具备学、教以及学科的专业性。

没有学的专业性的教师，在中小学只是学科专家，在大学只是科学家，而不能成为教育家。因此，现代学校建设教师队伍，要着重开展教师学的专业性的提升活动，无论是新入职教师的培养，还是成熟教师的专业发展，甚至是优秀教师的专长形成，都要掌握学习理论、学习科学、学习技术。现代

---

① 朱旭东. 论教师的全专业属性 [J]. 教育发展研究，2017 (10).

学校需要在教师的全专业属性条件下加强教师队伍建设，从而实现现代学校教育中的学生学习和发展的基本价值观。

2. 坚持立德树人　强化精神引领

"立德树人"既是在新的历史时期国家对教育理论和实践的指引性方针，又是对教师意识与能力的时代诠释与强调。教师是立德树人的关键践行者。习近平总书记指出，立德树人中所指的核心价值观，"承载着一个民族、一个国家的精神追求，体现着一个社会评判是非曲直的价值标准"。他强调："国无德不兴，人无德不立。"教师身为人师，要严格要求自己，因为其是以积极的价值观影响学生道德成长的重要"系扣人"。

习近平总书记提出近代以来最伟大的"中国梦"是中华民族的复兴，而教师作为培养人的工作必须肩负民族复兴的使命。拥有启蒙精神和家国情怀，这不仅是此时，也是任何时代教师都应该发扬、恪守的精神；"立德树人"树的是"全人"，立德树人必须关注人的全程发展、全面发展、和谐发展、持续发展和终身发展。培养全人的"全人教育是充分发展个人潜能，以培养完整个体的教育理念与模式"。

党的十八届五中全会着重提出：深化教育改革，把增强学生社会责任感、创新精神、实践能力作为重点任务贯彻到国民教育全过程。教师是树人的工作，在以人为指向的事业中，必须要对人的终极问题有所思考，在视学生为人的理念下教育教学，如此才能在符合人的发展规律及存在意义的引领下开展高质量的教育，这是教师人文精神的体现。全人教育的实现要求教师必须具备人文精神，而启蒙精神、人文精神的展现都要依托在教师的专业之上。

在全社会对教育质量的要求日益提高的背景下，追求专业的卓越是教师的使命。教师为了精湛的业务而孜孜不倦地学习，教师为了创新教育而锐意改革，都是在不断超越专业局限、精益求精，这是教师职业"工匠精神"的体现。以启蒙精神、人文精神、工匠精神为基础建构当下教师"立德树人"的意义，是新的历史时期国家强调"立德树人"而对教师的精神召唤与文化引领。由此可见，教师立德树人的核心包含三层意义：启蒙精神、人文精神、工匠精神。

┌─────────────┐
│ **学习链接** │
└─────────────┘

怎样理解"启蒙精神、人文精神、工匠精神"

第一，启蒙精神。启蒙经历了"从认可人的精神世界到肯定社会价值再到凸显存在价值的变化过程"。它反映了启蒙精神是对人类解放的追求，是对人自身理性与公共理性的宣扬。因此，教师作为学生的启蒙者，必须具备理性批判精神，应当成为实践反思者。因为"启蒙精神的本质在于对时代精神的批判"。对教师而言，一方面，启蒙精神要求他们成为实践反思者；另一方面，教师要唤醒学生的理性批判精神。教师兼具个体与社会启蒙的双重任务，从而达成不断"解放"的目的。这也是时下民主公正的社会价值导向下公民应当具备的品质。再者，教师要具有勇于突破传统、勇于挑战旧习的革命精神。面对瞬息万变的社会及各不相同的教育情境，为学习者创设适宜的教育教学环境，需要教师的革命精神，教师要不断跳出"舒适地带"，从而让学习者"成人"。

第二，人文精神。在工具价值占主导的时代，实用性成为衡量教育的重要指标，教师的工具价值被尽可能放大，由此势必导致教师人文精神的低落与遮蔽。知识、技能、分数等一系列可见且实用的存在物成为教育竭尽所能要实现的目标。然而，教育却以唤醒人的心灵、提升人的存在意义、实现生命的完善与超越为本真追求。联合国教科文组织在《反思教育：向"全球共同利益"的理念转变》中再三强调"人文主义价值观"是突破异化的、商品化学习的重要原则，其中"批判性思维、独立判断、解决问题，以及信息和媒体素养是培养变革态度的关键"。教师是社会知识分子的一个重要组成部分，是社会变革的调节器，变革时代需要培养具有变革态度的人，而不再以"考试""成绩"为出发点与最终指向。教师的人文精神是教育复归人性的体现。"当代人文精神是以人本世界观为核心的自然观、社会观、人生观、价值观，是以人的整体、全面、长远和根本利益为最高价值和终极关怀的态度和追求。"具体而言，教师人文精神的核心就是尊重人的生命，促进全人发展，使人成人。

第三，工匠精神。提到工匠精神，我们首先想到的是对从事技术工作的匠人的描绘，但是"工匠精神"不能被简单地理解为只与技术、经济有关。"专业精神是工匠精神的原点"，"信仰是工匠精神的灯塔"，"卓越是工匠精神的追求"。因此，做好本职工作是教师的本分，能把工作做到极致就是教师工匠精神的体现。很多人批评教师，把教师比成"教书匠"，这是过于片面的，我们反对的是机械教学的教书匠，而要大加提倡体现工匠精神的教书匠，工匠精神远远超越对教师的道德要求。

教师的工匠精神主要包含：把工作看作志向与事业，教师工作不仅是为了谋生，它有与利益无关的根本价值，是个体对教师工作投入的意愿与渴望；把从教看作信仰，它是教师不惧面临任何困难、挫折，而坚定不移地走下去、钻进去的力量；把卓越视为工作追求，不断追求教育教学的完美，超越自我。

[资料来源：朱旭东，宋萑. 新时代中国教师队伍建设的顶层设计 [M]. 北京：北京师范大学出版社，2018：59—60.]

3. 潜心教育研究　推进实践创新

中共中央关于制定国民经济和社会发展第十三个五年规划的建议，把创新作为最重要的发展理念，强调要推进理论创新、制度创新、文化创新等各方面的创新，指出要强化原始创新、集成创新和引进消化再创新。好教师必须以创新为己任。

"教师成为研究者"是当代教师专业发展的要求。教育面临的新机遇、新挑战和新情况凸显了教师潜心研究教育的重要性。教师从事的教育研究是一种在理论指导下的实践性研究，它既注重解决实际，又注重概括、提升、总结经验和探究规律。教育的研究要突出以下特点：（1）以实践为中心的问题解决研究；（2）以教师为主体的自觉行动研究；（3）诉诸经验反思的自我开发研究；（4）广泛参与的互动协作研究。

党的十九大报告指出，实践没有止境，理论创新也没有止境。教师的研究重在实践创新，要坚持问题解决的取向、经验提升的策略和贴近工作的路径，聚焦前瞻性的问题。当前，包括学校的领导与管理、德育的实效与深化、课程的改革与开发、学习的指导与引领等等，都有极大的实践创新空间。

二、 终身学习的行动

教师工作不仅是一种"专业"，而且是一种"学习的专业"。联合国教科文组织在《1996年世界教育报告——教师和变革世界中的教学工作》中指出："教学同其他专业一样，是一种'学习'的专业，从业者在职业生涯中自始至终都有机会定期更新和补充他们的知识和技能。"① 在终身教育的背景下，教师的这种学习必然也必须是一种终身学习。因此，无论是教师教育课程标准，还是教师专业标准，都把终身学习作为基本理念。

（一）终身学习的阐释

埃德加·富尔等人在《学会生存——教育世界的今天和明天》中曾指出，"终身"这个概念包括教育的一切方面，包括其中的每一件事情。整体大于其部分的总和。世界上没有一个非终身的而又分割开来的"永恒"的教育部分。换言之，终身教育并不是一个教育体系，而是建立一个体系的全面组织所依据的原则，这个原则又是贯串在这个体系的每个部分的发展过程之中的。② 那么，这一原则如何具体体现在终身学习中呢？

1. 终身学习的定义

1994年11月，意大利罗马举行了首届世界终身学习会议，会议对"终身学习"所下的定义是：终身学习是21世纪的生存概念……是通过一个不断的支持过程来发挥人类的潜能，它激励并使人们有权利去获得他们终身所需要的全部知识、价值、技能与理解，并在任何任务、情况和环境中有信心、有创造地愉快地应用它们。

---

① 李其龙，陈永明.教师教育课程的国际比较 [M].北京：教育科学出版社，2002：388.
② 联合国教科文组织国际教育发展委员会.学会生存：教育世界的今天和明天 [M].北京：教育科学出版社，1996：223.

我国学者在分析其他相关的定义时这样揭示终身学习丰富的内涵：终身学习是一种生存方式；终身学习是一种主体转移；终身学习基于学习者的自主性；学习是一个终身的过程；学习是一个全面的过程；终身学习无所不在；终身学习的目的在于建立自信和能力，适应社会变化。[①]

2. 终身学习的本质

从发展的观点来看，终身学习源于终身教育思潮，以学习化社会理论为理论基础。但是，部分之和大于整体，终身学习的概念由于突出了学习的意义、学习的终身性和学习者的主体性，而丰富了终身教育和学习化社会概念的原有内涵。不管怎样，终身学习思潮的教育理念"认为生活本身即是持续不断的学习过程，可以使得个人处于急速变迁的社会中，具备适应环境的能力，达到潜能发挥和自我的实现"。

因此，"终身学习"这一概念的本质是要建立各种不同形态的学习机制，增进个体参与学习活动的热情，激发个人提升其思想、行为方式与社会价值观，实现人的自我丰富和发展。终身学习的最大特征在于它高扬学习者的主体性。对学习主体而言，社会上一切形式的教育机构都应向人们提供无人无时无地无不可的学习机会与条件。"终身学习"的概念蕴含着对学习主体的尊重，要求提供给所有学习者——学生学习的机会，强调和重视人的自我发展，使教育成为一种生活，以扩展人生的意义与目标。

3. 终身学习的含义

要清楚地了解终身学习的含义，还必须揭示这一概念的内涵与外延。我国学者认为[②]，"终身学习"的概念，实质上是在综合了终身教育和学习化社会概念的基础上提出的一个概念，它涵盖了终身教育和学习化社会的基本思想。由此出发，终身学习的概念应该包含三个方面的最为基本的内涵和外延：第一，终身学习必须具有学习化社会的前提，也就是社会必须为人们的终身学习提供学习的条件和机会；第二，这种学习不能是一种终极性学习方式，而应该是一种终身性的学习方式，是持续人一生的学习方式；第三，终身学

---

① 高志敏，等. 终身教育、终身学习与学习化社会 [M]. 上海：华东师范大学出版社，2005：18－20.

② 顾明远，孟繁华. 国际教育新理念 [M]. 海口：海南出版社，2001：41.

习还必须打破某一种教育机构垄断教育的局面，必须实现社会处处是教育、社会无处无教育的学习化情景。终身学习强调了学习者的主体性地位，强调了把教育和学习看成以主体为核心的一种生活方式。在此意义上，终身学习获得了生活的话语权，这使终身学习的最终实施具有了可能性。

（二）终身学习的要求

终身学习要求我们重新审视现有教育思想和教育体制，重新确定教育的本质、目标、内容和评价标准，整合具有教育功能的机构和体系，包括正规、非正规及非正式的教育，建立不同形态的终身学习机制，增进学习者自我学习的态度及价值。

1. 建立新的体制架构

实现教育由封闭走向开放，建立由各种形式的教育机构组成的具有连续性和统一性的教育网络，是终身教育思想也是终身学习思想的基本观点。这正如埃德加·富尔在《学会生存》中所说："当前的社会——更不必说未来的社会——的前景已不限于建立一些可以任意扩大和分隔这栋教育大厦，把各种各类的教育加在一起并组合起来的体系。我们必须超越纯体系的概念之外，来考虑对事物的另一种安排。""一个全面的开放教育体系帮助学习者在这个体系中能够纵横移动，并扩大他们可能得到的选择范围。"[①]

新的体制架构必须通过纵横结合的体系来促进人的终身发展：从纵的方面讲，是使教育组织结构与人的生命发展的不同发展阶段相一致，使学校教育与继续教育、职前教育与职后教育保持连续性和一贯性；从横的方面讲，是让家庭、学校、社会生活体现出融合性和交互性。

教师教育的整体架构也应当贯彻这一指导思想。

2. 推进非正规教育和无固定形式学习

搭建终身学习的"立交桥"，要求建立健全非正规教育、无固定形式学习

---

① 联合国教科文组织国际教育发展委员会. 学会生存：教育世界的今天和明天［M］. 北京：教育科学出版社，1996：230.

的成果认证制度。包括教师教育在内的继续教育很多是通过非正规教育和无固定形式的学习进行的。非正规教育是指非学历、非全日制，但有组织、有计划的教育培训活动；无固定形式的学习是指自学和生产生活实践中的体验性学习等。建立非正规教育、无固定形式学习的成果认证制度，有助于鼓励人们通过多样化、个性化的方式参与学习。

推进非正规教育和无固定形式学习，在教育理论和实践上具有创新意义。这正如欧洲成人教育学会主席海宁·S·奥尔森教授所指出的：第一，突破传统的教育视野，以一个"整体"的视角来研究学习和教育，最终形成一个涵盖学习发生的广泛过程的学说；第二，不能仅仅把人的发展与制度化教育相联系，必须反映学习过程中主体形成的历史和文化课题；第三，需要一个新的方法体系，它能够敏锐地捕捉到学习者的主观特性以及学习的历史、社会和文化维度。①

总之，在终身学习的理念下，需要一个整合的教育系统来提供更广泛的学习舞台和更灵活的学习机制。

3. 注重建构个体学习的内在机制

学习化社会主要由学习型个体和学习型群体构成，没有学习型的个体，就没有学习化的社会。个体学习的内在机制包括：学习型的个人具有强烈的终身学习意识、积极的终身学习态度；拥有对学习能力的自信，对学习行为的理解；能够经常触发并保持强烈的学习动机和兴趣；能够确立坚强的学习意志和饱满的学习情绪；能够对学习需求做出合适的判断，对学习经费进行必要的投入，对学习时间做出合理的安排；能够对认知能力进行不断开发，对学习方法进行有效运用和创新；能够进行自我指导型的学习。

个体学习的成功，需要构筑新的学习力②——养成新的学习态度：学习即生活，生活即学习。树立新的观念：生命不息，学习不止。培养学习需求识别力：学会确认需求。培养学习潜能评价力：学会建立自信。培养学习行为理解力：学会驾驭学习。培养学习活动激活力：学会卷入学习。培养学习能

---

① 孙玫路. 成人生活史：一个终身学习的视角 [J]. 教育发展研究，2005（7）.
② 高志敏，等. 终身教育、终身学习与学习化社会 [M]. 上海：华东师范大学出版社，2005：278，245-252.

力：能够有效学会。

（三）终身学习的方式

我国学者庞维国在分析各种说法的基础上，结合课程改革的要求，把学习方式界定为：学习方式泛指学习者在各种学习情境中所采取的具有不同动机取向、心智加工水平和学习效果的学习方法和形式。①

更新学习方式不仅是学生的事，还是教师的当务之急。教师创新精神和实践能力的发展，直接影响创新人才的培养和自身的成长。在学习方式的选择上，教师丝毫不能忽视作为"稳态结构"的单一学习方式的固着性，而要在自主、合作、探究等多种方式的优选和整合上下功夫。

1. 自主学习

自主学习指向学习的内在品质，是相对被动学习、机械学习和受控学习而言的。关于自主学习的界说历来存在着从不同角度提出的看法。我国学者一般认为，自主学习是指学习者自己主宰自己的学习，是与他主学习相对立的一种学习方式。自主学习可分为三个方面：一是对自己的学习活动的事先计划和安排；二是对自己实际学习活动的监察、评价、反馈；三是对自己的学习进行调节、修正和控制。自主学习也可称为自我调节学习，是学习主体在学习的目标、过程和效果等诸方面进行自我规划、自我调节、自我检测、自我评价和自我反馈的主动建构过程。

教师的自主学习主要指教师在专业实践中能充分发挥主体能动性，积极投身活动，乐于经验反思，善于自我调节，从而使得学习效能最大化。

2. 合作学习

以互助、互动和互惠为特点的合作学习，被誉为近几十年来最主要和最成功的教育教学改革。合作学习追求教学在认知、情感和技能上的均衡达成，其蕴含的价值在于"合作学习是一种生活态度，一种学习内容，一种学习资

---

① 庞维图. 论学习方式 [J]. 课程·教材·教法，2010 (5).

源共享"①。教师的专业发展绝不意味着教师个人的单打独斗，而应当是在一个实践共同体中的社会建构。

有研究者认为，学校层面的教师合作应强调以下两点②：

首先，精心设计合作任务。这个任务需要满足两个条件：第一，合作任务的完成对教师专业发展是有重要意义的。也就是说，教师在合作完成这个任务的过程中会获得许多对自身专业发展有价值的理念和知识。第二，合作任务可以通过合作而且必须通过合作才能完成。在这样的任务情境中，教师会感觉到合作对自己专业发展的意义，而且会尽最大可能避免合作中的浅层次对话交流问题，生成真正有意义的知识。

其次，建立学校内部的知识交流机制。许多教师都可以通过自身的研究和反思获得一些个人的知识，但从学校层面来说，重要的是要把某个教师所拥有的知识分享给其他教师，让原本是个人的知识变成在学校中共享的知识。应该看到，不同的教师由于其身处不同的专业发展阶段，他们对知识的需求也是不一样的。其中许多知识需求学校内部其实是拥有的，只不过这些知识往往被封存在个别教师身上。所以，如何利用不同教师间知识上的落差，把相关知识提炼出来，并通过恰当的交流机制把它们传递到特定的教师身上，是开展学校本位教师专业发展活动时需要思考的问题。

3. 创新学习

教师面对的是一种不断变化的情境和不断发展的学生，教师的教育实践充满各种不确定性和灵活性，不可能照搬某种固定的理论或观点去解决各式各样的新问题。即使是曾经行之有效的自己或别人的经验，一旦用之于特定的实践场合，就会产生变通、改组、延伸或嫁接。教师的学习就是对这种不断发展变化的实践的参与、理解与适应。教师的学习是一个充满尝试、探究与创造的过程。

我们知道，"创新"这一概念最先由美籍奥地利经济学家熊彼德提出并将其视为经济增长的内生变量。在熊彼德看来，新的或重新组合的知识或再次

① 马兰. 合作学习的价值内涵 [J]. 教材·教材·教法，2004 (4).
② 崔允漷. 学校本位教师专业发展：框架及其意义 [J]. 教育发展研究，2011 (8).

发现的知识被引入经济系统的过程称之为创新。他给创新确定了不同层次的三个要素：创造当然是创新，但再次发现和重新组织也是创新，其核心价值"把思想推向市场"同"把理论推向实践"可以说是不谋而合。

教师的创新学习一般是针对"维持性学习"而言的，即要变依循旧说、因袭成见或"路径依赖"为主动探究、锐意变革和特立独行。一般可采用"接受"与"应用"相联系、"范型"与"变式"相通融、"尝试"与"探究"相结合的具体办法。

三、　实践取向的定位

"实践取向"是教师教育课程标准提出的一个基本理念。这一理念阐述的是：教师是反思性实践者，在研究自身经验和改进教育教学行为的过程中实现专业发展。教师教育课程应强化实践意识，关注现实问题，体现教育改革与发展对教师的新要求。教师教育课程应引导未来教师参与和研究基础教育改革，主动建构教育知识，发展实践能力；引导未来教师发现和解决实际问题，创新教育教学模式，形成个人的教学风格和实践智慧。

教师的校本研修无疑要秉持这一理念。由于校本研修是一种教师自我教育的方式，教师必须从自身专业活动的属性上进行实践取向的定位，因此，认识以下几个方面是很重要的。

（一）理解"实践取向"的基本含义①

教师专业是实践的专业，教师的专业发展必须落实到教师"育人实践"能力的提升上。教师教育课程必须体现对实践的观照，发展教师的实践能力和实践反思能力，帮助教师建构实践性知识。教学不是一门理论性学问，教

---

① 教育部教师工作司. 教师教育课程标准（试行）解读［M］. 北京：北京师范大学出版社，2013：73.

师的工作、教师的发展不是掌握理论并将理论应用于实践的过程。教师的实践是复杂教育情境中的问题解决过程，教育情境的流动性、多变性决定了对所有教师都有效的教育原理与技术是不存在的，教师的教学依赖的是一种明显有别于科学或技术知识的特殊类型的知识——实践性知识，它融合了教育理论知识和教育实践经验，以及教师的情感态度价值观，等等。正是这样一种知识支撑并主导着教师的教学行为。教师的实践性知识与"理论性知识"在性质上存在着差异。教师的实践性知识以个人的直接经验为基础，在长期与教育情境互动的过程中产生：它不是脱离具体情境的"抽象"知识，而是依存于特定情境的。教师的实践性知识因与实践高度融合，而在教师的教学活动中发挥着重要作用。近年来，教师实践性知识在增强教师专业特性、改善教师教育和促进教师专业发展方面具有的重要作用越来越为研究者所认识，越来越多的研究者在强调实践性知识对教师教学实践的支配作用时，都倾向于将它看作教师专业发展的知识基础。[①] 实践性知识向人们展示了专业实践的复杂性，强调关注教师专业知识的形成、转化过程，突出了教师知识实践参与的重要意义，而且认可教师是自身实践性知识的主动建构者，在本质上也提高了教师在专业教育和专业发展中的主体性。

当然，强调实践性知识并非否定理论性知识的价值，或者说后者不重要。理论性知识是实践性知识的来源和养料，只不过它们需要在真实的实践过程中整合，经由一定的转化过程。这也意味着，单纯强调实践技能训练，与单纯强调理论性知识一样，都是站不住脚的。尽管理论难以"直接"指导实践或应用于实践，但离开理论检视与省察的实践是盲目的。理想的情形是通过实践来整合理论性知识与实践性知识。教育理论的作用更多的不是指导实践，而是批判实践，提升实践水平；教师教育应帮助教师借助教育理论来理解、检验和批判性地反思自己的实践性知识，从而改组或改造原有的认知。

1. 教师教育课程应强化实践意识，关注现实问题。教育专业本质上是一个实践的专业，教师教育课程自然要体现对教育实践的观照，要根据基础教育发展的现状，尤其是教育发展对教师素质的要求，从教育现实问题出发来

---

① 陈向明. 实践性知识：教师专业发展的知识基础 [J]. 北京大学教育评论，2003（1）：104—112.

选择和组织教师教育课程的内容；要将当前教育改革和教师发展中的热点、难点问题纳入教师教育课程，要尽可能在各门教师教育课程中设计实践任务和作业，将实践体验作为一种学习方式整合到课程实施中；要努力创设情境化的学习经历，通过自传、日志、案例教学、行动研究等方式，帮助课程学习者在具体情境中丰富和发展他们的实践性知识；要引导教师发现和解决实际问题，创新教育教学模式，形成个人的教学风格和实践智慧。

2. 加强实践性课程，提高实践性课程的实效。当前在理论界，学者们对加强教师教育的实践性课程（如要延长实习时间）已达成共识。事实上，延长教育实践时间只是一个方面，更重要的是要加强理论学习与实践现场的关联。对于职前培养而言，实践性课程应该是内容多样的系列设计，应交叉、贯串于从入学到毕业的全过程，同时，应加强对教育见习、实习的指导、管理与评价，及时总结和研讨教育实践中获得的经验和发现的问题。而对于在职教师而言，则应该重视教育经验的价值，设计问题指向的培训内容，提倡不脱离工作情境的研修与培训。同时，职前职后的理论课教学中要与中小学课堂实践紧密结合，强调在情境中学习，从案例中学习，在具体情境中丰富和建构理论；倡导案例教学、对话教学、合作学习等多种教与学的方式，在教学过程中引导学习者批判质疑、专题探究，发挥教师教育的示范性。

3. 教师教育课程要帮助教师建构实践性知识，教师的实践依赖的是实践性知识。一方面，教师的实践性知识来源于对实践活动的认识、审察与反思；另一方面，教师也基于实践情境重新解读理论、概念与原理，从而批判、检视与发展自身的认识方式和行动框架。因此，教师教育课程不应是理论知识的讲授与记忆，也不应是单纯的实践技能训练，而应该是在理论学习与实践体验的交叉互动中帮助教师建构实践性知识。理论性课程的教学要重视从学生已有的知识经验和教学实际出发，选择典型的案例，在创设的情境中，结合鲜活的实践，引导学生积极参与到学习活动中，尽可能使教师的学习过程成为一系列的问题解决过程；要创设条件，使教师有机会到实践中去观察实践、验证理论，以及有机会在理论性课程上解决实践中发现的问题；要将行动研究、叙事探究、案例研究等活动引入教师教育课程中，激发学习者的参与，并重视培养学习者的反思意识与能力。

4. 教师教育课程应引导教师参与和研究基础教育改革，主动建构教育知识，发展实践能力。教师的实践在本质上是一种探究。教师身处复杂的实践情境中，他们凭借自身的实践性知识，采取灵活的行动。其中，教师始终处于唐纳德·A. 舍恩所言的"行动中反思"的过程中：教师要根据课堂教学情境不断地调整思路与行为，从而做出决定、采取行动并最终达成教学目标。因此，教师教育课程应该体现这样一种探究的取向，引导教师参与教育改革，研究实践问题。教师教育课程要培养教师成为自身实践的研究者（探究者），自觉参与到教学研究中并成为研究的主体；要引导教师在自己的教学中发现问题、研究问题、解决问题，以研究者的心态置身于教学情境中，以研究者的眼光审视和分析教学理论与教学实践中的各种问题，对自身的行为进行反思，对出现的问题进行探究，不断改善自己的实践，使自己的教育教学观念和行为更合理、有效。教师通过反思与探究，逐步养成研究自身实践的习惯，不断改进教育教学行为。与专门的研究人员不同，教师的探究是一种不脱离实践情境的、动态的探究，探究的目的是改善他们的实践。

（二）认识教师工作的"实践逻辑"

北京大学陈向明教授在分析教师的理论联系实际时说[①]，促进教师的专业发展，需要先了解教师工作的特征。与其他职业一样，教师的工作具有自己"实践的逻辑"，即教师群体共同分享和遵守的一般形式、结构或内在法则。这种"逻辑"具有很多其他职业没有或不这样明显的特征，可将其归纳为"在场性""不确定性"和"价值性"，分别体现的是教师工作的情境特征、对象特征和目的特征。由于情境与对象不同，教师工作的性质和目的也与其他职业不同，教师在应用外来学术理论时亦有其自身特点和条件限度。

1. 教师工作的"在场性"

与学术性职业（如哲学家、历史学家）相比，教师的工作具有更强的情境"在场性"。具体表现为行动性问题解决取向和条件制约，与理论的概念

---

① 陈向明. 理论在教师专业发展中的作用 [J]. 北京大学教育评论，2008 (1).

化、形式化与情境独立性之间不尽兼容。

体现教师工作"在场性"的第一个特征是行动性，反映了教师在教育教学情境中的特殊工作方式。教师通常用行动来体现自己所教的知识、提倡的价值观和习惯的思考方式。虽然部分教师（特别是优秀教师）能够用概念和语言表达自己的教育信念和教学观点，但真正指导教师行动的"使用理论"、他们的知识素养和道德情操通常无法直接用语言表达出来，而是更多地渗透在其身体行动中。教师不仅在行动前和行动后思考，而且更多的是在行动中反思。而理论把概念从经验材料中剥离出来，形成一种形式的、超历史的、与现实无直接依托的纯思想体系。它具有严格的形式逻辑、概念表达和抽象概括层次，很难回落到具体可观察的教育情境和身体行动。也有研究表明，教师（特别是新手教师）对理论的应用通常是"回忆性的"，很难转化为自己直接的行动。

体现教师工作"在场性"的第二个特征是问题解决取向，它反映了教师在教育教学情境中的主要关注点。通常，问题一旦出现，教师最先的反应就是迅速采取行动解决问题，而不是先运用理论进行分析和解释。教师只有在寻求解决问题的办法时，才算真正在"思考"。而"办法"通常以典型范例的方式保存在教师个人的"经验库"中，当面临新问题时将其"看成"或"做成"熟悉的问题，并不断重构问题情境。对教师而言，理论的说明和解释性功能并不重要，他们采取行动的标准通常是其他相关行动的效果，而不是理论的解释。"理解一种理论意味着把它理解为解决某个问题的尝试"，而解决问题需要一种时间上的"紧迫感"和空间上的"当下性"，需要在有限的时间内迅速做出决定——而这预先就排除了许多在理论上可能的行动路线和方式方法。在这个意义上，任何实践行为都只有"有限的合理性"，缺乏或抵制理论研究所具有的从容不迫与"充分的合理性"。

体现教师工作"在场性"的第三个特征是条件制约，主要来源于教师所处的历史、文化和社会的大环境以及学校文化的小环境。教师的工作受制于各种现实条件，如学校文化氛围和学校领导的风格、学生的群体特征和个性需求、家长的期待和社会舆论、国家的教育制度和政策导向、人才市场的要求和职业的变化，等等。因此，教师的实践动力和能力必然受到社会结构和运作条件的限制，所处的"场域"规定了其行动的类型和范围。教师很难从情境中抽身出来，系统、唯智、理想化地将理论应用于实践。教师思想里的矛盾也不可能以纯理论的、抽象思考的方式来解决，而需要兼顾历史发展和现实的条件。

2. 教师工作的"不确定性"

与其他专门化职业（如医生、律师、工程师）相比，教师工作的对象具有更多的"不确定性"。具体表现为生成性、模糊性和特殊性，与理论的相对固定性、清晰性和普适性之间不尽相容。

体现教师工作"不确定性"的第一个特征是生成性，主要表现在教师的教育对象——学生，以及教师所面临的问题上。医生、律师和工程师面对的是相对稳定的、可以归类的病例案件和产品，而教师面对的是一个个不同的、生龙活虎的正在发展着的儿童。教师从事的是"成人"的事业，将幼小的"自然人"培养为成熟的"社会人"，而人的成长具有很大的差异性和可塑性。此外，教师面临的问题不是稳定、静止、固定不变的，总是在不断地被重构，因教师自身和学生的介入以及教育教学情境的变化而不断变化。因此，教师很难将理论一一对应于学生和问题，而更多地使用"熟虑术"（根据具体情境，多义地解读已知理论及其应用范围）和"折中术"（直面问题解决而综合使用多种理论）。

体现教师工作"不确定性"的第二个特征是模糊准，主要反映在教师工作的内容和责任以及教师的思维方式上。教师工作的内容多样繁杂，既要教书，又要育人。教师工作的时空边界非常模糊，缺乏明显的上下班界限。教师承担的责任也非常大，既要负责学生的教育教学，又要参与学校管理和与家长沟通。此外，教师工作中的很多事情互为因果，相互缠绕，无法被清晰地切分成碎片进行剖析和精确的计算。由于教育活动的模糊性，教师在思考时通常不依赖线性的形式逻辑的理论推理，而更多的呈现模糊的探究的特征，如使用意象性的具有情感和道德意蕴的比喻、故事和图像等。

体现教师工作"不确定性"的第三个特征是特殊性，主要体现在对教师工作效果的评估和推广度上。理论具有可证实或证伪的特性，能够通过特定的假设、逻辑推导、技术程序和调查工具得到检验。检验为真的理论具有普适性，可以运用到所有有关情境，并可预测未来的发展态势。而教师的工作具有不同时空的特殊性，其工作效果很难严格按照科学的方法进行检验。教师的工作是个性化的创造性活动（既是"科学"，又是"艺术"），很难被概化的学术理论所涵盖。教师考虑的是孩子作为发展中的人的特殊需要和个体差异性，其行为很难按照外在教育原理来统一分析、解释和预测。强调"理论联系（指导）实践"，实际上是假定所有教师都在同样的环境、条件下工作，而这显然是不可能，也不必要的。

3.教师工作的"价值性"

与自然科学家和实证主义取向的社会科学（包括教育学）研究者相比，教师的工作性质表现为更强的"价值性"。具体表现为人际性、规范性和情感投入，与理论所提倡的主客分离、客观中立和情感抽离之间不尽兼容。

体现教师工作"价值性"的第一个特征是人际性，主要表现在教师与学生的关系上。教师被认为是一个"自我选择"的人群，他们（在小学大部分是女教师）热衷于与人打交道，特别是长期与一群可以被影响的孩子在一起，从中获得持续的成就感和满足感。教师与学生之间是"主体间性"的关系，不断与学生进行着行为与精神上的互动，用自己的价值导向影响着学生的成长，通过互动而达成教育效果。教师对学科的理解和自我认同与对学生的认识之间密不可分：学科必须被理解为对教师个人和学生而言有意义的教育资源，而不是客观外在的"知识系统"，才能够有效地为教育学生所用。自然科学研究的是没有生命的物质世界，科学家与被研究对象之间是主客对立的关系。实证主义取向的社会科学（包括教育学）研究者将研究对象物化为与自己分离的客体，十分重视研究的客观中立性。而教师工作的人际性注定了教师在应用理论时更多地考虑到自己工作的教育性和人际影响力，而不是理论本身的主客分离性和客观中立性。

体现教师工作"价值性"的第二个特征是规范性，主要体现在教师工作的目的上。教育是有目的的行为，从事的是"良心事业"，需要全身心地投入。科学家的立场可以是与价值无涉的，只对"事实"进行描述和解释，不做"好"或"坏"的价值判断。而教师面对的是孩子——发展中的人，从事的是规范性活动，有强烈的价值指向。教师有一种"为了孩子好"的意识，对他们抱有美好的期望，并以一种自己认为"良好的""恰当的"方式影响他们。因此，教师的工作不仅具有认知提高和行为改进的作用，而且具有文化传承和社会规范的功能。

教师工作的"价值性"还表现在教师对孩子的情感投入上，反映出教师工作的性质是人本的，而非纯科学或纯学术的。教师对孩子是有感情的，无论喜欢还是讨厌，都是一种感情，而这种感情必然会影响教师的工作态度和工作效果。与"学术人"相比，教师似乎具有一种"反智"倾向。他们厌恶冷冰冰、无人情味的理论，因为它会压抑教师对孩子全身心的无"反思"的爱和关注。其实，完全遵循理论本身便是一种方便的逃避直接面对孩子的方式。那些爱理论胜过爱孩子的教师无法真正了解自己的学生，也无法明智地处理学生的问题。对理论过分理性的追求会排斥或抑制教师对学生的爱，而爱作为人类一种最强烈的价值取向，在教育中是不可或缺的，"缺乏了爱，任何有关人的问题都无法得到解决。一个完整的人会借着体验而获取技术，因为创造的动力会制造出它自己的技术——这便是最崇高的艺术。那些体验着人生，因而从事于教育的人们，乃是唯一真正的教师，而他们也会创造出自己的教育方法来"。

（三）习得教师必备的"实践性知识"

根据亚里士多德的观点，人类活动可以被分成三大类：理论沉思、实践、制作。理论沉思面对的是不动的对象（如自然科学的对象等），从事此类活动的人必须有闲暇，而且需要很高的智力，但人数不需要很多。第二类是实践，即为了"善"的目的而改变对象的活动，从事此类活动的人最需要的是择宜能力，能够在纷繁复杂的情境中做出此时此刻最恰当的判断和决策。第三类是制作，即体力劳动者（如工人、农民）生产产品以及艺术家从事创作的活动。

根据这一分类，教师职业可以被认为是一种典型的"实践"，因为教师面对的是富有个性特征、正在不断成长变化的孩子；教师在教育孩子的过程中，不管怎么做，都有一个为了孩子"好"的目的。教育实践特别复杂，具有情境性、特殊性、不确定性、不稳定性、价值冲突性等特点。对同样一个教育现象（如"学生学业减负"），不同利益相关者（教师、学生、家长、行政领导、学者等）意见经常不一致，很难统一。教师没有一定之规可循，不得不依据自己的经验和"良心"，在各种目的、期望和利益之间权衡，以便做出此时此地最恰当的判断和决策。因此，教师工作最需要的是"择宜"能力，它相当于中国文化传统中的"中庸"，做事不走极端，不偏不倚，根据当时的具体情况，通过实践推理，找到最恰当的、既符合内在德行又遵从社会规范和人类普遍之"善"的行动策略。

1. 教师职业特点提出的要求[①]

教师工作不仅是一种实践，而且是一种关系性实战。相比其他职业，工程师生产的是产品，医生面对的是病案，律师处理的是案件，都不如教师工作涉及如此密切的人际交往。教育本质上是一个人影响人的活动，需要有足够的关爱和信任。如果教师不关爱学生，学生不信任教师，教师则很难对学生施加影响；学生面对的不是单个教师，而是教师群体，如果教师之间没有形成和谐的合作关系，身体力行地向学生教导良好的品质，学生的学习效果就会大打折扣。这样一种关系性实践使得教育变得格外复杂，扑朔迷离。

如果说教师的工作异常复杂，那么要做好这个工作，教师需要什么样的知识呢？有学者根据教师知识与教育实践之间的关系，将教师知识分成三大类：一类是"为了实践的知识"，即外部专家根据教师职业的需要，通过研究开发出来的知识，要求教师在职前培养和职后培训中系统地学习。第二类是"实践中的知识"，即教师自己在工作中通过经验积累的知识，体现了教师自己的实践智慧。第三类是"实践性知识"，即教师超越正式知识和非正式知识理论和实践、内部和外部等种种二元对立，通过自己的"申辩式思维"（也称"批判性思维"）而形成的对教育教学的认识。根据这些学者的观点，教师不应该盲目使用外部专家开发的"为了实践的知识"，也不应只重复使用教师内部同等水平的"实践中的知识"，而应结合并超越两者，形成更加有利于教师专业成长的"实践性知识"。

---

① 陈向明. 中小学教师为什么要做研究 [J]. 教育发展研究，2019（3）.

如果说教师最需要的是"实践性知识"，那么这类知识是如何获得的呢？有研究表明，实践性知识很难通过读书、听讲座、学习原理和规则而习得，因为这种形态的知识大部分都是缄默的、具体的，遇到问题情境时才会被激活，需要通过教师在行动中反思，在问题解决的过程中得以彰显。不少师范生在师范大学学了大量的教育学和心理学理论（即上述"为了实践的知识"），进入学校后却发现自己不知如何教书，特别是不知如何带班、如何进行人际交往。这是因为学校是一个非常复杂的社会场域，很难被教育学理论全面、深入地描述和解释。即使理论工作者对学校发生的事情进行了入木三分的刻画和分析，但是他们通常站在干爽的高地上，所建构的理论只要能够自圆其说就行，不必关心在实践中能否被具体运用。而教育实践者却是在低洼的沼泽地里挣扎，问题重重，相互缠绕，好似一团乱麻。如果被询问"到底面临什么问题"，他们往往很难说清楚。"问题"在被处理的过程中一次又一次地被重构，一开始可能认为是学生上课不爱发言，结果发现是学生担心被同伴取笑，后来又意识到是课堂氛围不够轻松，而这主要是教师自己的教育观念（鼓励学生竞争）所致。很多时候，教师需要在做的过程才知道"问题"到底是什么，行可能先于知，或者知与行同时发生。

因此，教师需要具有高度的反思意识和能力，跳出具体情境，反观自己的教育行动及其背后的教育理念。这种反思不仅要在事前反思和事后反思，而且更需要在行动中反思，这是因为教育工作中会出现很多意想不到的事情，需要教师当机立断，对事情做出明智的判断并立刻采取行动。时间的紧迫性和问题解决的重要性，容不得他们停下来慢慢思考或付诸书本知识。他们只能依靠自己已有技艺库中的储备，根据新旧情境的相似性，调用合适的技术和工具，相似地"做"出自己的思考，并根据效果适时调整乃至改变自己的行动策略及其教育信念。很显然，这是一种复杂程度很高、需要灵活调节、动态发展的反思（甚至是"元反思"，即对反思的反思）的能力。

2. 教师的实践性知识概观

关于教师的实践性知识，我国的研究者基本认同陈向明团队研究的结论，即教师的实践性知识对教师的教学实践具有支配作用，是教师专业发展的知识基础。①

（1）钟启泉教授谈实践性知识的特点②

这种实践性知识的特点表现为：

①教师的实践性知识由于是依存于背景的经验性知识，同研究者运用的理论性知识相比，缺乏严密性和普适性，因而它是一种多义的、活生生的、充满柔性的功能性知识。

②教师的实践性知识是以特定教师、特定教室、特定教材、特定学生为对象而形成的知识，是作为案例知识而积累和传承的。

③教师的实践性知识具有不能还原于个别专业领域的综合性，而且并不具备理论性知识那样的发现未知事物和做出原理性阐述的性质，是凭借经验主动地解释、矫正、演化现成知识而形成的综合性知识。

④教师的实践性知识不是显性的知识，它是无意识地运用的，含有隐性知识的功能。

⑤教师的实践性知识是以教师的个人经验为基础而形成的，具有个性品格的知识。因此，要有效地传递实践性知识，不仅要求有"知识"，而且要求有"经验"。这种传承，具有根据接受者的个性特点和成熟度加以解读、汲取的性质。

总之，教师这种实践性知识是与实践情境结合起来的、依存于情境脉络的、与行动密切结合的、用一定案例与个人经验充实起来的、富有适应性和综合性的知识。

（2）陈向明对实践性知识的概述

陈向明研究团队认为，教师确实具有自己的知识，可以被称为"实践性知识"。这类知识通过教师对自己所积累的教育教学经验进行不断反思而形成和发展，并通过自己的日常行动表现出来。对教师实践性知识的研究有其独特的意义，不仅能够为我们理解教师的工作提供一个新颖的视角，为教师的专业发展提供具体的思路和方法，而且能够为教师这个职业成为"专业"、为

---

① 陈向明. 实践性知识：教师专业发展的知识基础 [J]. 北京大学教育评论，2003（1）：104—112.

② 钟启泉. 现代课程论 [M]. 上海：上海教育出版社，2003：522—523.

教师社会地位的不断提高赋权。教师实践性知识定义为："教师对自己的教育教学经验进行反思和提炼后形成的，并通过自己的行动做出来的对教育教学的认识。"教师实践性知识不是一个"种＋属差"的概念，它体现的是教师的一种专业生活方式，特别是他们的行动意识和行动能力。这个概念突出了"实践"的优先性，表现出我们希望在实践与理论之间搭建沟通之桥，将两者相整合的一种尝试。

在教师实践性知识的内容类型方面，课题组最初提出六大类型：教师的教育信念、自我知识、人际知识、情境知识、策略性知识以及批判反思知识。随着研究的深入，课题组更加关注教师教育实践的原生态，提炼出教师的许多本土概念，丰富了对教师实践性知识内容的理解。到本课题结束时，我们认为，教师的实践性知识包括教师关于自我的知识、关于教学科目的知识、关于学生的知识、关于教育情境的知识四个方面，它们共同受到教师更上位的、有关教育本质之理解的影响。

教师实践性知识的表征形式可以被分为四大类：图式类、行动类、语言类和综合类。其中，图式类包括意象和隐喻两种形式，行动类包括行动方式和身体化两种形式，语言类包含叙事和案例两种形式，综合类则涵盖了其他的表征形式，可以说是实践性知识最丰满的表征类型。它们各有其自身不同的特点，借助于教师的言谈举止以及书写等种种方式展现出教师多姿多彩的实践智慧。课题组在这方面的研究进一步丰富和扩展了现阶段对教师实践性知识已有表征形式的理解。

在教师实践性知识的构成要素方面，课题组提出了一个"四要素模型"，即教师主体、问题情境、行动中反思、信念。这四个要素基本上包含了教师实践性知识的重要结构特征：教师是实践性知识的拥有者，他们的实践性知识在教育教学的实际情境中遇到问题时被激发，通过在行动中反思被反复审视和重构，形成自己新的对教育教学的信念。动态地看，这个"四要素模型"及其结构特征揭示的是教师实践性知识的生成机制：在面对新的问题情境时，教师原有的实践性知识（PK）被显性化后，经过在行动中反思，生成新的实践性知识（PK），并且因其运用所取得的效果而被确认为"有用""真实"。教师实践性知识生成的载体是问题情境，问题的创造性解决就是教师实践性知识的形成过程。在教师今后的教育教学中，PK 还会随着问题情境和反思场域的变化而不断发展和更新。

在教师实践性知识的生成媒介方面，课题组从集体互动和个体反思两个维度分析了不同媒介对教师实践性知识生成和发展的作用。其中，集体维度包括两个方面：（1）教师所在的各类实践共同体，包括师徒共同体、新老教师共同体、教师与外来研究者组成的研究共同体——教师在这些不同的实践共同体中有不同的学习方式；（2）教师与他人或不同机构和组织之间的交往活动，如与家委会互动、与学校领导交往、与学生交往、办公室谈话等。个体反思维度也包括两个方面：（1）教师个人撰写教育札记；（2）教师个人的话语实践，包括教师的内部话语与外部权威话语之间的对话、教师的实践话语与理论话语之间的对话，等等。

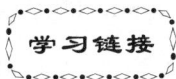

学习链接

表 1-1 教师实践性知识研究纵览[①]

研究者	教师实践性知识的定义	教师实践性知识的特征
埃尔瓦斯	教师以独特的方式拥有的一种特别的知识，关于学生、课堂、学校、环境、学科、学习和社会理论等所有这些类型的知识，被每位教师整合成为个人价值观和信念，并以他或她的实际情境为取向	情境取向、个人取向、社会取向、经验取向、理论取向
范梅南	机智是一种实践性知识，它在教学的行动中实现，行动自身就已经构成了一种知识	身体化、情境化、关系性
沃勒普等	构成教师实践行为的所有知识和洞察力，隐含在他或她行为背后的知识和信念	个人的、缄默的、反思的、与情境和学科相关

---

① 陈向明，等. 搭建实践与理论之桥：教师实践性知识研究 [M]. 北京：教育科学出版社，2011：9，28.

研究者	教师实践性知识的定义	教师实践性知识的特征
康奈利等	教师通过教学经验所获得的实际东西，教师身份认同，表达了从经验中获得的、在工作和生活环境中学到的、在实际情境中展示的个人实践知识	默会的、经验的、个人的、文化的
陈向明	教师真正信奉的，并在其教育教学实践中实际使用和（或）表现出来的对教育教学的认识	默会但可反思、实践感（紧迫性、条件制约、模糊性、总体性）、行动性
姜美玲	教师在教育教学实践情境中，通过体验、沉思、感悟等方式来发现和洞察自身的实践经验之中的意蕴，并融合自身的生活经验以及个人所赋予经验的意义，逐渐积累而成的运用于教育教学实践中的知识以及对教育教学的认识	实践性、个人性、情境性、默会性、综合性
陈静静	教师建立在对个人生活史的评估和反思基础上的、被教师认可并在日常教育和教学活动中实际使用的、与情境相适应的、动态的知识体系	家庭相似性、整体层次性、复杂矛盾性、时效性

（3）教师的实践性知识对教师研修的启发①

教师实践性知识研究对教师教育的一个启发是：尊重与开发教师的实践性知识也许比灌输学科知识和模仿教学技艺更重要。以往的在职教师研修通常采取两种方式：①在师范院校里集中培训，由专家讲授教育理论和学科知识；②在中小学教学实践中模仿优秀教师的可观察行为，通过听课、评课等方式学习他人的经验。

第一种方式相信教师只要具备了足够的教育理论知识，就能表现出适切

---

① 陈向明，等. 搭实践与理论之桥：教师实践性知识研究［M］. 北京：教育科学出版社，2011：235.

而有效的教学行为，因此培训的主要方式就是：教师用听讲座、记笔记、应付考试的方式接受"再教育"，学习外在于自己的、由高校生产出来的高深知识和教育理论。这种教育既不能很好地联系老师们的已有经验，又不能有效地拓展他们的理论视野。实践证明，真正主导教师实践、对教师的教育教学行为起实质作用的，主要是教师的实践性知识。因此，培训应该基于他们这种独特的知识，基于他们作为成人的经历与经验，采用参与式培训的方法（包括案例分析法、问题解决法、任务导向学习等），使其实践性知识外显，然后进行交流和批判性反思（包括与理论知识的对话）。在课题组把实践性知识定义为一种"做出来的信念"的思路下，主体、问题情境、行动中反思和信念四要素形成的这个整体，很难通过一次或几次灌输式讲座培训形成与改变，需要教师的实践体验，需要他们感同身受，并在"信"的基础上达到知行统一。

第二种研修方式更加贴近教师的实践，但如果实施不当，则很容易造成学习者机械模仿，缺乏分析、批判，成为一种"技术化"的教师教育方式。优秀教师身上有着丰富的实践性知识，这些知识不是作为孤零零的单个元素存在的。教育教学实践的多样性和复杂性，决定了教师很难只通过简单模仿而学到其他人的精髓。有效的模仿必须是一种反思性模仿，是对被模仿者行为背后的"理由"的把握。因此，我们提出，教师实践性知识的四要素作为一个整体，其背后有丰富的故事、实践线索和教育信念。如果要学习和借鉴，必须把它们"打包"，从整体上了解这个故事，洞悉其背后的反思过程和个人信念，然后才能真正"为我所用"，批判性实施。如果学习者（如新教师）仅仅是想当然地"相信"或者不假思索地实施，不从整体上把握其运用的脉络与背景，有时候反而会适得其反。

（四）教师成为"反思性实践者"

关于教师实践性知识的研究得出一个比较一致的结论：教师主要是"通过反维性实践"获得实践性知识并形成实践智慧。研究者指出，一名合格的教师不仅要熟练掌握教学技能，还要养成实践智慧，这就需要教师及时进行教学反思。从根本上说，真正的教学就是一种反思性实践，教师需要考虑在各种不同的教学情境中如何进行有效教学，而真正的思考不可能在孤立的"象牙塔"中产生。教学实践知识的生成和发展、教育智慧的养成，只有依靠教师本人的积极反思。除此之外，别无他途。反思是教师获取实践性知识、增强教育能力、生成教育智慧的有效途径。[①]

1. 反思及其心智过程[②]

关于"反思"的定义。

从定义来看，研究者对反思的界定可谓千差万别。例如，哈顿和史密斯认为，反思的本质是思考实践，从而改善实践。他们对反思所下的定义最为言简意赅："反思即审慎地思考行动，以便改善行动的思维形式。"伯拉克对反思的定义则相对比较全面。他认为"反思是立足于自我之外的批判性地考察自己的行动及情境的能力。使用这种能力的目的是为了促进努力思考，以职业知识而不是以习惯、传统或冲动的简单作用为基础的令人信服的行动。这样的反思性定向包括：把理论或以认识为基础的经验同实践联系起来，分析自己的教学和以实现改革为目的的学校情境，从多种角度审视情境，把机动方案当作自己的行动或自己行动的结果，理解教学的广泛的和道德的基础。"范梅南则较注重反思的"社会意义"，他将"反思"定义为"教师参与批判性思维，如审议和分析，做决策，做出与教学相关的行动过程的决定。反思是对这样一种教育事务的思维方式，这种教育事务涉及做出理性抉择并为这种抉择承担责任"。当前，尽管对于"反思"的定义仍然没有达成一致，但是反思对教师发展的价值却越来越得到教育者的赞同。

关于反思的心智过程。

为了更好地理解反思，我们还需要仔细地考察反省性思维包含哪些过程。研究者们对反思的心智过程的观点同样多种多样，总的来说，有几个共同的过程，包括描述情境、质疑最初的理解和假设、保持一种开放的态度、责任感和全身心投入。简而言之，就是以一种有目的的和审慎的方式来"解决疑

---

① 杨骞. 教师专业发展"五步曲"[J]. 教育研究，2006（4）.

② 王艳玲. 教师教育课程论［M］. 上海：华东师范大学出版社，2011：49—50.

难问题"。

表 1-2 列出了研究者们对反思的心智过程的各种观点。可见，反思或者始于不能解决某一个问题时，或者始于希望重新考虑一个问题情境或是先前得出的一个结论。反思的过程需要包括对问题、事件或解释的一些系统的分析（见下表），因而这些阶段具有回归性的特点（每一个阶段牢固地依赖它前面的所有阶段）。换言之，反省性思维具有循环性质。而且，当实践者通过反省性思维前进时，实践者在各个层面上发挥作用。所以，反省性思维过程的阶段不应仅指朝着问题解决取得进展，还指对情境的意识程度。过程和进展必须被共同看待。

表 1-2　反省性思维的过程（process）

提出者	论题	过程
杜威（1933）	反省性思维的过程	经验； 对经验的自发解释； 命名经验中出现的难题或问题； 对所提出的难题或问题产生可能的解释； 对形成的假设认真地推敲
舍恩（1983）	反省性思维的途径	在行动中反思； 问题情境； 框定或再框定问题； 试验； 评估结果和执行过程
普嘎和约翰逊（Pugach&Johnson，1990）	一个同伴协作反思框架	通过澄清问题来框定； 问题界定； 生成并预测； 评价并再审议
格格兹和帕卓尼斯（Gagatsis & Patronis，1990）	反省性思维的过程	初始的思索； 对主题的反思并尝试理解； 发现并（部分地）理解； 内省； 充分知晓

续　表

提出者	论　题	过　程
埃拜和库加瓦（Eby & Kujawa, 1994）	一个反省性思维模型	观察； 反思； 收集数据； 考虑道德原则； 做出判断； 考虑策略； 行动
李（Lee, 2000）	反省性思维过程	问题情境或情节； 组织问题； 寻求可能的解决办法； 试验； 评价； 接受或拒绝
罗格斯（Rodgers, 2002）	对杜威的反省性思维阶段的改造	体验； 描述经验； 分析经验； 明智的行动或试验
奥斯特曼和科特卡姆（Osterman & Kottkamp）	将反思性实践看作经验学习	确定问题； 观察与分析； 抽象的概念重建； 积极的验证

2．反思的内容

研究者们提出的教师反思内容是多方面的，涵盖教育教学生活的各个重要方面。[①]

蔡克纳曾概括了教学和教师教育中反思的五个取向（五种传统），它们可以看作教师反思的内容取向：（1）学术取向。它强调对学科内容知识以及呈

---

① 王艳玲. 教师教育课程论 [M]. 上海：华东师范大学出版社，2011：52—53.

现和转化这些学科内容知识来促进学生的理解和反思。（2）社会效率取向。它强调特定教学策略应用的反思，以便明智地使用各种教学技能和策略。这些教学策略是作为实践的"知识基础"而要求教师掌握的。（3）发展主义取向。它强调教学要对学生的兴趣思维和成长十分敏感。（4）社会重建主义取向。它强调反思学校教育的制度、社会和政治背景，以及课堂行动对于更平等公正和人性的社会环境的贡献。（5）一般性反思的取向。它即强调反思的作用，但对反思的目的和内容没有特别的专注。该主张的基本观点是：只要教师更加审慎地反思，他们的教学行为必然更好。

瓦利列举了一些反思内容，如学生的学习、教学过程、学科内容等。她将教师的反思分为五种类型：（1）技术反思，即对教学领域的技术、能力的反思。（2）基于行动的反思，对行动的反思。前者是教师在课后的回顾性思考，后者是在教学行动中的决定。（3）慎思。它强调教师决策应该基于多种资源。（4）个人反思，即对个人成长及其与专业生活的关系的反思。（5）批判反思。它促进理解，提升弱势群体的生活质量。

申继亮根据教师所写的教学反思日记以及通过对教师的访谈，将教学反思的内容划分为以下五个方面：（1）课堂教学。思考的内容主要是分析、评价教学活动本身的利弊，以及影响教学活动的因素。（2）学生发展。分析、考虑与学生发展、能力培养相关的一些因素，包括学习成绩、学习兴趣、学习方法、学生的心理、人格发展等。（3）教师发展。分析并考虑与教师自身发展、素质提高相关的一些因素，包括教师的专业知识和专业能力、教师的人格魅力与自我形象，以及教师的待遇，等等。（4）教育改革。关注考试制度改革、课程改革、宏观教育体制改革及教育改革的实效性，等等。（5）人际关系。包括如何与学生、家长、同事形成和谐的人际关系。

靳玉乐认为[①]，教师的专业发展有赖于教师在教学情境中不断地反思与学习，这要求教师要进行行动研究，成为研究者，要运用各种研究方法洞察教学问题，搜集各种资源，以改进教学现状和解决教学问题。弗德曼具体指出，可通过下列问题帮助教师进行反思，揭露内隐的、行动背后的教学问题：（1）

---

① 靳玉乐，肖磊. 教师教育课程改革的价值诉求 [J]. 教育研究，2014（5）.

行动者怎么感知情境或问题？（2）行动者希望达成什么目标？（3）为了达成目标，行动者意欲采用何种策略？（4）行动者实际采用了什么策略？（5）这些策略的实际效果如何？（6）这些效果与预期有多大程度的不符？导致这种不符的原因何在？在洞察教学问题并做出相应的假设之后，教师必须对原有的假设进行批判和修正，以进行下一次的教学实践，再根据实践的结果进行反思、批判和修正假设。经过不断循环的行动反思、批判和修正，直至使教育实践得到改善。最后，教师将其在教学实践中积累的各项假设及其间的关系，以合适的方式呈现出来，就可以形成自己的教学实践知识体系，以应对复杂多变的教学情境。

3. 反思性实践者及其认识活动①

"反思性实践者"指的是什么？

有研究者认为，作为反思性实践者的教师就是那些能够主动思考自己的行动及其情境并做出理性的决定，能够自觉意识并质疑自身乃至社会关于教育的前提假设与价值偏好，及时反思并调整自己的教育行为，从而不断丰富自身的实践性知识，努力提升实践品质的教师。瑞根等人认为，首先，反思型教师是一个能够理性有意识地做出决定的决策者；其次，反思型教师必须把他/她的决定与判断建立在坚实的知识基础上——包括内容知识和依据教师的独特经历重组和建构的知识；再次，反思型教师必须成为职业道德行为与职业道德敏感性的典范。

那么，反思性实践的认识活动是怎样的呢？

（1）从目的、性质上看，反思性实践致力于消解教育理论与实践的二元分离，恢复实践者在"理论—实践"中的地位，突出实践者的个人经验和自主反思在沟通公共知识与个人实践方面的功能；同时，教师的反思性实践意味着对教育实践合理性的追问，关注教育实践活动内在的道德目的，努力摆脱外在不合理的观念、体制的束缚，质疑各种既定的认识框架和行为模式，成为自觉主动的、积极探究的实践者，不断寻求教育实践的改善。

---

① 王艳玲. 教师教育课程论［M］. 上海：华东师范大学出版社，2011：53，55.

（2）从机制上看，反思性实践既是一个能动的、审慎的认知加工过程，又是一个与情感和认知都密切相关并相互作用的过程，在此过程中，"不仅有智力加工，而且需要情感态度等动力系统的支持"。

（3）从过程上看，反思性实践体现的是一种反思探究的循环。反思性实践包括教师在踏进教室前的行为（如备课与课程计划）、教室中的行为以及离开教室以后的行为。这个过程不是线性的，而是循环往复的螺旋式过程，从"为实践反思"开始，转向"实践中的反思"，然后是"对实践的反思"，最后回到"为实践反思"，进入一个循环往复的进程之中。

（4）从内容上看，反思性实践既强调教师的教学反思，又强调对教学赖以发生的社会和组织背景的分析。它要对发生在学校内外的事件及其社会背景进行反思。反思性实践对个人、群体乃至整个社会的信念、经验、态度、知识和价值的意义及其他社会条件承担了认知、检查和反刍的责任。

可见，反思性实践凝聚了认知的、行动的、省思的、伦理的特性，并将这些特性综合地体现在实践过程中。

四、 专长发展的视角

教师的专业发展是在特定的专业范围内的专长发展。专长有共同的基础——专业的规范，即教师作为一种专门性的职业，有自身的专业标准，如专门的知识与技能、专业服务的理念、长时期的专业训练、独立的专业自治组织，等等。我国著名教育家叶澜指出："教师需要有自己独特而富有整体性的、高标准的专业修养，其中包括关于教育观念、结构和内容都具有特殊性的知识技能修养，以及含有交往、管理等多种从事教育所必需的工作能力与创造能力。唯其如此，我们才会承认教师职业是一种专业。"[①] 校本研修要指

---

① 叶澜.一个真实的假问题："师范性"与"学术性"之争的辨析［J］.高等师范教育研究，1999（2）.

向教师专业发展的共同基础，但也要重视教师专业的分化特征和学术差异。

古人说，术业有专攻。对于从事教育专业的教师来说，认识和发展自己的教学专长，是更好地进行有效教学，进而成为教育家的重要一环。20 世纪80 年代，教学专长的提出影响着昔日和当今的教师培养。迄今为止，教学专长的研究结果为教师的专业发展提供了坚实的理论基础。它不仅明确了教师专业发展内容，还明确了教师专业发展阶段、专业发展方式。

（一）专业发展的定位

联合国教科文组织在第 45 届国际教育大会上指出：推进教师专业化是"改善教师地位和工作条件"的"最有前途的中长期策略"。教师专业化作为职业专业化的一个类型，是指教师职业不断提升社会地位，争取成为一个"专业"的过程。

教师专业化经历过"组织发展"和"专业发展"两个阶段。就其实质而言，教师专业化的两个目标是互为条件的："组织发展"指向"地位的改善"，"专业发展"指向"实践的改进"。没有教师专业地位的改善，教师专业发展就难以获得保证；没有教师专业素质的提高，教师工作就无法成为受人尊敬的专业。

1. 认清自身发展的阶段特征[①]

对于教师专业发展的阶段，历来有种种不同的划分方法。在专长视野下，有代表性的是：伯利纳描绘了从新教师到专家教师这一教学专长发展变化的过程——从相互独立、有意提取的知识逐渐过渡到相互联系、自动化的知识组织；格莱兹描绘了不同阶段教学专长的获得方式——新教师更多依赖教师共同体，熟练教师更多依赖师徒制，专家教师更多依赖刻意练习；亚历山大描绘了新教师、熟练教师、专家教师的知识、策略与兴趣差异。

不同发展阶段教师的认知特征是：新教师的职业信念与现实是冲突的，他们的知识是零碎的、孤立的，因此他们在教学过程中不能有效地进行注意、

---

① 杨翠蓉. 教师专业发展：专长的视野［M］. 北京：教育科学出版社，2009.

决策和评价；熟练教师的职业信念是深刻的、稳定的，他们具有相互联系的知识组织，因此他们教学娴熟，在教学过程中能有效地进行注意、决策和评价；专家教师将自己看成"熟练的新手"，他们在日常教学中会表现出熟练教师的认知特点，但是在解决疑难教学问题时表现出独有的元认知过程。

不同发展阶段教师的人格特征是：新教师处于"学生"角色向"教师"角色的转换过程中，他们的人格特征除了受本人的性格、气质等影响外，还深受角色适应与转换的顺利程度的影响；熟练教师在熟悉教学、工作稳定后，受内在与外在环境的不同影响，在人格上出现了分化，存在不同的人格类型；专家教师与前两者相比，情绪更稳定，教学动机更高，更乐于探索求新。

2．制订职业生涯的发展规划

按照"教师生涯发展理论"，我们可以把教师的生涯发展划分为六个重要时期：职前准备期—入门适应期—热情建构期—专业挫折期—稳定更新期—离岗消退期。根据我国研究者对青年教师发展的调查，有研究者把青年教师的发展概括为三个阶段：适应阶段、突破阶段、成熟阶段。

就一般而言，我们可以把教师职业生涯分为三个重要时期，并确定每一时期要解决的主要问题。

"适应期"要解决的问题是：契合规范，认清自我，探寻目标，蕴蓄能量。

"建构期"要解决的问题是：发现优势，选择路径，尝试求索，积累经验。

"更新期"要解决的问题是：提炼成果，彰显特色，迁移拓展，着意创新。

教师在确定了自身所处的发展阶段以后，要进行环境诊断和自我分析，在此基础上进行专业发展的自我设计：一是明确"目标值"（发展愿景），二是列出"时期表"（程序安排），三是勾画"路线图"（实施途径），四是拟定"问题域"（突破重点）。

3．坚持自我更新的操作原则

教师的专业素养是一个整体结构，要靠教师自主地建构。对每一位教师来说，"职业理想是教师献身于教育工作的根本动力，教师的知识水平是其从事教育工作的前提条件，教师的教育观念是其从事教育工作的心理背景，教学监控能力是教师从事教育教学活动的核心要素，教师的教学行为是教师素质的外化形式"。

教师所做的是一种凭借自身的学识与品行去影响人的工作，任何外力的干预都不可能使教师产生触动学生心灵的力量。因此，教师要特别注重自我的更新。自我更新的教师专业发展取向，要求教师在学校教育实践中依托学校情境，根据学校发展的要求和自己的实际，不断地完善自己，自觉地提高自身的素质。

我国的研究者指出，"自我更新"的教师专业发展与其他教师专业发展相比较，有其自身的特点，这就是：[①]

一要将自己的专业发展作为反思的对象。

二要强调教师不仅是专业发展的对象，更是自身专业发展的主人，主要体现在三个方面：一是教师拥有个人专业发展自主权；二是实现自我专业发展管理；三是能够自觉地在专业生活中自学。

三要将目标直接指向教师专业发展，即"以个人的专业结构为本，把教学工作看作一种专业，教师作为专业人员应追求个人专业结构的不断改进"。

4. 专长发展的机制

教学专长的获得是教师专业发展的重要表现，也是专家型教师的重要特征[②]。我国研究者采用分层抽样的方式，对两市41所学校的1123名中小学教师的调查发现：三种基本心理需要满足正向影响教师教学专长发展，教学自我效能感在自主、能力及关系需要的满足与教师教学专长发展之间具有部分中介作用。研究显示，经验、刻意训练与动机对教师教学专长发展都有重要作用，专长发展是教师主体能动性被激发的结果，环境通过满足教师的三种

---

① 叶澜，白益民，陶志琼. 教师角色与教师发展新探 [M]. 北京：教育科学出版社，2001.

② 蔡永红，申晓月. 教师的教学专长：研究缘起、争议与整合 [J]. 北京师范大学学报（社会科学版），2014（2）.

基本心理需要，激发其自主动机，同时激发其教学自我效能感，以影响专长发展。

（1）关于教师教学专长发展与经验、刻意训练及动机的关系

第一，与三种基本心理需要满足相比，基于成功经验的教学自我效能感能够更好地直接正向预测教师教学专长，自我效能感离行动更近。这一结果证实了经验和刻意训练对教学专长的直接正向作用，社会学习理论对教师教学专长的获得与发展具有一定的解释力。

研究的结果既肯定了社会环境对个体动机和杰出行为的积极作用，又证明了效能信念是行动的重要基础。即一个人除非相信能通过自己的行动产生所期待的效果，否则他们很少具备行动的动机。因此，促进教师教学专长的发展，需要从提高教师的教学自我效能感入手，通过对学校环境的改善、学校组织文化的建设、校长领导方式的转变等方面着手，探讨满足教师的三种基本需要，增加教师教学自我效能感的方法和策略。

（2）关于能力需要满足与教学自我效能感的关系

研究对能力需要满足与教学自我效能感的替代作用进行了检验，研究发现，能力需要满足与自我效能感是各自独立的结构，二者不能相互替代，但二者又具有密切关系。这一研究结果证实了自我决定理论对能力需要满足的假设，即能力需要是天生的，它直接影响自主动机而不是行动。这一结果与 Sweet 等的研究结果一致，证实了人是行动的主体，人对自己的行动具有选择性和能动性，但这种行动的选择与能动性是人与环境互动的结果，环境满足个体的能力需要、自主需要和关系需要的程度，决定了个体能动性的高低。

本研究证实，自我效能感是由自主需要与能力需要满足的经验决定的，是基于这两种需要满足所产生的能动性的结果。也就是说，能动性反过来驱动了自我效能感，并进一步影响个体的行动。

（3）关于关系需要满足与教师教学专长发展的关系

研究发现，就基于心理需要满足与教师教学专长的具体关系而言，关系需要满足影响教师教学专长的作用最大，且它与教学专长的关系是直接的。

而西方的研究发现，自主需要的满足对教师自主动机影响最大。虽然这一研究还有待于进一步研究证实，但这一发现可能体现了中西方文化/西方文化中自主更重要，而在集体主义文化中关系需要满足更重要。D Ailly 也证实了自我决定理论的文化差异。能力需要满足、自主需要满足通过自我效能感正向作用于教学专长也说明，教师以往的成败经验、他人的示范效应、社会劝说、情绪状况和生理唤起等途径对教师教学自我效能感的形成综合发挥作用。这一发现在一定程度上厘清了激发教师教学自我效能感的具体途径。

（4）研究的启示

本研究对教师专业发展的理论研究以及教师专业发展的政策与实践都具有启示意义。

首先，本研究发现，经验、刻意训练与动机对教师的教学专长发展都具有重要的作用，专长发展是教师主体能动性被激发的结果，环境通过满足教师的三种基本心理需要，激发其自主动机，同时激发其教学自我效能感，以影响其教学专长发展。关于教师专长发展的理论需要进一步探讨经验、刻意训练及自主动机影响教师教学专长发展的路径，揭示教师专长获得的机制，特别是教师获得专长的持续动力机制。

其次，本研究证实了自主动机对教师专长发展的重要作用。教师专业发展的政策、学校管理的实践只有增加了教师的自主动机，才能起到促进教师专长发展的作用。教育政策与学校管理实践需要特别关注教师的自主、能力与关系需要的满足等自主性动机因素，而不仅仅是工资与奖金等外在激励因素。教育政策的制定及学校管理实践需要强调，通过建立更多的自下而上的教师参与机制、建设学习与合作的学校文化、加强校长对教师教学的支持、建设教师专业共同体等方式，来增强教师的自主、能力与关系需要的满足；同时，通过强化学校对教师专业发展的支持，特别是为教师的发展提供平台，让教师在工作中体验到成功和成就，以此增强他们对自身能力的信心。只有这样，才能实现广大教师乐教、好教和能教并终身学习的良好教育局面。

学习链接

成为专家教师的十六条心理法则①

新手水平：明确定位

法则一：降低职业预期，将教师职业看作三百六十行中普通的一行；无所谓灿烂不灿烂，更谈不上是"人类灵魂的工程师"。

法则二：明确职业目标，"我应该成为怎样的教师"；有理想的人，才能有学习和生活的动力，其生命才有意义。

法则三：坚守社会道德底线，持有良性道德判断标准，要知道，作为教书育人者，你就是学生眼中"道德"的化身。

高级新手水平：感悟学生

法则四：赞赏学生，肯定学生的特长与成功，如提出问题、正确解答、帮助他人、遵守规则、产生创意，等等。

法则五：不要低估差生，要知道所谓差生乃是由于评价标准的差异所导致的，不要用言语去讥讽与嘲弄他们。

法则六：表达你的爱，如拾起学生掉在地上的文具，耐心回答学生的提问，常与学生个别谈心，甚至只是在走廊里与学生相遇时一声亲切的问候。

法则七：让学生知道法则，坚持惩罚是教育不可缺少的组成部分，不要轻易放弃任何违规的学生，要给予他们合理的教育，但不要将惩罚简化为体罚。

胜任水平：促进效能

法则八：学会控制自己的情绪，尤其在面对让你厌恶的学生时，仍能面带微笑，暗示一切皆在你的掌握之中。

法则九：客观地认识自己对学生的作用，要知道，优秀的学生不是某位教师教出来的，而是其先天素质、个人努力和周围环境中众多因素一起作用的结果。

法则十：不断发现自己，做一个思考型老师，思想的火花无处不在，在

———————
① 胡谊，郝宁. 教育心理学：理论与实践的整合观［M］. 上海：华东师范大学出版社，2009：268－269.

凌晨或深夜中，在散步或休息时，在冥思或睡梦中，等等。

熟练水平：开放心态

法则十一：学会幽默，这既放松了学生的身心，又和学生拉近了距离；但幽默不同于讥讽，更不是无聊的调笑，否则会导致学生"乐"而不学。

法则十二：做快乐的教师，找到让自己快乐的窗口或途径，冲刷掉自己的烦躁与郁闷；营造快乐的环境，快乐属于你，也属于学生。

法则十三：学会宽容，包括学生的无知与偏执、家长的偏爱与袒护、领导的误解与质疑、同事的嫉妒与中伤。退一步，海阔天空。

专家水平：持之以恒

法则十四：承认衰老，哪怕曾经是最优秀的教师都有不受学生欢迎的时候。随着时代的变迁，知识和技能在变，学生的思想和观念在变，教育的要求和目标也在变。

法则十五：需要不断学习，不要对新知识习惯性地拒绝，要与学生的知识和思想共同成长，如经常阅读报刊、浏览网页、重读经典等。

法则十六：教师是你终身的职业，是你生命中不可缺少的一部分，已经与你的灵魂融合在一起了。你就是教师，教师就是你！

（二）教学专长的习得

教师工作是一个复杂的、创造性的工作，教师的教学专长的获得要经历一个不断发展变化的过程。我国研究者认为①，教师从新手到专家，教学专长或知识的发展有三个变化：

一是陈述性知识学习→陈述性知识之间联系的形成→陈述性知识与程序性知识联系的形成。遵循从知识到技能的原则。

二是一般的教学原理的掌握、教学方法的运用→与一定教学情境、特定学生的具体教学内容相适应的教学方法运用。遵循从一般到具体的原则。

三是课堂组织与管理的混乱、教学活动的无序→有意识地控制→教学活

---

① 胡谊. 专家教师的教学专长的知识观、技能观与成长观［J］. 华东师范大学学报（教育科学版），2002（6）.

动、教学技能的自动化。遵循从外显到内隐的原则。

教师教学专长的习得特别需要"自我导向性学习"，即美国著名成人教育专家诺尔斯所说的："一种借助或无须借助他人帮助的、由个体自己引发的以评估自己学习需要、形成自己的学习目标、寻求学习的人力和物质资源、选择适当的学习策略和评鉴学习结果的过程。"①

1. 调整知识结构

我们知道，根植于经验与理论的基础知识是所有专业的中心。教师要"学习应该教的知识和如何教授这些知识"。（舒尔曼）因此，专业化的教师应当具备广博的科学文化知识、系统的学科专业知识和坚实的教育专业知识。我国学者综合各种研究，认为可以把教师的知识分为两大类：一类是学科取向的"内容知识"，另一类是实践取向的"默会知识"②。

学科取向的"内容知识"主要包括两方面内容：所教学科的专业知识和把学科知识加工转化为学生能够理解的教学法（包括课程、学生、环境、教学目的与价值等）知识。"内容知识"是教师通过有意识的学习（如接受、读书等）内化而成的、可以明确表述和传播的显性知识。从教师专业发展的角度来说，学科取向的"内容知识"是支撑教师专业成长、提高教学水平的基础，也是理解、吸附、疏理经验的架构。

实践取向的"默会知识"，则是一种凝结在实践活动中、积淀在个人经验里的、不能明确表述的知识，它是教师职业个性化的展现，是教师专业成熟的重要尺度，也是支撑教师在特定情境中、进行决策和采取行动的最直接的依据。教师的"内容知识"和"默会知识"并非一种非此即彼、相互对立的关系，它们在具体的教育实践中相互交融、相互转化和整合，共同构成教师的"实用理论"和"有用知识"。

教师"管用"的知识有以下特征：它总是适应于特定情境并与一定的条件相匹配，这些知识可以被掌握和运用，却难以充分言说并传输给别人；它富有"个人"色彩，含有"诀窍"意味；它是一种在实际活动中被综合起来

---

① 李广平，等. 自我导向性学习与教师的专业发展 [J]. 比较教育研究，2005（6）.
② 邹斌，陈向明. 教师知识概念溯源 [J]. 课程. 教材. 教法，2003（6）.

的关于如何行动的行动。因此，教师要习得"有用"的知识，必须选择适合自己的方式，包括理论与实践相联系、学习与创造相结合、定向与随机相协调、苦学与乐学相统一、内储与外储相并行，等等。

2. 改造教学习性

课堂教学是教师在特定情境中的一种实际行动。教师在教学活动中是不是都按照一定的理论与规则或事先的周密思考去进行操作呢？那就不一定了。在现实的课堂教学中，除了理性化的成分外，教学还遵从一种"实践的逻辑"。

我国学者指出，任何有教育意图的实践行为，不管其具体的行为内容有多大差别，都有其自身的一般结构或生成原则，亦即都有其自身的逻辑——受事先习得的习性的支配；受虽有所准备，但仍不断被情境因素所修正或改变的意向的支配；受固定的单向的时间结构的支配；受身体—心理—社会构成的三维空间结构的支配；受上述各因素共同、交互与重叠支配。

这种种支配，使得教育实践（或参与者）的逻辑与教育理论（或观察者）的逻辑有很大的不同；实践活动的原则不是一些能意识到的、不变的和形式化的规则，而是一些经由文化的长期积淀而形成的实践图式，这些图式是自身模糊的并常因情境逻辑及其规定的几乎总是不够全面的观点而异。因此，实践逻辑的步骤很少是完全严密的，也很少是完全不严密的；很少是完全清楚的，也很少是一点儿都不清楚的。[①]

在教师的实践逻辑中起重要作用的是教师的"教学习性"。这是教师在长期的生活与实践中，逐渐习得并内化而成的教学信念和行为倾向系统，是教师理解外部教学世界的内在依据，是教师教学实践行动的内在指南。[②] 所以，教师在习得教学专长时一定要清醒地认识和审视自己习以为常的种种教学决策和行为，重视实践反思和经验重构。

3. 投身刻意训练

在职业领域中，从新手到专家的过程需要经历大量训练活动，用以不断

---

① 石中英. 论教育实践的逻辑 [J]. 教育研究，2006 (1).

② 王健. 改造教学习性：课程改革理想转化为教学行动的关键 [J]. 全球教育展望，2007 (5).

促进专业能力水平的提高，这被称为刻意训练（deliberate practice）。具体来说，刻意训练活动就是对个体最终成就起决定作用的长期的、特殊的训练活动，并且这种训练活动是经过精心设计并用以改进当前行为水平的活动。那么，什么样的活动可以认为是刻意训练呢？

一般来讲，需要符合"三高一低"的条件：高相关，即该活动越多，行为水平越高；高努力，即完成这项活动是需要付出很大的意志努力的；高频率，即大量地、经常性地参与这些活动；低娱乐，即与一般的游戏活动相比，该活动本身并没有很大的内在兴趣。在影响教师长期从事刻意训练活动的因素中，有三类最为重要：资源因素、动机因素、努力因素。

首先是资源因素，如高级别教师的帮助、积极性强的学生、适当的课堂硬件、充裕的经费支持等。举例来说，如今要成为高水平教师，必须有学校愿意替他支付各种必备教学材料和在职培训的费用，以及提供多种机会让他参与教学比赛，以展现自己并向他人学习。其次是动机因素。由于刻意练习这一活动本身并不具有动机激发作用，因此教师从事刻意练习时应将之看作进一步提高自己能力的"工具"；与享受结果（指行为提高）不同，长期的刻意练习活动本身缺乏内部奖励和兴趣，这与个体一开始致力于从事教学行业有很大不同。最后是努力因素。要知道，过度的练习容易导致疲劳，过多上课同样会导致教师厌倦，而为了能从长期练习中获得最大效益，教师必须将上课量限制在一定程度，以便体能能从每天或每周的训练中得到恢复。

研究者认为，对于想达到专家行为的人而言，当前行为水平和已积累的刻意训练量间存在单一的依存关系。

事例点击

增强教师魅力六大法则

形象法：人皆爱美。你的长相、穿着、仪态和风度，构成学生头脑中的教师形象。外貌漂亮、行为得体的人之所以能影响他人，是因为美是爱的提示性线索，与美在一起有荣耀感和满足感。应当注意，外貌美仅是引发魅力的导火索，而不是持久的动力源泉。

喜欢法：人是一种非常懂得回报的动物，人们总是喜欢那些喜欢自己的人，所以，要让学生喜欢你，你首先要喜欢学生。但是，要注意，人最喜欢的不是一贯喜欢自己的人，而是逐渐喜欢自己的人；人最不喜欢的也不是一贯不喜欢自己的人，而是喜欢自己越来越少的人。

接近法：与学生拉近距离，可以让学生对你产生依赖，这是因为人是有惰性的，总是希望以最少的代价获得最大的回报。此时，的确可以产生"远亲不如近邻"的感觉。但是，需要注意的是，接近了学生之后，需要满足他们的某种需求，如求知、奖赏等，否则会导致产生厌恶情绪。

熟悉法：为什么学生头脑中能够回忆起的教师，大多数是自己的班主任呢？因为班主任与他们交往最多，也最为他们所熟知。让学生熟悉了你，等于让学生熟悉了你的教学行为规则，让他们更容易调节自己的行为，满足他们的控制欲望，此时，你和你的学生就是一个整体，你中有我，我中有你。

相似法：人是自恋的，对自己或归类为与自己相同的人怀有好感。你与学生拥有更多的共同语言、共同爱好、共同观点、共同行为，则意味着你们是属于同一个"战壕"的朋友，你们之间是平等的，具有能够相互交流的认同感。正所谓"物以类聚，人以群分"。

特长法：人是好奇的动物，自己缺少的往往想去奋力争取。向学生展现你的能力与特长，让他们赞叹不已，羡慕不已。戴着这层"光环"，你将成为学生心目中的偶像；当然，有时偶像也要有意犯一点小小的过错，不要让学生感觉你高不可攀。毕竟，金无足赤，人无完人。

（三）专家教师的追求

在新形势下，我国的教师队伍建设提出了培养和造就一大批教育专家的要求。对于专家教师，国内外都进行了大量的研究。在课堂教学中，与一般教师相比，专家教师在课时计划、课堂过程、课后评价等方面都表现出一些不同，见表 1-3：

表 1－3　专家教师与一般教师的课堂教学差异①

教学环节	专家教师	一般教师
简洁性	概括性陈述课堂教学主要步骤和教学内容，并未涉及一些细节	大量时间用在教学细节上，如呈现教学内容、教学提问、课堂活动安排
灵活性	课时计划修改与复述在日常生活之中，认为计划实施要靠自己去发挥	临上课之前或课间只对课时计划做一下复述，认为课堂情境变化可以修正他们的计划
目的性	由课堂教学活动中学生的行为来决定教学活动细节	根据课程目标、课堂活动或课程知识，来联系计划与课堂情境中的学生
预见性	在头脑中形成包括教学目标在内的课堂教学表象和心理表征，能预测执行计划时的情形	不能预测计划执行时的情况，因为他们往往更多地想到自己做什么，而不知道学生想要得到什么帮助
课堂过程课堂规则	课堂规则明确，能够鉴别学生合乎要求的行为，并教会学生鉴别课堂活动的能力；执行规则坚定，在课堂教学的关键时刻，如果受到干扰，则不予理会	课堂规则含糊，很少示范正确的课堂教学行为，执行规则的标准要么刻板，要么弹性太大；在受干扰的情形下，会临时改变课堂规则
激发兴趣	运用多种技巧来吸引学生注意力，如声音、动作及步伐等；更为重要的是，预先设想工作任务，促使学生尽快进入学习状态；在活动转换或有重要信息时，能提醒学生注意	虽然有一些方法，但往往运用不当，如在没有暗示的前提下，就要变换课堂活动；遇到突发的事情，如有课堂活动之外的事情的干扰，就会自己停下课来，但希望学生忽略这些干扰
教材呈现	注重回顾先前知识，并能根据教学内容、学生学习状况等来选择适当的教学方法	注重教材及相关内容的吸引力，忽略学生的理解程度和理解偏差。往往使用较难或具有迷惑性的内容，导致学生较慢进入课堂学习状态

---

① 胡谊，郝宁. 教育心理学 [J]. 上海：华东师范大学出版社，2009：371－372.

教学环节	专家教师	一般教师
课堂练习	将练习看作检查学生学习的手段，因此，提醒学生在规定时间内做完练习；控制做作业的速度；在教室里来回走动，检查学生的作业完成情况；对练习情况提供系统反馈	把练习当作必要的步骤，因此，对练习时间把握不准，往往延时；只照顾自己关心的学生，不顾其他学生；对练习无系统反馈；要求学生安静地做作业，并把这看作课堂中最重要的事情
家庭作业	有一套检查学生家庭作业的规范化的、自动化的常规程序，如点名、记录、反馈、总结等	花更多的时间检查家庭作业，如反馈速度慢、记录过程不规范等
教学策略	具有很多教学策略，并能综合在一起灵活应用。在提问与反馈的结合上，根据学生回答问题的情况，给予不同类型（如引导性、纠正性、深入性）等的反馈。运用不同类型（如言语与非言语）的线索作为反馈来判断和调整教学，体现为一种即席创作的能力	教学策略并不缺少，但更多地表现为运用效率低下。例如，只注意课堂中的细节，不会解释事情间的联系，较少从学生的反应中做出推论，而只是运用既定计划来引导教学过程。推测活动与活动、活动与情境的关系，集中于一些异常行动并试图加以解释
课后评价	谈论学生对新材料的理解情况，很少涉及课堂管理问题和自己的教学是否成功。关心那些对达到目标有影响的活动	更多地关注课堂中发生的细节问题，如板书、自己对学生提出的问题的反应能力和课堂中学生的参与状况等

1. 把握专业成长的条件

教师总是生活在一定的自然环境和社会环境中，环境的因素会在一定程度上影响和制约教师的专业发展。教师又是一个具有能动性的人，他们"在改造环境的同时改变着自己"。

首先，教育的实践是教师专业成长的基本途径。教师通过教育实践，不仅完成了社会任务，还改变了自身。当然，教师只有运用自己的知识与智慧，积极地行动，全身心地参与，并且在不断地探索、试验和反思中提高工作的熟练程度与操作水平，才能真正实现发展。教师不应当把日常的教育实践看成一种外部强加的负担，而应将它作为实现自我价值、增长聪明才智、修炼思想品格的内在动因。

其次，学校是教师专业成长的主要环境。教师的实践活动领域主要在"学校"这样一种制度和组织机构之中。学校是教师实现其价值的"用武之地"，教师的发展不能游离于学校环境之外。教师主要通过课程与教学这一领域的劳动与创造来实现自身的发展。事实上，离开了学校教育实践，教师的创造、研究型教师的培养、教师价值的实现，都不过是一种奢望。

再次，教师主体性的发挥是其专业成长的内在动因。

教师是教育工作的主体，也是自我发展的主体，教师的专业发展不是消极地受制于环境、等待环境的赐予，而是积极地认识环境、借助环境、作用于环境。我国教师面对的宏观环境，正在朝着有利于教师专业成长的方向变化。教师应当振奋精神、挖掘潜能、积聚力量，在教育改革与发展的实践中，在创造性的教育活动中，通过出色的工作，实现成为专家教师的目标。

2．发挥自身专长的优势

研究发现，专家教师所具备的教学专长有多种形式，可分为四类：教材知识专长、教授专长、课堂管理专长、诊断专长。

（1）教材知识专长，指所教学科的内容知识。教材知识专长不仅指特定学科内容知识及其组织，还指为优化教学所需的知识结构，即过去常说的，教师要给学生"一杯水"，自己应该有"一桶水"，或者"是一条常流不止的小溪"。

（2）教授专长是指为了完成教学目标，有关教学策略与教学方法的"外显知识"和"内隐知识"。"外显知识"可以通过观察或录像来分析，如板书、讲演、使用多媒体、安排练习等活动，往往与学科内容知识结合在一起，构成教学法内容知识；"内隐知识"是指潜移默化的教学技能，如了解学生、知晓考试规律等，往往在教师缺乏学科内容知识的情形下发挥作用，突出表现为计划、监控、调节、评价和应变等能力。

（3）课堂管理专长的作用，不仅要维持教学与学习任务的顺利进行，而且要预防或消除课堂不良行为，从而创造良好的课堂氛围。有效的课堂管理方法，涉及各类强化与惩罚手段、团队互动技巧、个体行为激励、群体规范的制定与实施，等等。

（4）诊断专长具体体现为，迅速准确地了解有关全部学生和个别学生的学习信息，判断是否已经达到预期目标，据此调整预定的教学活动或步骤。

在教学实践中，专家教师既要把各种专长整合起来，形成"1＋1＞2"的系统优势，又要在整体效应的背景上，凸显特色，拿出自己的拳头产品。

3. 增强教学相长的意识

在课堂教学中，教师"教"的行为与学生"学"的行为始终如影随形。那么，教师哪些行为能对学生产生更为积极的影响呢？有研究者明确了专家教师应有的十三种教学行为维度，以及在其影响下的三种学生行为维度，并通过实验证明了这些维度下的教学行为确实代表着教学专长的核心特质，见表1-4。

表1-4　代表教学专长的行为维度

专家教师的行为维度	专家教师影响下的学生行为维度
（1）灵活运用知识 （2）广博的教学法内容知识、深层次的学科内容知识表征 （3）有效的问题解决策略 （4）适应不同学生的教学目标、灵活的应变技巧 （5）高效决策 （6）更多的挑战性目标 （7）良性的课堂教学氛围 （8）擅长解读课堂教学事件以及学生的反应 （9）更敏感于周遭教学情境 （10）有力地监控学习进程和提供反馈 （11）常将假设付诸实践 （12）更关爱学生 （13）更富有教学激情	（1）更强的学习意愿和自我效能感； （2）深刻理解学科内容知识； （3）更好的学习成绩

上面我们在谈到教师专长和专家教师的发展时，许多都是从具体操作或技能的角度切入的，但这些都并非充分必要条件。叶澜教授在谈及教育的深沉与神圣时说："谁如果想成为一名出色的教育者，谁如果愿意把自己的生命献给这一伟大而崇高的事业，那么，谁就应该努力使自己成为富有历史感和时代感的人，成为热爱人、理解人、善于研究人的人，成为深刻地了解社会与教育相关的一切，并对人类社会未来充满信心的人。只有这样的人，才能在为使人类与社会变得更美好的教育事业贡献自己的智慧、力量和生命的同时，使自己也变得更美好。"[1] 这应当是我们共同的追求。

事例点击

专家教师比我们多些什么[2]

专家型教师和我们普通教师相比有"五"多。

第一，多了一分投入。记得一位哲人曾经说过，人与人的区别主要在业余时间上。专家型教师的业余时间主要安排了工作，休息时间仍然充满了思考，而我们的业余时间一般主要安排娱乐活动。

第二，多了一种学习。当前，全社会都在提倡终身学习，专家型教师在这方面堪称楷模。他们从来没有停止过学习，一直在对自己的否定与批判中发展自我，更新自我。

第三，多了一些反思。我们可能总是埋怨自己的工作太忙、太累、太乏味，每天忙得脚不沾地，却不知道自己已经不知不觉地走入了一种简单的循环往复之中。这种现象在心理学中称为"磨道效应"：路走了很多，实际上却并没有走出很远，自身的素质并没有得到长足的提高。

第四，多了一点儿执着的爱。专家型教师以研究教育教学中的问题、事件为人生的最大乐趣，并始终乐此不疲，充满激情。爱是教育的基础，这份可贵的热爱使得教师对教育教学始终充满浓厚的兴趣，能够潜心研究，穷思

---

[1]　胡谊，郝宁. 教育心理学 [M]. 上海：华东师范大学出版社，2009：369.

[2]　王峰，刑莉. 专家型教师比我们多了些什么 [J]. 当代教育科学，2005 (13)：35—46.

竭虑，从而逐步成长为专家型教师。

第五，多了一点儿责任。工作对于部分教师而言，充其量只是谋生的手段、挣钱的工具，他们从来没有把教育看作一项应该追求终生的事业。专家型教师则不然，他们能够高质量地完成自己的本职工作，从不满足；他们总是把教育看作自己生命的全部，在做好本职工作的基础上，还要不断地穷究教育的奥秘。

第二章

校本研修怎样施行

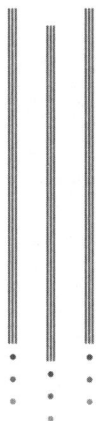

教师从事的工作关系着国家的未来和民族的希望，我们常讲：国运兴衰，系于教育；教育成败，系于教师。教师职业劳动具有示范性、复杂性和创造性等特点，教师需要以学校为基本阵地不断学习、研究和进修。

在人类的各种职业中，教师可以说是一种异常特殊的职业。自从学校诞生以后，教师最重要的活动领域就是在"学校"这样一种制度环境和组织机构中，教师的大部分日常时间与生活空间同学校难以隔断。教师担负着培育一代新人的重任，要以自己的智慧去启迪学生的智慧，要用自身的人格去涵养学生的人格。教师天天都要"输出"，因此不能不"输入"；天天都要"放电"，所以，不能不随时"充电"。教师职业劳动具有示范性、复杂性和创造性等特点，教师需要以学校为基本阵地不断学习、研究和进修。

一、 追寻校本研修的意义

教师从事的工作关系着国家的未来和民族的希望，我们常讲：国运兴衰，系于教育；教育成败，系于教师。这正像联合国教科文组织国际教育规划研究所的罗沙·玛丽亚·托雷斯所说："一个国家的教育能取得什么样的成就，主要取决于谁是国家的教师以及他们能够和乐于干什么。"[1]

（一）教育改革的呼唤

1. 教师应当成为学习化社会中的终身学习者

我们正在进入一个急剧变化的时代。世界多极化和经济全球化的趋势在曲折中发展，科技进步日新月异，知识经济已见端倪，综合国力竞争日趋激烈。"知识正以惊人的速度向前跃进，变化正在无限地加速"，科学与技术从未像现在这样突出地显示出它们的威力和潜在力，从农村迁移到城市、劳动力的转移、商业与旅游业的大规模移动，使"个人的平衡、社会生活和制度的稳定性以及传统价值都受到冲击，发生变化"，这些"都要求人们能够以空

---

[1] 联合国教科文组织国际教育局. 教育展望［M］. 华东师范大学，译. 上海：上海教育出版社，2001（2）.

前规模的变化去适应"。①

世界各国都把教育革新作为适应变化和应对挑战的根本措施。"许多教育实践失灵，使教育革新成为必须进行之事，社会经济的变化与科学技术的革新，使教育革新成为迫切需要着手进行之事。教育科学的研究、教育技术的进步以及世界人民的不断觉醒，使教育革新成为可能之事。"②

联合国教科文组织国际教育发展委员会在《学会生存——教育世界的今天和明天》的报告中，阐述了一个基本观点：发展是必需的，而发展意味着要具有一种科学的人道主义精神。真正的"科学的人道主义"应突破封闭的学校教育体制而"向学习化社会前进"，并以"终身教育"体系取而代之。"我们再也不能一劳永逸地获取知识了，而需要终身学习如何去建立一个不断演进的知识体系——'学会生存'。"③

富兰和迈尔斯说过，任何变革都不如大大提高个人和组织了解与应付变化的能力更为重要。在当代社会的变革中，教师必须在一个"学习化社会"中，通过"终身学习"和"终身教育"去适应变革，学会生存。

学习链接

关于终身教育、终身学习与学习化社会

"终身教育""终身学习""学习化社会"是当代教育中的"三大理念"。这三大理念的内涵有什么共同的地方，又有什么特异之处呢？先看它们共同的方面：

1. 都主张教与学过程的延续性和终身性

终身教育的名言是：教育——从摇篮到坟墓。

终身学习的警言是：在变化无穷的时代，你永远不能休息，否则就将永远休息——认识不能片刻停顿，学习通过一生进行。

---

① 联合国教科文组织（UNESCO）国际教育发展委员会. 学会生存：教育世界的今天和明天[M]. 北京：教育科学出版社，1996.

② 联合国教科文组织（UNESCO）国际教育发展委员会. 学会生存：教育世界的今天和明天[M]. 北京：教育科学出版社，1996.

③ 联合国教科文组织（UNESCO）国际教育发展委员会. 学会生存：教育世界的今天和明天[M]. 北京：教育科学出版社，1996.

学习化社会的格言是：从幼年到成年不断学习，随着世界的变化而不断学习。

情况就像联合国教科文组织《教育——财富蕴藏其中》这篇报告所重申的那样："终身教育就是日复一日的人生经历。""今后，整个一生都是学习的时间。"

2. 共同主张教与学内容的广泛性和全面性

终身教育的阐释是：教育既要贯串人的发展的一生，又要覆盖人的发展的全部。

终身学习的诠释是：学习不仅是持续一生的过程，还是多方面学习的过程。

学习化社会的注释是：以学习者为中心，满足不同个体与群体的不同学习需要。

3. 共同主张教与学空间的开放性和社会性

弥合教育系统的割裂，清除学校教育的围墙，整合教育的设施和资源，扩展教育的社会渗透和参与，使教与学可以无所不在。

终身教育的代表思想是：使教育成为有效而便捷的一体化体系，使人们可以方便地获得教育与学习的机会。

终身学习的至理名言是：终身学习可以发生在人类生活的所有空间。

学习化社会的执着追求是：学习——学校教育的超越；教育——社会各方的参与。

4. 共同主张教与学目的的双重性

终身教育的观点是：教育既服务于人的终身全面发展，又服务于社会的持续发展。

终身学习的见解是：学习的目的是建立自信和能力，接受社会的变化和挑战。

学习化社会的陈述是：提供理想的社会学习环境，促进社会和个人的全面发展。

1997年在德国汉堡举行的第五届国际成人教育大会对之重申：我们所提供的教育与学习内容一方面应根据经济、社会、环境与文化的变化背景来重新设计，另一方面又应以学习者多元化、个性化的需求来精心设计，从而进一步促进个人与社会的共同发展。

上述表明，三大理念在教与学的时限、内容、空间和目的等问题上的看法是非常一致的，但在具体的目标指向、战略选择和实践重点方面又是各有不同的：

终身教育从社会角度出发的战略选择，是一种自上而下的过程；终身学习从个人角度出发的战略选择，是一种自下而上的过程；而学习化社会的战略则是前两者的集结过程。没有在终身教育思想指导下建立起来的终身教育体系，人人参与学习将是纸上谈兵，学习化社会更无制度保障；没有人人参与终身学习的先决条件和社会基础，终身教育将是空中楼阁，学习化社会更是海市蜃楼。只有在社会和个人这两个层面上相互配合、同步发展的基础上，终身教育和终身学习才有可能变为现实，学习化社会的理想才有可能实现。

2. 教师要在教育改革中主动更新观念，调整角色

当代教育体系的一个基本特征是，正在经历一个连续不断地适应、改进、变革的过程。而"没有教师的协助及其积极参与，任何改革都不能成功"。[①]教师参与变革的首要条件是，教师必须主动地更新观念和调整角色；教师参与变革的过程，同时是他们更新观念和调整角色的过程。我们知道，教师的教育观念和角色意识是不能靠外在的输入去强行改变的，教师的"内在改变"只能在他们的工作中，通过学习、研究、修炼等自我实践和学校群体的各种社会性相互作用，由自己去建构。这即是杜威所讲的，教育并不是一件"告诉"和"被告知"的事情，而是一个"主动"建设的过程。"这些东西不能像砖块那样，从一个人传递给另一个人；也不能像人们用切成小块分享一个馅饼的办法给人分享。"[②]"观念""意识"之类如果只是传递给了别人，那别人得到的就只是一个"事实"和"知识"，而不是一种内在的觉悟与思想。所以，教师只有在学校教育情境下，紧密结合工作实践，积极主动地进行研修，才能获得先进的理念并改变自己的行为方式，走在教育改革的前列。

---

① 国际 21 世纪教育委员会向联合国教科文组织提交的报告 [R] // 教育：财富蕴藏其中. 北京：教育科学出版社，1996.

② 杜威. 民主主义与教育 [M]. 北京：人民教育出版社，1990.

学习链接

一、教师要更新教育理念①

未来中小学教师的教育理念，主要是在认识基础教育的未来性、生命性和社会性的基础上，形成新的教育观、学生观和教育活动观。

新的基础教育观是教育价值取向的定位。21 世纪的基础教育应把每个学生潜能的开发、健康个性（指个体独特性与社会规范性的有机统一）的发展、为适应未来社会发展变化所必需的自我教育、终身学习的意义和能力的初步形成作为最重要的任务。这与传统教育中把基础教育主要定位于基础知识、基本技能和技巧的训练有很大的区别。我们不仅强调基础知识等本身应随时代的变化而更新，更强调人与社会发展的需求在基础教育中的独特反映。"发展"作为一个中心词，在基础教育价值定向中应得到充分、具体的体现。

学生观是关于教育对象认识的集中体现。传统教育中对中小学学生的看法强调的是他们缺乏知识、能力和经验的一面，即主要看到的是学生现在的状态，而不是他们的潜在状态、内在的积极性和发展的可能性；传统观念主要把学生发展的过程看作把人类已有的文化传递给学生的过程，忽视了学生作为学习主体的作用。新的学生观把学生看作虽有不足和幼稚，却是具有旺盛的生命力，具有多方面发展需要和发展可能的人，具有主观能动性，有可能积极、主动地参与教育活动的人，是学习活动中不可替代的主体。只有具备了这样的学生观，教师才不会把教育仅作为一个灌输的过程，把学生当作一个可装大量知识的瓶子，通过反复操练形成技能、技巧的人。除此以外，学生观还应该包括对学生差异性、个别性的尊重，正像美国全国专业教学标准署制定的优秀教师知识和技能标准中所指出的那样："优秀教师热爱青少年，一心扑在学生身上，承认学生有不同的特征和禀赋并且善于使每个学生都学到知识。他们的成功在于相信人的尊严和价值，相信每个孩子内在的潜能。"

教育活动是学校教育的实践方式，它是沟通教育理想"此岸"和学生发

---

① 叶澜. 新世纪教师专业素养初探 [J]. 教育研究与实验，1998（1）.

展"彼岸"的具有转换功能之"桥",是师生学校生活的核心构成。教师作为教育活动的策划者、承担者、指导者和评价者,必须围绕活动的目的与任务为学生积极主动地学习、在学习中培养和发展能力、学会学习与创造等提供可能和创设条件,使学生在活动中得到多方面的满足和发展,增强学生独立发现问题、解决问题的综合能力。

二、新世纪教师角色的变化^①

未来教师角色的变化主要表现在这样四个方面:在师生关系上,教师作为权威逐渐由外铄的权威转变为内生的权威;在教育教学过程中,教师由知识的传授者逐渐转变为学生发展的促进者;在教学组织过程中,教师作为纯粹管理者的角色日益淡化,教师的教育教学方法由简单逐渐变得复杂,教师逐渐成为能依据环境、对象、内容等的变化,即时性、创造性地展开教育教学活动的艺术家。对于教师自身,教师素质只有处于不断提高的过程中,才能胜任未来教育教学的需要。所以说,21世纪的合格教师是内生权威、促进者、艺术家、学习研究者的复合体。

3. 教师要在教育改革中习得新的教学策略和教学技能

我国的教育改革正在全面深入地向前发展,站在改革前列的教师,不仅要更新理念、调适角色,还必须习得一系列新的教学策略和方法,掌握一整套新的教学技能和技巧。以我国正在展开的基础教育课程改革来说,它要求教师在教学方面有一个全面的"转变"。这就是加拿大著名课程理论家富兰指出的,教师在课程变革中的"转变",至少包括使用新教材、运用新的教学策略(手段)、拥有新的教学观念这三个高低有别的层次和类型。教育学者迪南·汤普生在提出"真确式教师改革"这一概念时,也把"材料和活动的改革""教师行为的改变""包括价值、信念、情感和伦理在内的意识形态和教学思想的改革"纳入了他的概念框架。课程与教学改革所企求的,正是把教材的研究、加工处理与教学的策略、教育观念的更新有机结合起来,使之融为一体。

---

① 胡艳. 从21世纪教育发展趋势看未来教师角色特征的变化 [J]. 北京师范大学学报(人文社会科学版),2002 (2).

事例点击

在新课程改革中，为什么不会做教师了[①]

为什么不会做教师了？提出这个问题的原因是：在当前新课改背景下，不少教师尽管持有资格证书，但在新课程的理念与要求面前遇到了强烈的挑战，老方法不灵了，新的又不会，出现了"不会做教师"的危机。

新课程的实施是深化基础教育改革的一项重大举措，每一位教师都必将面临考验，有的做了一辈子教师现在感到不会做了。所谓"不会做教师"主要有三种表现：

其一，不会更新观念。

新课改要求教师具有新的学生观、教材观、课堂观、教学活动观和评价观。①新课改要求教师具有新的学生观：要把学生看作知识的建构者。学习是经验的重新组织和重新理解的过程，在此过程中，学生是自主的学习者。通过自主的知识建构活动，学生的创造力、潜能、天赋等得以发挥，性情得到陶冶，个性得到发展。②新课改要求教师具有新的教材观：要把教材看作引导学生认知发展、生活学习、人格建构的一种范例与中介。③新课改要求教师具有新的课堂观：课堂是师生开展多种活动，从而建构知识、探究真理、发展能力、加强沟通、陶冶情操的地方。④新课改要求教师具有新的教学活动观：传递知识只是教学的一个很小的目标，教学不仅应该是知识的自主建构过程，还应该是师生对话、交流、合作的过程。⑤新课改要求教师具有新的评价观：应把它看作促进师生发展的一个途径。

对照新课改的要求，可以看出以往教师们的许多观念是不合时宜的。不少教师还把学生看作接受知识的"容器"，把教材看作学生必须接受的对象和内容，把教室看作教师宣讲、学生接受知识的场所，把教学看作知识的传递过程，把评价看作甄别和选拔学生的手段。既然观念不合乎时宜，那么就要及时更新，树立新的学生观、教材观、课堂观、教学活动观和评价观，否则就会陷入"不会做教师"的境地。

---

① 陈振华. 为什么不会做教师了 [J]. 人民教育，2004（10）.

其二，不会更新知识和能力。

从形式上看，我国教师都有一定的学历和文凭，通过了知识与能力考查。但是，新课改要求教学活动要联系学生的现实生活，联系现代信息技术的新发展，要求开发校本课程，要求教师指导学生进行研究性学习。在新课改面前，教师原有知识显得陈旧和片面了，能力也相对不足。

知识陈旧和片面的主要表现在于，他们的知识只不过是某一学科领域的知识，至于其他学科领域的知识则知之甚少，难以适应新课改所要求的开展综合课程教学与指导学生研究性学习的需要。

能力不足的表现主要是缺乏课程能力、活动组织与指导能力、研究能力。课程能力是一个概括性的说法，包括课程组织与实施能力、课程评鉴与选择能力、课程设计与开发能力。在整个教育教学活动中，学生应该是主体，教师的主导作用应体现在组织与引导学生的活动上，教师应有所为，又有所不为。这是一种能力，需要教师去把握。在新课改背景下，新问题是层出不穷的。怎么办呢？自然找不到什么现成的答案，唯一的办法就是研究。然而我们的教师还不习惯搞教育研究，还缺乏教育研究的能力。因此，研究能力的养成与提高是教师自我更新的一个重要内容。

在新课改背景下，教师们应当抛弃陈旧的知识，不断吸纳当代社会生活与科学技术新知识，做一个不断学习的人。同时要注意不断地在学习、教学和校本研究中提升自己的各种能力。否则，注定就要"不会做教师"了。

其三，不会转换角色。

教师角色的特点向来具有权威性和神秘感。教师们扮演的往往是知识和真理的代言人与灌输者、学生纪律的管理者和国家课程的执行者的角色，因此，在学生与家长的眼里，教师就是权威，教师也俨然以权威自居。然而，这种角色定位与新课程的理念发生了直接的冲突。新的课程理念的落实，新的课程目标的实现，强烈要求教师转变角色，成为引导学生主动参与的组织者、学生成长的帮助者、教育研究者和课程的开发者。这无疑是对教师的一个重大挑战，甚至是一次革命。然而，如果不经受这一挑战，不能成功转换自己的角色，那么他肯定就"不会做教师"。

（二）学校发展的要求

新的时代赋予学校许多新职能，学校要发展就要跟上时代的步伐。我国学者在论及基础教育改革与发展的世纪走向时，鲜明地提出"走向校本"。他们认为，"学校问题的复杂性使得校本在基础教育中愈益彰显其重要性，如何以校本研究为起点，以校本培训为中介，以校本课程开发为落脚点，并以校本管理为保障条件，是基础教育改革与发展中必须要加以探讨和实施的又一突出问题"。

1. 以校为本的理念①

学校是进行教育活动的地方，是教育改革的基点，教育的中心和灵魂在学校。以前我们更多关注的是教育或教育改革本身，而忽视承载教育和教育改革的学校，以至于难以达到预期的目标。发展教育必须通过发展学校来实现，改革教育必须通过改革学校来实现，提高教育质量必须通过提升学校教育能力来实现。以校为本也就因此成为备受关注的焦点。以校为本的基本内涵包括以下几点：

第一，为了学校。一切为了学校的发展，为了学校教育能力和教育精神的建设，为了学校文化的提升。当前要特别注重形成学校持续发展的内在机制，进行学校个性化、人本化和特色化建设。任何教育改革都应有这样的自觉：促进学校的发展。为了学校归根到底是为了学生。

第二，在学校中。任何一所学校都是具体的、独特的、不可替代的，它所具有的复杂性是其他学校的经验所不能完全说明的。所以，学校发展只能在学校中进行，要靠学校的自我觉醒、自我努力、自我提升。只有植根于学校的生活、贯串于学校发展的过程并被所有教师所体认、所追求的改革，才能积淀为学校的血肉、传统和文化。

第三，基于学校。发展的主体力量是校长和教师，他们拥有真正的发言权；校长和教师是学校的主人，对学校发展负有最直接的责任，要把校长和

---

① 余文森. 新课程与学校文化的重建 [J]. 人民教育，2004（3—4）.

教师自身的发展与学校的命运有机地联系起来；要相信校长和教师的创造潜能，充分发挥他们的主观能动性，引导他们从学校实际出发，规划学校，发展学校。实践证明，只有充分地调动校长和教师的主动性和创造性，学校才能充满生命的活力。

2. 校本研修的追求

以校为本的发展思路，必然对教师提出不断进行学习、研究和修炼的要求。"校本研修"是立足于学校，解决学校教育实践问题，充分发挥教师专业自主的教师自我教育形式。

校本研修的意义

（1）校本研修是建立学习型组织的实践

在一个必须终身学习的学习化的社会里，学校应当是什么样的组织，它生命和活力的源泉何在呢？当今世界一致的回答是：学校应当成为"学习共同体"或"学习型组织"。

按厄内斯特·波伊尔的描述，学校作为"学习与生活共同体"，是一个目标明确的场所，一个相互交流思想的场所，一个充满正义感的场所，一个纪律严明的场所，一个互相关心的场所，一个欢庆聚会的场所①。彼得·圣吉认为，"学习型组织"是一种能够设法使各阶层人员全心投入，并有能力不断学习的组织。"学习型组织"中的个体学习不同于我们以往传统意义上理解的学习，它不只是接受知识或获得信息，而是一种"真正的学习，涉及人之所以为人此一意义的核心。通过学习，我们重新创造自我。通过学习，我们能够做到从未能做到的事情，重新认知这个世界及我们跟客观存在的关系，以及扩展创造未来的能量"。② 在彼得·圣吉看来，"学习型组织"是一种更符合人性的组织模式，它具有崇高而正确的核心价值、信念与使命，具有强韧的生命力和实现梦想的共同力量。

那么，怎样把学校建设成学习型组织呢？按照彼得·圣吉关于学习型组织必须拥有的五个条件，构建学习型组织应当从以下几方面入手：

---

① 波伊尔. 基础学校：一个学习化的社区大家庭 [M]. 北京：人民教育出版社，1998.
② 圣吉. 第五项修炼：学习型组织的艺术与实务 [M]. 上海：上海三联书店，1998.

- 以"工作即学习"为教师学习的观念；
- 以"自我超越"为教师学习的内在动力；
- 以"改善心智模式"和"系统思考"为教师学习的基础；
- 以"共同愿景"为教师学习的目标；
- 以"团体学习"为教师学习的途径。

加拿大教育家富兰对投身于建设一所学习型学校的校长提出实际建议：①认识学校的文化；②重视你的教师，促进他们的业务成长；③扩展你所重视的东西；④表达你所重视的东西；⑤促进协作，而不是接管；⑥提供菜单，而不是下命令；⑦运用断然的措施来促进，而不限制；⑧与更大的环境连接起来。

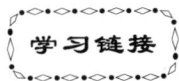

学习链接

学习型组织的特质[①]

沃特金斯和马席克以 7 个 C 说明学习型组织的特质：

1. 持续不断地学习——让组织成员知道如何从自己的经验中学习，如何在群体中学习得更多，更有效。

2. 亲密合作的关系——借助组织成员的合作学习与共同参与，加强成员间彼此支持的能力；通过成员之间的良性互动，建立亲密合作的关系。

3. 彼此联系的网络——一方面要促进成员之间的进一步互动关系，另一方面要促使组织与社会环境的沟通。

4. 集体共享的观念——个人或小组之间的学习分享，凝聚成组织成长的力量。

5. 创新发展的精神——促进组织运作多方面的发展，随时为组织增添创意。

6. 系统存取的方法——善用科技方法，建立组织的学习文化。

7. 建立能力的目标——养成组织成员终身学习的习惯与能力。

---

① 钟启泉. 现代课程论 [M]. 上海：上海教育出版社，2003.

（2）校本研修是重建学校文化的探索

所谓文化，是指人类的生活方式。文化是存在于人类社会中的一切知识、信仰、法律、道德、习俗、行为，乃至人工制品所构成的整体。我们所讲的"学校文化"，是一种囊括了学校集体成员的行为方式的广泛概念。学校文化包括了制度文化、教师文化、学生文化、环境文化等要素。学校文化对学校每个成员都有着重要的导向、涵育、激励、调控功能，深刻地影响着每个成员的价值选择和行为取向。学校的变革与发展（包括建立学习型组织以及课程改革等等），其实质都是一种深刻的文化变革、一种文化的重建。

当前，在学校中建设一种开放的、探究的、合作的文化，可以说既顺应教育改革的要求，又是学校自身发展的需要，而这种先进文化的建设又必须落实在"校本研修"上。亨德森等人认为，革新的（生态的）学校文化的核心是一组共享的价值和信仰，它应该体现如下概念：①开放、多向、诚信的沟通形式；②互助合作的社群观；③持续对话与深思熟虑；④根据计划与实际积极地探讨和解决问题；⑤个人与团体的反思与行动。显然，亨德森所阐释的学校文化的意蕴，同校本研修所秉持的观念是完全谐和的。

学习链接

学校文化的转型[①]

学校文化的转型首先意味着"三种规范的转型"，即"改变教学的规范关系的规范和分配的规范"。"教学规范"的转型是要将教师单纯传递知识的教学模式改变为引导学生探究、发现、建构知识；"关系规范"的转型是要把个人竞争的交互作用转变为相互关怀、合作共享的文化；"分配规范"的转型是指课程资源、机会、决策的再分配，引进"地方分权"和"民主规范"的元素。这意味着教师（校长）必须改变个人自身的专业信仰与专业行为，提升组织对话与批判反思的能力。

其次，学校文化的转型意味着"话语系统的变革"。亦即改变传统的教育学、课程论与教学论的"理论话语系统"，这种系统只能捆绑教师的手脚，造

① 钟启泉.现代课程论［M］.上海：上海教育出版社，2003.

成"乱贴标签""概念炒作"的现象。这意味着确立研究人员与一线教师的"研究共同体",确立起体现教师的"实践性知识""实践性智慧"的"实践性话语系统"。

再次,学校文化的转型意味着"学校组织的发展",即学校具备持续发展的能力,能解决自身的问题。

(3)校本研修是学校自我发展的机制

学校自我发展的根本动力来自学校的现状同客观现实对学校提出的要求之间的矛盾。从一定意义上讲,每一个学校现有的传统、经验、行为和处理问题的方式都是独特的,是其他学校的观念系统和实践模式所不能替代的。所以,学校只有根据自身的实际确定可行的追求目标,科学地进行发展定位,在认真分析学校特点的基础上,主要依靠自身的力量去有计划、有步骤地解决发展中的问题和矛盾,真正形成"学校有特色、教师有特点、学生有特长"的办学模式,但是做到这一点,如果离开"校本研修",恐怕难以找到其他的路径。

(4)校本研修是课程创生的平台

广义的课程可以说是"学校经验的总体",即学校内部生成的一切经验谓之"课程",它与"学校文化"完全同义。随着"制度课程"向"经验课程"转变,文本在互动与对话中生成新经验和新"创造",教师的课程取向也将由"忠实取向"走向"调适取向"和"创生—缔造取向",特别是向"三级课程管理"转型,更对学校和教师提出了课程开发的新要求。

这里的"三级课程"大体可以理解为:"国家课程"体现了国家对青少年最低限度的要求,是人人都必须达到的"义务课程";"地方课程"是体现了本地区、本社区地方需求的"特色课程",而"校本课程"则体现了本校、本班实际和周边环境特点,由师生不断生成"补充课程"。[1] 不难理解,校本研修不仅要开发具有本校特色的校本课程,还推动着教师充分整合各种课程资源,从"传输"走向"对话",在与学生的有效互动中生成和创造出新的经验——课程。

---

① 钟启泉.现代课程 [M].上海:上海教育出版社,2003.

（5）校本研修是学校与环境进行信息与能量交换的系统运作

"校本"绝非"本校"。校本研修的阵地主要是学校，但这种基于学校和在学校中进行的研修，不可能画地为牢，它需要从环境中吸取信息与能量，需要外界能人（包括专家、教研人员和其他学校的优秀教师甚至"社会人"）的介入和专业引领，需要相互的交流、借鉴和碰撞，需要"请进来"和"走出去"。校本研修正是在这样的系统运行中，获得自身所需的资源，同时输出一份"贡献"。

（三）教师专业化的需要

教师专业化是现代教育发展的历史要求和重要趋势。教师专业化即教师的职业社会化，是指教师在整个职业生涯中，依托专业组织，通过终身专业训练，习得教育专业知识技能，实现专业自主，表现专业道德，逐步提高自身专业素质，成为良好专业工作者的专业成长过程。

1. 教师专业发展是教师专业化的方向、主题和核心内容

教师专业化的发展曾经经历过"组织发展"阶段和"专业发展"阶段。"组织发展"强调教师群体的专业性，即教师专业的不可替代性，它把教师视为社会分层中的一个阶层，因此专业化的目标就在于争取专业的地位与权力，设定教师专业的制度与规范，力争集体向上流动。"专业发展"则强调教师通过持续的学习来保证自身不断的发展与完善。

从当前教师专业化发展的趋势看，教师专业化的重点正从群体转向个体；教师个体的专业化也从强调教师个体的被动专业化转向强调教师个体的主动专业化。教师专业发展成为教师专业化的方向、主题和核心内容，而自我更新取向的教师专业发展，正成为未来教师专业发展的新趋向。因为，一方面教师成为自身专业发展的主人，是教师专业特征的体现；另一方面教师及其专业实践活动在专业发展中有不可替代的作用。教师是在专业生活中不断经历"关键事件"和建构性反思的过程中获得专业发展的。为了实现自我更新，教师应把反思和自我专业发展作为一种专业生活方式，自主选择专业学习内容和方式，充分利用网络资源，学校也应主动为教师创造时间等便利条件和

文化环境。①

学习链接

教师的专业发展：教师专业素质的提升

关于教师的"专业性"，叶澜教授指出，一种职业能否被称为一种专业，并不仅仅以学历或对业务提出的一定的要求为标准，而是由与职业性质相关的综合性要求决定的。教师的专业素质至少包括：与时代精神相通的教育理念，并以此作为自己专业行为的基本理性支点；多层复合的专业知识结构；多方面的教育智慧和能力。教师进修是教师获得与教育有关的技巧、态度、信念、价值、理念、知识构思和行为习性的连续过程。霍利等人对教师专业化内容的界定，除了关注教师的专业特性和专业地位，就是关注教学的品质和职业内部的合作方式，以及教学人员如何将其知识技能和工作职责结合起来，整合到同事关系以及与其服务对象的契约与伦理关系所形成的情景中。②这实际上是对教师专业素质的要求。

2. 自我更新的教师专业发展要依靠教师自主的研修

我国的研究者指出，"自我更新"的教师专业发展与其他教师专业发展相比较，有自身的特点，这就是：③

（1）将自己的专业发展作为反思的对象。

（2）强调教师不仅是专业发展的对象，更是自身专业发展的主人。这主要体现在三个方面：一是教师拥有个人专业发展自主；二是实现自我专业发展管理；三是能够自觉地在专业生活中自学。

（3）目标直接指向教师专业发展，即"以个人的专业结构为本，把教学工作看作一种专业，教师作为专业人员应追求个人专业结构的不断改进"。

应该说，"校本研修"所采用的基本理念和实施策略，正是自我更新的教师专业发展的一种实践，如：强调激发参与者自我发展的愿望和能力；通过

---

① 白益民. 教师的自我更新：前景、机制与建议 [J]. 华东师范大学学报（教育科学版），2019，20（4）.

② 教育部师范教育司. 教师专业的理论与实践 [M]. 北京：人民教育出版社，2001.

③ 叶澜，白益民，陶志琼. 教师角色与教师发展新探 [M]. 北京：教育科学出版社，2001.

在研究状况下的工作，主动建构自己的认知图式；鼓励参与者调动自身已有的经验，在合作交流和互动中生成新经验，共同分享智慧成果；强调在问题情境下积极思考、探究尝试、质疑问难和问题解决学习；倡导实践反思、平等对话、思想交锋、行动研究，等等。

案例分析

对"自我更新"取向的教师发展的建议①

为了更好地实施"自我更新"取向教师专业发展，我们向教师提出以下建议：

（一）保证自我反思经常化、系统化

教师对自我专业发展的反思是"自我更新"取向教师专业发展的基础，没有教师对自我专业发展过程的反思，也就没有"自我更新"取向教师专业发展，所以应保证教师对自我专业发展的反思不被遗忘。为此，教师的自我反思可以安排在固定的时间（如每周五下午），使反思制度化。另外，在反思的内容上，教师可以参照有关教师专业发展阶段和高成效教师成长研究的结果，列出一个教师专业结构发展的时间序列表，教师将自己目前的教师专业发展内容和所达到的水平与序列表中相应的专业发展时期的发展内容和水平相比较，找出发展较弱的方面，而后重新规划，予以补救。再者，教师还需要对隐含于自己日常专业行为背后的教育信念和关于自己学会教学过程的观念予以价值澄清，尽量避免由于不恰当的信念或观念而阻碍专业发展。最后，教师还可以建立自我剖析档案，或绘制自我专业发展剖析图，以便更好地了解自己专业发展的变化和进步情况，并采取相关措施。

（二）利用多种检测手段，了解自己专业发展的起点

要制订自我专业发展的目标和计划，就必须对自己目前的专业发展有较为准确的了解。由于教师专业发展总是处于循环之中，所以了解专业发展的水平并不是一次性的。对教师专业发展起点的检测内容大致可分为两方面，一是对教师内在专业结构的检测，二是对教师自我专业结构发展意识的检测。

---

① 叶澜，白益民，陶志琼.教师角色与教师发展新探［M］.北京：教育科学出版社，2001.

通过前一种检测，可以了解教师内在专业结构的不足，以便更有针对性地制订目标和计划，有意识地克服原有的专业结构可能给专业发展带来的不利影响；通过后一种检测，可以得知目前教师本人所具备的专业发展准备程度和自我发展能力。

（三）记录关键事件，经常与自我保持专业发展对话

经常记录自己认为对自己专业发展影响较大的关键事件，不仅可以为事后回顾、反思自己的专业发展历程提供基本的原始素材，而且叙述过程本身就是对自己的教学经历予以归纳、概括、反思、评价和再理解的过程。在这一过程中，教师会更为清晰地看到自我成长。

（四）与其他教师相互合作、交流

"自我更新"取向教师专业发展并非主张让教师把自己孤立起来，其本意是让教师自己主动地、积极地追求专业发展，保持开放的心态，随时准备接受新的教育观念，更新自己的教育信念和专业知能。为此目的，教师可能要充分发掘、利用各种可利用的有助于自我专业发展的资源。依此来看打破相互隔离，在了解教师专业发展的一般路径之后，敢于承认自己在专业发展过程中所存在的问题，寻求与同事的合作与帮助，反而是"自我更新"取向教师专业发展的具体策略之一。

3．教师的专业发展主要是在学校情境中实现的

教师的专业活动主要是课程实践，教师的专业发展也只有在学校教育和课堂生活中才能真正实现。因此，中小学理应成为课程实施与教师专业发展的重要阵地。从 20 世纪 70 年代中期提出把校本培训作为"教师培训的新概念与新策略"到今天，校本研修已成为世界许多国家尤其是发达国家在职培训的主流。经由彼得·圣吉在《第五项修炼——学习型组织的艺术与实务》中对学习型组织的倡导，以美国的教师专业发展学校（PDS）、英国多种模式的校本教师教育等为代表的实践探索方兴未艾。"教师专业发展学校"所倡导的原则是，教师教育改革始终是整个教育改革的组成部分，教师素质的提高必须放在教学这个特殊环境中来实现。校本研修正是为了满足学校和教师发展的目标和需求，由学校发起和组织，主要在学校中进行的一种在职教育形式。现代发展成熟的"制度化校本教师教育"具有"以中小学为培训基地"，

"以同教师培训机构结为伙伴关系为保障","以实践问题的解决为导向"的基本特征。许多研究指出,这种以校为本的研修与培训,具有目标的直接指向性、组织的自我主体性、内容的现实针对性、方式方法的灵活多样性,以及优化学校组织文化的整体性。

(1)学校是教师发展的立足之地

学校是教师工作和生活的主要场所,也是教师实现其价值的"用武之地",教师的发展不能游离于学校情境之外。教师主要是通过课程与教学这一领域的劳动与创造来实现自身发展的。日本的今津孝次郎在《变动社会的教育》一书中,曾比较分析过"教师个人模式"与"学校教育改善模式"的特征,他提出的"学校教育改善模式"基本原理,是将学校的质的提高过程看成教师的质的发展过程,将教师的质与在学校中的实践结合起来,在变化中看发展。"学校教育改善模式"的教师教育内容与方法就存在于学校组织学习与教师自我教育之中。显然,这种把学校教育实践的改善同教师专业发展统一起来的做法,对我们是极富启迪作用的。事实上,离开了学校教育实践,教师的创造、研究型教师的培养、教师价值的实现,都不过是一种侈谈。

(2)校本研修是理论向实践转化的重要途径

理论怎样转化为指导教育实践的智慧,一直是教师专业发展中的关键问题。因为在通常情况下,教师在各类脱产学习中学到的不过是一种"倡导的理论",而不是"采用的理论",或者说,教师只是有了"做教师的知识",而这些知识并没有真正成为"教师的知识",因此,当教师面对一种复杂的"结构不良"的学校教育情境时,就不仅是理论的"贫困",而且是理论的"无效",由此可见,教师的专业发展绝不可能单纯依靠各种知识与理念的灌输,而必须是在学校的教育情境中,通过把理论用之于解决教育实践中的问题,通过在工作中研究、探讨、反思、再学习,逐步将知识转化为实践智慧和操作策略,这才谈得上专业上真正意义的发展。总之,学校是理论产生力量、是知识转化为智慧最有价值的试验场,校本研修自然也就成为理论向实践转化最为重要的途径。

(3)学校是课程研修的最佳场所

按照美国课程理论家古德莱德的课程分析框架,课程在经历"观念层次"

和"社会层次"之后，将走向"学校层次""教学层次"和学生的"经验层次"。教师的课程研修离开了学校与课堂教学，就难免成为纸上谈兵。当代关于教师专业化的研究也一直强调，教师在学校教室里进行的实践与研究是最富成效、最好的进修。

（4）学校是开展教师培训的有力支撑

教师培训常常因面临一系列现实问题而难以解决，如培训的针对性和实效性、培训成本负担、学员管理与成效考核、工学矛盾等等，校本研修的开展为这些问题的解决提出了一条新的思路。当然，作为教师培训机构，也要对校本培训进行认真的风险评估，对可能存在的资源匮乏、自我封闭、急功近利、随意性等不利因素，制订可靠的措施加以防范和解决。

二、　完善校本研修的机制

校本研修不是教师培训在地点和场域上的转移，也不是传统教研活动的简单因袭。校本研修的运作有自身的特点和规律，这反映在它的内在机制上。

（一）校本研修的综合统筹

当前的学校发展正在走向"内涵发展"，而这正是校本研修所体现出的追求与效应，其综合统筹的意味十分明显。[①]

1. 教育改革、学校建设、教师发展有机结合

教育改革终将落实在学校工作中，这也必然会给学校的建设和发展注入新的活力并带来契机，教师正是在这种生机勃勃的积极变化中、在与环境的互动中获得发展的最佳境遇。校本研修的综合效益也正体现在这里。

---

① 　成都市教育局. 学习　研究　创新［M］. 成都：四川大学出版社，2012：前言.

2. 组织学习、教育研究、教师培训结为一体

知识社会要求把学校建设成学习型组织，这种由学校主导的"组织学习"需要把学习、研究和培训结合起来，使教师的自我指导学习、问题解决探索和终身发展进修整合为一体。

3. 主体意识、团队精神、进取行为互补共生

校本研修强化了教师的主体意识，使他们真正成为学校工作的主体和自我发展的主体，他们在学校的实践共同体中通过合作交流与社会性相互作用，长善救失、砥砺共进，获得不断成长的动力。

4. 观念更新、能力修炼、绩效提升并行不悖

校本研修通常要把专业知识和思想观念的习得嵌入学校的实际教育教学情境，化知识为智慧，变观念为行动，这是一种学思结合、知行统一的实践，而教师工作的"扩展性特征"很自然地产生效益，使学生受益。

5. 师德修养、职业理想、幸福体验水乳交融

学校是教师最基本的专业活动场所。校本研修使教师的社会责任感和专业精神得到最充分的体现，关爱学生、学而不厌、诲人不倦成为教师的日常行为；志存高远、脚踏实地、乐于奉献带给教师深切的"高峰体验"，也成就了教师的幸福。

（二）校本研修的活动要领

关于校本研修，我国不同的研究者从不同的角度进行了许多有价值的概括，我们可以从分析校本研修的活动要素、校本研修的活动主体、校本研修的活动策略等方面来把握其要领。

1. 从校本研修的活动要素看

一般认为，教师个人、教师集体、专业研究人员是校本教研的三个核心要素，他们构成了校本研究的三位一体关系，教师个人的自我反思、教师集体的同伴互助、专业研究人员的专业引领是开展校本研修和促进教师专业化成长的三种基本力量，缺一不可。其关系如图 2 - 1 所示：

图 2-1 校本研究的三位一体关系

2．从校本研修的活动主体看

校本研修活动的主体是学校的教师。从教师作为专业人员和教师专业发展的需要出发，必然会引申出教师成为研究者的观念。这种观念的基本看法是：教师有能力对自己的教育行为进行反思、研究和改进；教师有能力针对自己的教育情境提出最贴切的改革建议。由教师来研究和改革自己的教育实践是教育改革最直接、最适切的方式。外来的研究者对教育的现实情境往往缺乏深入了解，他们的研究往往不能抓住问题的关键，得不到教师的认同。所以，这一观念特别强调：教师不只是别人研究成果的消费者，教师更应该成为研究者。显然，校本研修正是紧贴教师的专业生活，置身于其中的教育情境、针对工作中的实际问题并以自身为研究主体的一种研究活动。

3．从校本研修的活动策略看

校本研修的活动策略体现在活动的取向、活动的方式、活动的路径上。就活动的取向而言，一般是问题解决的取向，即把问题作为研修的主题和课题，在解决问题的行动中增长实践智慧，在新的情境中创造性地解决不断产生的矛盾与问题。就活动的方式而言，主要采用经验提升的方式，即把公共理论个人化，把默会知识显性化，把感性知识概念化。就活动路径而言，基本选择贴近工作的路径，即将集体备课作为教学设计和教学决策的研习，将教研活动作为潜在课程与替代学习的平台，将课堂教学作为行为改善和现场探究的场所，将作业测评作为训练指导和诊断回授的依据，将阶段总结作为实践反思和经验交流的论坛。

（三）校本研修的创新特色

校本研修的探究性和创新性非常鲜明地表现在"教师即研究者"上。"教师即研究者"的积极倡导者斯腾豪斯认为："如果没有得到教师这一方面的研究成果的检验，那么就很难看到如何改进教学，或如何能够满足课程规则。如果教学要得到重大的改进，就必须形成一种可以使教师接受的，并有助于教学的研究传统。"教师校本研修中的研究特殊性集中反映在它是一种"走向生活体验的教育研究"①，其特殊之处表现在以下三个方面：教育研究是在真实的学校情境中，以个体的生活体验为基础进行的研究；教育研究是研究者作为主体，积极参与的一种带有明显思想情感倾向性的价值负载活动；教育研究者与研究对象之间是一种平等互动的关系。

概括地讲，作为一种教育的科学探究，校本研究的基本对象是"教育活动"，研究的性质是一种"事理研究"，研究的目的是"实践改进与应用"，研究的主体是学校中从事教育工作的领导者和教师，研究的方式是"反思与重建"，研究的话语带有"具体针对性"。

1. 研究价值的新趋向

我国非专业的教育研究，在经历了群众性的教育科研、学校教育科研两个阶段以后，在基础教育课程改革的背景下进入了校本研究的新阶段。校本研究体现出"表达自我""人文范式""日常叙述"的研究价值取向。这种"转向"充分表现在以下三个方面：②

一是从强调"验证性"探索到更强调"自我经验"的主动反思、积极性生成和创造性表达。

二是从追求教育研究的"科学范式"转变为更多地提倡教育研究的"人文范式"。

三是从执着教育研究的"宏大叙述"转变为更看重教育研究的"日常叙述"。

---

① 王攀峰，张天宝. 让教育研究走向生活体验 [J]. 教师教育研究. 2004（5）：41—45.
② 彭钢. 校本研究：基本规范与价值取向 [J]. 教育研究，2004（7）：84—88.

2. 传统教研的新内涵

教育部基础教育司"以校为本教研制度建设基地"项目组组长顾泠沅教授在接受《基础教育课程》和《上海教育》记者的采访时提出：在国家课程改革全面推进的大背景下，现在倡导的校本教研，在继承传统优秀教研经验的基础上融入了新的内涵。具体而言，当今的校本教研由于应对课程改革的挑战，发生了如下几方面的转变：①从技术熟练取向到实践反思取向。②从研究教材教法到全面研究学生、教师的行为。③从重在组织活动到重在培育研究状态。④从关注狭隘经验到关注理念更新和文化再造。应当说，教研活动在新的形势下更关注人的能动发展、人的潜能开发、人的积极状态和人的创新探索。①

3. 教师发展的新需要

清华大学史静寰教授认为，以校为本的行动研究的范式契合了我国课程改革背景下教师专业发展的需要，顺应了国际教育研究发展的新特点与趋势，具体表现为：从探索普适性的教育规律到研究自然情景中的教育问题，从注重宏大主题研究到开展个人经验的叙事性研究，从注重理论思辨到关注生活世界的现象解释，从强调自上而下的逻辑推演性研究到注意从下而上的实际案例分析，从强调研究的知识生产功能到注重研究的改进实践功能，等等。②显然，史教授的分析把"成事"和"成人"结合起来，突出了这种紧贴教师专业生活、融入教师实践情境的校本研究对教师专业发展的意义。

总的来看，校本研修同传统的"教研活动"或"专业科研"相比较，具有一些明显特征，主要表现为："校本研究"是以实践为中心的问题解决研究，"校本研究"是以教师为主体的自觉行动研究，"校本研究"是诉诸经验提升的自主发展研究，"校本研究"是群众广泛参与的非专业性研究，"校本研究"是基层学校组织的协同合作研究。

---

① 王洁，顾泠沅. 行动教育：教师在职学习的范式革新［M］. 上海：华东师范大学出版社，2007：81—82.

② 史静寰. 行动研究：为教师的学习与发展赋权［J］. 基础教育课程，2004（3）：12—14.

三、 优化校本研修的践履

校本研修作为一种促进教师全员参与和共同发展的制度安排，在成都已践行了十多年，随着近期成都市为建立 100 所"校本研修基地学校"而进行经验总结、效能评估和建设指导，一个点、线、面结合，学、研、训一体的体系正在进一步完善。

（一）把握特点　发挥优势

校本研修是以学校自身条件为基础，以学校校长、教师为主力军，针对学校现实存在的问题而开展的有计划的学习与研究活动。这种活动，既是一种以改善和提高学校教学质量、促进学校人力资源开发为主要目的的实践探索，又是学校教研从自发走向自觉、自主状态的新跨越。

1. 清晰地认识校本研修的效用

校本研修是把教育改革、学校发展、教师成长有机统一起来的实践形式。日本学者今津孝次郎提出的"学校教育改善模式"基本原理，就是将学校的质的提高过程看成教师的质的发展过程，教师教育内容与方法就存在于学校组织学习与教师自我教育之中。①

（1）建立学习型组织

在一个学习化社会里，学校应当成为"学习共同体"或"学习型组织"。按照厄内斯特·波伊尔的描述，学校作为"学习与生活共同体"，是一个"目标明确的场所，一个相互交流思想的场所，一个充满正义感的场所，一个纪律严明的场所，一个互相关心的场所，一个欢庆聚会的场所"。彼得·圣吉认为，"学习型组织"是一种更符合人性的组织模式，它具有崇高而正确的核心

---

① 张维仪. 教师教育：改革与发展的热点透视 [M]. 南京：南京师范大学出版社，2000：341.

价值、信念与使命，具有强韧的生命力和实现梦想的共同力量。沃特金斯和席马克则指出，学习型组织的特质是：持续不断地学习、亲密的合作关系、彼此联系的网络、集体共享的观念、创新发展的精神、系统存取的方法、建立能力的目标①。显然，这些都是校本研修的题中应有之义。

（2）培育智慧型教师

智慧型教师是创造型教师、指导型教师、研究型教师和综合型教师②。智慧型教师最重要的标志是拥有"实践智慧"，即在理性认识指导下，对特定教育情境做出正确认知、反应、调控的智慧，而且会流畅地、自如地、灵活地表现在教育活动中，可以说它是教师个体经验经过概括化和结构化以后的一种升华。这样的教师正是通过学校工作情境的磨砺、锻炼，积累并反思自身的经验，形成具有个性的独特风格，是在校本研修中所生发出来的。

（3）建设进取型文化

我国的传统教研正在发生明显的转向：从技术熟练取向到实践反思取向，从研究教材教法到全面研究学生、教师的行为，从重在组织活动到重在培育研究状态，从关注狭隘经验到关注理念更新和文化再造。这种转向意味着"学校文化的转型"，即赋予学校一种全新的进取性文化要素：学习、开放、交往、研究③。校本研修把教师的学习与进取放到最重要的地位，使他们在一个实践共同体中，通过交往互动，吸取他人的经验，实现自我超越，这就是这种学习、开放、交往、研究的学校文化建设现实化。

2．理性地分析校本研修的特征

从集中式的离岗培训到分布式的校本研修，这不仅是地点的转移，还是机制的变化，两者之间要形成配合和互补的关系，就要把握各自的特点和优势，使之并行不悖。校本研修的特征主要表现为：

（1）工作的在场性

我国学者陈向明在谈及"理论联系实际"时曾指出，与学术性职业不同，

---

① 钟启泉．现代课程论［M］．上海：上海教育出版社，2003：427－428．

② 王枬，等．智慧型教师的诞生［M］．北京：教育科学出版社，2007（4）．

③ 马云鹏，马延伟．课程改革与学校文化重建：一所学校的个案研究［J］．教育研究，2004（3）：62－66．

教师工作具有更强的情境"在场性",具体表现为行动性、问题解决取向和条件制约,同理论的概念化、形式化与情境独立性之间不尽兼容[①]。校本研修并不刻意地去获取系统化的"做教师的知识"或"倡导的理论",而是要使理论真正地参与一个事件,真正地出现在现场,去求得工作的一步步改进。校本研修的这一特征提示我们,校本研修必须融入工作过程,在教育的各种"现场"去学习、思索和探究其中的现实性问题。

(2) 学习的实践性

校本研修是依附于学校的教育教学实践而展开的。人类学家提出的"情境学习"认为,在日常生活实践中,没有一种特殊的"学习",只有根据文化背景的差异而不断变化的参与性实践活动,或者换一种说法,即日常生活的参与是在实践中改变理解的过程,即学习。在这里,学习就理解为,是"现实世界中的创造性社会实践活动中完整的一部分",是"对不断变化的实践的理解与参与"。[②] 因此,融入工作任务情境、参与教育实践活动、投身学校改革项目,都能给教师带来巨大的认识成果和智慧力量。

(3) 参与的全员性

校本研修具有"非选拔性"和"非专门化"的特征。也就是说,它是"边工作,边研究",研究附着于工作并成为工作的一个组成部分,这种研究带有明显的"平民化"与"草根化"倾向,教育工作中的"细节",日常实践中的"微小事件",学校生活中的感悟与体认,都可以构成这些"平凡的人"特有的话语,而这种研究并不特别钟爱"宏大叙事",却为教师摆脱"复述困境"和"失语窘态"开拓了一个广阔的天地。因此,校本研修的着力点必须是推动全体教师的共同参与和投入,使他们相互学习,合作研究,共同进步。

3. 有效地组织校本研修的施行

一般地说,校本研修的组织机制是灵活开放的:可以通过制度创新进行组织安排,可以通过工作再定位进行组织调整,可以依托原有的教研组织赋

[①] 陈向明.理论在教师专业发展中的作用 [J].北京大学教育评论,2008 (1):39—50.

[②] 温格.情景学习:合法的边缘性参与 [M].王文静,译.上海:华东师范大学出版社,2004:译者序2.

予教研活动新的内涵。但不论怎样的组织机制，都要重视以下各点：

（1）领导与管理务本

学校以育人为本、教学为主，校本研修必须以此为要旨。目前，校本研修管理大体存在三种类型：校长直管型、教务处分管型、教科室专管型。这三种类型各有其特点和利弊，应根据体制的变革和学校的实际，全面权衡，合理选择。与此相对应，其组织机构依据承担的工作性质又可划分为不同层级的三种类型：一是学校领导机构，如学校教研领导小组；二是教研职能机构，如学校教科室；三是教研执行机构，如教研组、备课组、年级组之类。所有组织领导机构都负有管理、研究、培训、服务的职能。

（2）内容与方式求实

校本研修内容的选择必须适应教育改革发展的要求，解决学校建设中的关键问题和当务之急，促进教师的素质提高与终身发展。因此，内容主要指向两个方面：一是学校工作的中心。学科问题的研讨、课堂教学的探究、班级活动的开展。二是教师素质的优化。教育思想的更新、工作知识的习得、教学技能的操练。选择校本研修的内容应做到三点：坚持改革创新的路向，遵循自下而上的原则，运用归纳提炼的方式。学校教育的研究，一般要定位于应用研究、中微观研究、现场研究和行动研究[1]。注重方法多元，力求可行，彰显特色，强调整合，运用现代信息技术[2]。

（3）计划与评定出新

校本研修的有序推进是通过精心的计划来实现的，好的计划能为校本研修勾勒出一个实施的蓝本。我们要求学校的计划要贴合实际，彰显特色，突出重点，对校本研修的"目标位""路线图""时间表""问题域""着力点"都要给出明确、具体的陈述。为了保证校本研修的有效运行，我们把预前指导、同步监控和反馈调节结合起来，以过程评价和绩效评价为依据，运用教师自陈、互动分析、活动考核、分值累积等方法，使评定充分发挥激励、增值、改进的作用。

---

[1]　郑金洲. 校本研究指导［M］. 北京：教育科学出版社，2002：20—27.

[2]　潘国青. 学校教育科研新论［M］. 上海：上海教育出版社，2005：34.

（二）精心运作　提升质量

学校教育及其改革活动过程总是会在反复的运行和调试中逐步呈现其内在的展开逻辑，教学和教研运行机制亦然。[①]

1. 促进研训一体

（1）问题解决的取向

研究与培训的"通约性"，表现在都是为了解决教育教学中的问题。而教师在工作中所要解决的问题，就其性质来说，有三个特点：一是结构不良领域的问题——没有标准答案，涉及众多概念原理的综合性应用，在操作上具有模糊性和不确定性；二是语义丰富领域的问题——问题解决者教师是具有相当知识经验的人；三是专门领域的问题——涉及自身专业中特定的具体问题的解决。校本研修中的问题解决取向，重在把问题作为研修的主题和课题，以行动教育或行动研究的模式寻求解决的路径，在新情境中创造性地应对生成的问题。

（2）知行并重的原则

美国学者舒尔曼讲过："一个专业既是一种高度复杂和熟练的工作，又是一种根植于知识的专业行为。"[②] 因此，校本研修总会有一些"致知"的活动，但这种"知"要能对"行"起作用，至少要具有三个条件：一是复合性的构成，即陈向明教授所说的包括了学科取向的"内容知识"和实践取向的"默会知识"；二是镶嵌于情境，即与一定活动情境和适用条件相融合；三是指向具体的事件。很明显，满足以上条件只有在校本研修中走知行并重的路子，在"做"中学、"用"中学。从"以知导行"到"以知辅行"，让教师在理论与践行中穿梭往复。

---

① 杨小微. 学校管理创新：以促进学科教学改革与教师发展为旨归 [J]. 课程·教材·教法，2010 (1)：30—36.

② 舒尔曼. 理论、实践与教师的专业化 [J]. 王幼真，刘捷，编译. 比较教育研究，1999 (3)：36—40.

（3）灵活适切的方法

校本研修要注重"研究"。著名学者劳丹认为，"研究方法表达的是手段—目的的关系，因此应根据方法的有用性来对待不同的方法。……在采用研究的方法时，不应以方法为中心，而应以问题为中心"。[①] 我们选择方法的要求是：实现"科学"与"人文"的统一，强调"描述"与"干预"的结合，追求"成事"与"成人"的双赢，重视"主体"与"对象"的互动，注意"规范"与"变式"的兼容。主要方法既包括在"实证研究"中观察、调查、实验或准实验、测量方法等，又注重运用质性研究的叙事、案例、经验总结、生活史等方法。

2．融入教学过程

校本研修要具有生命力，就必须有一种机制来保证，将教师的学习、工作与研究融为一体，使校本研修制度化和常态化，这样就需要选择一条贴近教学工作和教师日常生活的路径。[②]

集体备课：教学决策和教学设计的研习

备课是教师工作的重要环节，在备课时教师要进行一系列的决策和设计，这一决策过程放在工作集体中进行，有利于教师吸取不同的看法和经验来丰富自己，做出更全面的判断，同时促使教师在进行决策比较的基础上，按照自己所教班级的学情，设计出符合自己班级特点的教学计划。各种研究和实践都证明，教学决策和教学设计的训练与研习，不仅可以改善教师的教学行为，还可以使他们对决策的有效线索更加敏感，而这正是"专家教师"的重要特征。

课堂教学：行为改善与现场探究的平台

苏联著名教育家苏霍姆林斯基这样写道："课，就是教育思想的源泉所在；课，就是创造活动的源头，就是教育信念萌发的园地。"[③] 课可以视为教师研究的现场"田野"，进入现场做好"田野作业"，是教育科研的重要方法，观察、干预、尝试、探究、反思与改进，都可以展开。著名的课程理

①　施铁如. 学校教育研究导引：方法、思路与策略［M］. 广州：广东高等教育出版社，2004.
②　周小山，严先元. 教研的学问［M］. 成都：四川大学出版社，2010：35－37.
③　苏霍姆林斯基. 苏霍姆林斯基选集：4卷［M］. 北京：教育科学出版社，2001.

论家斯腾豪斯曾在反思课程改革时提出，教师拥有大量的研究机会。我们应该承认，每一个课堂都是一个实验室，每一位教师都是教育科学研究的成员，他们能够在课堂中自觉地改进自身的教学行为并探索和检验新的思想和新的策略。

作业测评：训练指导与诊断回授的依据

作业与测评都是教学的常规性工作。练习作业对于学生巩固和运用知识，形成发展能力以及增强学生的自主性和责任感，都有重要的、不可替代的作用。而测评则是把握学生学习情况、发挥激励作用必不可少的一环。对于校本研修来说，作业与测评应重在"诊断"，而不只是"判断"，目的是借此寻求一种改进、指导的依据和契机，在认真分析各种现象和问题的基础上，讨论出补救的办法，有针对性地做好"第二次教学"，使"回授"更能有的放矢。

教研活动：潜在课程与替代学习的载体

学校的教研活动是在一个"实践共同体"中进行的。按照莱夫、温格等人类学家对"实践共同体"的界定，"实践共同体"有共同的历史文化遗产，包括共同的目标、协商的意义和实践，是相互依存的系统，能产生新成员替换老成员的"再生产循环"。在教研组织这类实践共同体内，必然有一些所有成员认同的且不成文的价值追求、操作规范、行事或处理教学问题的传统策略和方法，莱夫和温格认为，它是"日常实践中学习资源的一个领域"[①]。参加教研活动，就是习得教研组内长期积累起来的共同经验和行之有效的实践模式，这是一种对"潜在课程"的内隐学习。

教研活动也为"替代学习"提供了舞台。美国心理学家班杜拉认为，"由直接经验导致的所有学习现象，都可以在替代的基础上发生，即都可以通过观察他人及其结果而发生"。在校本教研中，以听课为主要形式的相互观摩、以经验交流为主要形式的相互切磋、以主题研讨为主要形式的相互启发，都可以使教师获得替代学习的机会。

阶段总结：实践反思与经验提升的论坛

---

① 莱夫，温格.情景学习：合法的边缘性参与［M］.王文静，译.上海：华东师范大学出版社，2004：44.

学校工作常常要进行阶段（如期中、期末、学年等）总结，这些总结都要求教师提供口头的或书面的总结报告。其实这是给教师创造了一个回顾和反思自己的实践并展示自我的机会，教师应当认真地追忆实践的过程和工作的场景，理出成败得失的表现及相关要素，挖掘经验与问题产生的深层原因，提出改进的设想与计划，这既为教师搭建了一个对实践经验认真进行梳理的平台，又是一个在原有基础上超越自我的契机。

检查评估：建立规范与促进自律的探索

检查评估是学校根据教育目标，用一定的标准对工作所做出的价值判断，它是学校工作必不可少的一环。评估标准作为一种规范，不可能从天上掉下来，需要通过探索与研究逐步建立与完善，需要用实践来加以检验与修正。因此，要把检查评估当作校本研究的一项重要内容，注意把群众教研中获得的成果凝聚为共识，进而形成教学工作中的行为规范，随着对这些新规范的奉行和践履，逐步使它变成教师自律的内在尺度，变成教师行动逻辑的依据。

3．下移工作重心

学校的年级组、课题组等是最基层的专业性组织，校本研修只有把重心下移，才能使工作有一个坚实的支撑点。

（1）确定基本职责

学校的教研组织是从事业务学习、合作探究和教学常规管理的非行政化共同体，在改善和提高学生的学习成效，激活和养成教师的研修意识，建构对话、反思、合作平台等方面有着不可替代的作用。我们对学校教研组织的建设强调三个重点：一是要有学科建设的思维和视野。要义是深化课程理解，推进课程实施，富集课程资源，主持课程开发。二是要有教学改革的意愿和能力。主要是抓好系统教学设计，追求有效课堂教学，改进练习作业指导，重视教学评价诊断。三是要有引领研修的策略和方法。主要包括探究兴趣的激发、主题研讨的组织、实践经验的汇聚、新鲜信息的汲取。

（2）建立常规制度

制度是"由有限理性和具有反思能力的个体构成的社会的长期经验的产物"。它"以一种自我实施的方式制约着参与人的策略互动，并反过来又被他们在连续变化的环境下的实际决策不断再生产出来"。① 制度既以"规则形态"存在，又以"活动形态"表现。教研组织的常规各有侧重、千差万别，但都应使成员能从"遵从""认同"走向"内化"。我们的做法是：常规的建立要上下结合，常规的范本要粗细结合，常规的施行要情理结合，常规的推进要内外结合，常规更新要常变结合。

（3）开展有效活动

组织有效的研修活动，主要应抓好三个环节：一是通过需求分析确定主题。研修活动的策划始于在分析教师需求的基础上确定一个大家都能接受的研修主题，结束于研修活动计划的发布。研究发现，"公开、集中和筛选"的流程，作为一个"工具"，对于需求分析、确立主题很有用。② 二是要分析有效活动的基本要素。我国有研究提出，有效教研的必备因素有：研究主题与形式的针对性、活动过程的可参与性、解决实际问题的建设性、研究主题的连续性与渐进性、关注过程的生成性、理论结合实践的指导性。③ 三是进行评价分析促进发展。这种评价的作用是总结交流经验，进行帮助和督导。

（三）变革形式　推进创新

内容决定形式，形式也负载着内容，二者难以分割。形式同时蕴含着对校本研修的理解和对校本研修特点的认识，体现出学校的工作思路、管理方略以及操作艺术。

1. 多样的学习方式

教师教育的发展正在转向"教师学习"。"教师学习"这一概念的出现，是人们越来越重视教师学习的主动性、日常性和教师知识内生性的结果。④ 校本研修的命意之一就是推动"教师学习"，这种学习要按照"工作成人"的特

---

① 青木昌彦. 比较制度分析 [M]. 周黎安，译. 上海：上海远东出版社，2001：205.

② 王洁，顾泠沅. 行动教育：教师在职学习的范式革新 [M]. 上海：华东师范大学出版社，2007：81，102.

③ 张丰. 校本研修的活动策划与制度建设 [M]. 上海：华东师范大学出版社，2007：73—79.

④ 毛齐明. 国外"教师学习"研究领域的兴起与发展 [J]. 全球教育展望，2010 (1)：67—67.

点，采用多种方式。①

（1）接受式与探究式适配

教师要迅速而大量地吸收人类长期积累起来的文化遗产和最新的文明成果，他就不能不通过最经济、最便捷的方式，如读书、听别人讲授来"接受"已有的东西，但是教师工作又是最复杂、最具有创造性的，他必须在各种不同的情境中和条件下，通过尝试去探究和"发现"一些微妙的、具体的和有独特性的直接经验并形成理性认识；而且即使是"接受"过来的知识信息，也必须在实践中经过"再发现"去确认、检验、补充和整合，才能变为个人的"实用理论"。因此，教师在校本教研中要善于将接受式学习同发现式结合起来，将学习与研究结合起来，使之相得益彰。

（2）替代式与亲历式互补

著名的美国心理学家班杜拉曾提出一种"社会学习理论"，他把人的学习方式分为两种，一种是"亲历学习"，另一种是"替代学习"或称"观察学习"。教师必须以亲身参与的实践为契机，全身心地投入并对其结果进行认真的认知加工，获得真切的经验和体验，实现自我塑造。同时，教师要观察别人的行为表现及其结果而进行学习，如听课和各种观摩。由于每个人都不可能亲历各种活动和各种试验，所以用别人的经验替代、补充和完善自己亲历的经验，具有重要的意义。事实上，教师的专业发展常常是从别人的实践经验中获得启示和教益，再经过与亲身经历的相互比照、相互生发而实现的。

（3）自主式与互动式并行

自主学习是一种自我发动、自己指导的学习，这种学习具有能动性、反馈性、调节性、迁移性、有效性等特征。教师要根据工作的需要与自己的特点，设计好学习的目标、内容和方法，不断地根据学习的进展进行自我激励、自我修正和自我调节，用坚忍不拔的精神和锲而不舍的努力去追求学习效益的最大化。自主学习并不排斥合作学习，自主学习不应当是封闭的个人行为。我们常说，独学无友必然孤陋寡闻。教师要经过与他人协商、交流、切磋和

---

① 严先元.农村教师专业发展导引［M］.武汉：华中师范大学出版社，2006：33—34.

相互砥砺，在互动中增强学习动力，开阔眼界，获取有益信息。

（4）定向式与随机式兼用

教师的学习是以解决工作实践中的问题为目的的学习，因此是一种目标定向的学习。教师如果能清楚地意识到学习的方向和目标，就可以科学地分配心理的能量，集中精力，做到"有所为，有所不为"。当然，教师也不能让自己的学习过分地实用化、狭隘化，就如杜威所讲的："把一个人的思想，用一根很短的绳子拴在功能在柱子上，是不值得的。行动的力量需要有宽阔的眼界。"教师的工作要求宽厚的知识修养、丰富的信息资讯和充足的生活经验，这就使得教师要把学习贯串和渗透于日常的各种活动中，注重随机的积累与领悟。

2. 灵活的教研形态

顾泠沅教授在谈及校本研修时曾讲过，"研"反映的是教师的活动方式与活动性质，"修"反映了活动的长远目的与意义，它既是教师教学方式、研究方式的深刻变革，又是教师学习方式、专业发展方式的与时俱进。[①] 学校教研活动的"样态"大体有三种。

（1）常态化教研

常态化教研是一种在研究状态下工作，把日常教学作为"学问"来考量的形式，主要抓三个方面：一是规范教学过程的链接点。学校的教学工作有一个比较稳定的工作结构，常态化教研活动要抓住教学过程链中的每一个节点（如备课上课、作业与辅导、测评等），建立起每个环节的操作规范并运用这种规范去管理教学，进行质量控制。二是讲求常规活动的实效性。学校教研有许多常规性的事情要做，如同一学科的年级组不仅要进行教材研究、统一教学进度、拟定作业和测验题目、交流学生学习情况、吸收来自各个方面的新信息，还要组织各种类型的观课、说课、议课，以及帮助做好阶段总结、经验交流、专题会谈，等等，这些常规性活动必须认真进行策划、准备、组织和运作。三是实现学习探讨的日常化。校本教研最大的优势是它在学校教育情境中进行，学习与研究可以不那么正式，随时随地进行。我国学者杨小

---

① 陈骁. 再造教师的学习文化：访上海市教科院副院长顾泠沅 ［J］. 现代教学，2005（1/2）：4.

微就把这种"无时不教研、无处不教研"的日常化、无痕化教研方式视为教研文化值得追求的境界。[①]

（2）课题式教研

与常态化教研不同的是，课题式教研是围绕某个课题、主题或问题而展开的。当然，"课题"可以是一个学校根据自身改革发展中最关切、最重要、最普遍的矛盾，确定一个统合性的"主题"，然后分别由各职能部门和不同学科教研组织或个人承担一定的"子课题"，来共同研究和完成这一课题。也可以由教师个人或志同道合者按照自己特殊的需要、偏好和特点，进行"小课题"的研究。总之，其组织形式或项目内容较自由和多样。

（3）专项性教研

专项性教研其实也是"课题式教研"的一个类别，它的研究内容和方式与课题研究基本一致，不过它要通过向科研规划与主管部门申报立项并与科研管理部门所拟定的"课题指南"相吻合。申报后立项，进行更为"正式"和规范的运作，在"论证""理论指导"与"成果形成"等环节上，有严格的要求。专项性教研对于提高教师的科研素养、深化对热点问题的认识、组织教师合作"攻关"有重要作用，但一定要以发动教师广泛参与和投入为前提。

3. 深层的自我建构

校本研修作为教师"自我解放"的活动，要落实在教师的自我反思上，这是教师自我指导学习、不断提高工作效能和实现潜能开发的重要途径。

（1）公共理论个人化

"公共知识"指那些经过抽象概括的、为社会共享的、具有普遍意义的理论知识，任何一种实践活动都离不开这些知识，但是这些知识要对每个人的具体实践活动起到支持和指导作用，则必须经过内在的审视或"教育学推理"，把它同个人的经验联系起来，用个人的经验来解读它、丰富它和发展它。校本研修中强调"理论与实践的对话"，也就是对公共性的理论知识加以

---

① 杨小微. 学校管理创新：以促进学科教学改革与教师发展为旨归 [J]. 课程·教材·教法，2010（1）：30—36.

推衍、变通、重构与具体化，使之变成能解决特定情境中的实际问题的默会知识和个人化的应用理论。

（2）默会知识显性化

提出"默会知识"概念的英国哲学家波兰尼说过：我们知道的要比能够言说的更多。[①] 在教师的日常行为和直接经验中，隐藏着许多默会的知识。校本研修的要素之一"教师与自我的对话"，倡导的就是教师通过自我反思和默会知识的显性化，成为自我的发现者、知识的探索者、潜能的开发者、实践经验的总结者。校本研修中，教师以说课、经验交流、研讨、论坛、演讲等话语形式进行的活动，就是将模糊而易失的默会知识进行清晰的表达，使自己在深刻认识问题的同时，得到自主、持续的发展。

（3）实践经历叙事化

教师的经历是其经验的直接来源，但经历能否成为教师成长的滋养并不是绝对的。"就教学工作来说，我们已注意到，二十年的教学经验也许只是一年工作的二十次重复"，这提醒我们，"除非我们善于从经验中汲取教训，我们就不可能有什么改进"。因此，教师要对自己的经历进行回顾、梳理和反思。在校本研修中，教师用案例、随笔、生活史或成长史、日志等叙事形式记写自己的经历、见闻、所思所想，呈现一个教育情境中活动着的真实自我，必然会伴随着对自己行为的省思与剖析；这些叙事文本同时将成为教研成果重要的构成部分。

（4）感性认识概念化

校本研修是一个从教育现象的感性认识走向把握其本质属性和客观规律的思维过程。研究者要将当初的一些直接感受和初步理解进行思维加工，做一些分类、比较、分析、综合、归纳、演绎、抽象的工作，形成概念、判断和推理等理论形式。这样做有利于把经验结构转化成一种内在素质，也有利于成果的推广与应用。我们在校本研究中的课题研究报告、专题总结等，就是一种将感性认识和直接经验上升为概念系统的操作。

[①] 石中英，知识转型与教学改革 ［M］. 北京：教育科学出版社，2001：224.

事例点击

扎实的研修　真实的快乐
——以"专题式课例研究"推进校本研修阶段报告
成都市新都区谕亭小学

成都市新都区谕亭小学（简称"谕小"）作为一所百年老校，始终保持着与时俱进的势头和创新求真的灵动。一路走来，每一个收获都浸透着探索的汗水，所有的成功都折射出进取的光芒。校本研修作为学校发展的必由之路、教师发展的关键途径，一直是谕小教研的基本方式和重要手段。2010 年 11 月 17 日，这是一个平凡的日子，对于谕小人来说，又是一个值得铭记的日子——我们的市级课题"以专题式课例研究促教师发展共同体专业成长的实践研究"正式开题了。从此，我们之前所做的一切和之后所做的一切都有了一个崭新而响亮的名字。时光荏苒，在课题实施接近一年的时候，回首来时路，应该可以让我们以后的脚步更加坚实有力。下面，我们将从校本研修的角度对这一阶段的工作加以小结。

一、理念先行，找准目标——听中学

（一）专题培训打基础

基于全校性铺开的课例研修后面将会面临的挑战，课题组首先预见到了整个实施过程的第一个难题：理论积累不足以支撑后面的研究。于是，在课题尚未铺开的时候未雨绸缪，搞好预先的理论培训就成为课题组的第一个工作重点。

1. 集体式的理论学习

由教研员牵头，在大组教研时，选取最重要、最有实际指导意义的论文、专著进行学习，大家集体学习、交流、答疑，从而用最快的时间积累起一定的理论基础。

2. 专题式的小组学习

各个教研组结合自己的学科和年段，以最集中的问题为参照，由各个成员收集资料，在小组教研和集体备课时，轮流担任主讲人，相互学习交流，尽量做到高吸收、高效率。

3. 自主式的个人学习

各个教师作为最小的教研单位，作为一个个独具特色的个体，从自己的风格、目标出发，利用个体时间灵活的优势，广泛学习，广泛涉猎。

（二）深入课堂找问题

课堂是教育科研的出发点和归宿，教育科研应该是源于课堂并且服务于课堂的。于是，在课题实施之初，真真正正地深入课堂发现问题，方可保证我们的研究有的放矢。谕亭小学一直以来都有着非常优秀的研修传统，所以，作为本次课例研修的准备工作，我们长期以来坚持做到以下这些工作。

1. 点菜式的针对性听课

"有的放矢，直取核心"，从来都是谕小优质高效的独门秘籍。有针对性地听课，可以使单位时间内人员配置和研修实效最大化。

（1）教科室成员针对学科和年段进行听课摸底。

为了掌握研修的第一手情况，收集研修的第一手资料，教科室成员在担任学科教学、自身时间本来就捉襟见肘的情况下，坚持听"推门课""定点课""横向课""纵向课"……不仅做到了对课堂的深入了解，还为课题的前期工作和具体实施奠定了坚实的基础。（2）师徒之间互相听课。

"师徒结对"这一形式在谕亭小学更是被运用得淋漓尽致。"一师多徒""多师多徒""多师一徒""一师一徒"在"一切为了教师的发展"这一理念的宏观调控下，既并行不悖，又互为补充、有机结合，所以师徒间的互听课切切实实地收到了良好的效果。（3）行政人员对指定学科、年段、教师的听课。

相关主管行政人员负责对学科、年段、教师进行有针对性的听课，既能够走进课堂，真实摸底，又能够提升课堂，有效指导。

2. 采蜜式的大面积听课

教师的生命在课堂，教师的成长毫无疑问也应该在课堂。只有依托课堂、走进课堂、剖析课堂，才能从课堂获得提升，我们的研修才会有意义。

（1）同学科的校本研修课。

同学科作为一个大型研修共同体，抓好校本研修课是探查本组现状、找准问题、提升共同体研修水平的一个有效途径。

（2）同年段的组内交流课。

同年段的组内研修应该是一个研修的常态，所以组内交流课就显得尤为重要。

（3）相近年段的前瞻性听课。

相近年段的前瞻性听课可以实现资源最大化的共享，促进智慧的碰撞和共享，共同发现问题，共同探究解决问题的方法。

（4）各学科间相互整合的博采式听课。

3. 鉴赏式的学习型听课

（1）本校的名师示范课。

（2）外出的名师指导课。

（3）借助远程网络的视频听课。

二、实践方能验证，合作促进生成——做中学

专题性课例研修，可以有效地从横向与纵向两方面拓展我们的学术视野，大大增强大家理论结合实践提升自己专业水平的意识，从而深化我们对教学和课改的新认识。

我们的分小组专题课例研修基本遵循这一流程：问题的提出—结论假设—"做课"验证—团队分析（观课、议课）—实践、内化、提升。

（一）问题的提出

问题来源于两个途径：一是共同体内日常教学探讨发现的具有共性的问题，二是教科室成员随堂听课观察反思某一年段、某一时期的教学情况提出的具有普通意义的研究性问题。问题的选择具有普遍意义而充满困惑，有相互冲突、看似无法解决的问题。它不是一瞬间、局部的问题，而是以大量的细致研究为基础的具有共性的问题。如一年级语文组的"有理有趣教识字"、四年级语文组的"有效指导学生批注"、音乐组的"创造性学习促鉴赏"，等等。

（二）结论假设

教师发展共同体通过已有的专业理论和实践经验来进行分析，对提出的专题进行问题分解，在教师发展共同体内提出解决问题的预设方案。

（三）"做课"验证

教师发展共同体组织研究课进行实践研究。我们强调共同体的集体"磨课"，分为"同课1人多轮""同课多人1轮""异课1人多轮"。前两者重在进行对比研究，探索教育问题或现象背后的本质，后者重在追踪教师自身发展的变化。

（四）团队分析

团队分析即组织观课、议课。这里首先要将专题分解成若干个小问题，以课堂观察的形式记录课堂现象，便于以量化和归纳的方式进行推论、分析，然后依据课堂观察进行深度平等的对话，包括上课教师与听众、观课教师之间、教师专家之间，通过对话促使教师进一步反思教学行为，更新自身的教育观念，形成更深刻的理性认识。

（五）实践、内化、提升

教师在具体教学实践中"移植"新的认识，结合自己的特点内化为自己的经验。

三、反思中收获，总结中提高——写中学

（一）写好课例促实践

在做课、磨课的过程中，教师针对选定的研究专题对要上的课进行个性化的设计。那么，写好教案和课例（包括问题的描述、问题分析、问题解决过程和方法的描述），方可在40分钟的实践中游刃有余。

（二）写好评价促提高

及时的评价对于磨课有着至关重要的作用。观课后的互相评价，交流后的自我评价，对于下一轮的研修都是不可或缺的，教师们纷纷表示，真有"课后一席话，胜读十年书"之感。不管是站在自己的肩膀上，还是站在他人的肩膀上，都可以让自己看得更高远。

（三）写好反思促升华

在一轮研修完成后，教师们的感触颇多，稍加引领、梳理，及时诉诸文字，不但可以使收获得到升华，而且可以形成最有效的第一手资料。

四、交流中碰撞，沟通中升华——讲中学

（一）小组交流，整体提升

研修过程中的点滴得失、些许收获，在各级教师共同体中（包括同年级的教师共同体、同学科的教师共同体、相近年龄的教师共同体等）加以交流，

实实在在地促进了教师个体和各个共同体的整体提升，收到了 $1+1>2$ 的神奇效果。

（二）大组宣讲，共同成长

小组研修形成的初步成果，再在大组教研时选取最有效、最有利于推广的、最便于操作的加以宣讲，可以最快地促进全组教师的共同成长。

（三）全面沟通，学科整合

各个学科为了实现互通有无、互相整合，可以把最有共性、最行之有效的收获和成果进行全面的沟通。这样，就形成了一个全方位立体式的最大的教师研修共同体，学校的课例研修也就蔚然成风了。

五、实效放大快乐，快乐推进研修——乐中学

对专题式课例研修促教师发展共同体专业成长的实施策略有了初步的认知，形成了基本的模式。

强调了课例研修与教师专业成长的关系，验证了专题课例研修在教师发展与校本研修中的地位和作用，促进了教师发展共同体的建设。

总而言之，以"专题课例研修"为主要形式和载体的校本研修既全面了解了教师的课堂教学现状和各年级整体教学水平，又有效地促进了老、中、青教师大力反思教学，提高了课堂教学效率，更促进了各教研组课例研修的专业化水平。让广大教师的业务水平在学习中不断提高，使教育思想得到了洗涤，教学理念得到了革新，进一步了解和掌握了新课改发展的方向和目标。教师们都真心地体会到了"发展在课堂，提升在课堂，快乐在课堂"的幸福，扎扎实实的课例研修，给课堂带来了实实在在的变革。我们必将继续将课题深入开展下去，让每一位教师和学生都享受到课改带来的快乐，让课堂每一天都闪烁着灵动的光芒。

四、　推进校本研修的评价

评价，是指"衡量人物或事物的价值"。教育评价是指"通过系统地搜集和处理信息，对教育成就和价值所做的判断"[1]。校本研修的评价，是指对校本研修过程的各个环节与每种活动的进行情况做出的价值判断。这种价值判断既包括对校本研修的整体评价，又包括对各个环节、每种活动以及其绩效和收益的分类评价。

（一）校本研修评价的策划

"策划"指事先对校本研修进行分析、研究后所建立的操作路线或运行架构，策划是对下一步运用于实践的一种思考、一种系统性的构想。

1. 校本研修评价的分析框架

校本研修评价可以视为一种"工作项目"的评价，因此可以借用 RBM 方法。"基于结果的管理"方法（RBM 方法）是联合国开发计划署项目评估办公室在 Dr. Linda Maguire 的领导下，于 2002 年 12 月开发出版的项目管理技术，[2] 目前被用于国际性的项目管理中。

RBM 是在目标管理理论和反馈原理的基础上发展起来的。"目标管理"的概念是管理专家彼得·德鲁克（Peter Drucker）1954 年在其名著《管理实践》中最先提出的，其后他又提出"目标管理和自我控制"的主张。德鲁克认为，并不是有了工作才有目标，而是相反，有了目标才能确定每个人的工作。所以企业的使命和任务必须转化为目标，如果一个领域没有目标，这个领域的工作必然被忽视。因此管理者应该通过目标对下级进行管理，当组织最高层管理者确定了组织目标后，必须对其进行有效分解，转变成各个部门以及各个人的分目标，管理者根据分目标的完成情况对下级进行考核、评价和奖惩。[3]

从操作的方法看，RBM 建立了一个"投入——活动——产出"的逻辑框

---

① 金娣，王钢．教育评价与测量 [M]．北京：教育科学出版社，2011：31．
② 李晶．"基于结果的管理"及其在教师培训项目中的应用 [M] //李方．教师培训研究与评论：第 1 辑．北京：北京师范大学出版社，2010：109．
③ 李晶．"基于结果的管理"及其在教师培训项目中的应用 [M] //李方．教师培训研究与评论：第 1 辑．北京：北京师范大学出版社，2010：109．

架，这三个环节都是为实现结果而设计的，因此称为"基于结果的管理"。[①]

（1）查验"投入"

"投入"一般指已经做了些什么事情来保证过程的展开和结果的获取。这主要是关于学校作为工作主体在校本研修上所作所为的指标，它包含了学校的领导者和相关的人员在精力、时间、心理、经费等方面投入了些什么，具体做了哪些可查验的事项。

（2）关注"活动"

"活动"是过程指标的具体化，指在投入保证的条件下，学校及其下属职能单位（组织）实实在在地开展了怎样的研修活动，这些活动的内容、形式与方法又是什么，在活动中学校的广大教师如何参与以及参与的广度和深度。

（3）考察"产出"

"产出"其实是一种成效，可以用"结果指标"来表达。在 RBM 方法中，"过程指标"并不是独立的变量，而是为了实现"结果指标"而设置的，在"基于结果的管理"中，以过程的科学性来保证结果的可靠性。所以，考察结果必然要分析其过程。从管理学角度看，产出大致相当于我们常说的"绩效"或"效益"，它应当是可观察和可测量的。

2. 校本研修评价的基本维度

在有了一个分析的框架后，还要确定我们从哪些重要的方面去对获得的信息进行归纳，以便判定这些信息揭示的深层意义，以下几个维度可以帮助我们对信息进行梳理。

（1）目标的针对性

校本研修是以学校为主体组织的教师教育活动，每一个学校都有自身的具体情况和特殊需求，因此，校本研修的目标应该针对学校的实际问题，从调查研究入手，确定学校必须面对的主要矛盾和关键问题，满足教师的特定需求，帮助广大教师突破他们专业发展中的"瓶颈"。这是衡量校本研修的一个重要标尺。

----

① 李晶."基于结果的管理"及其在教师培训项目中的应用［M］//李方.教师培训研究与评论：第1辑.北京：北京师范大学出版社，2010：110.

（2）措施的可行性

为达到校本研修的目标，学校会采取一系列措施，组织各种各样的活动，但这些措施和活动是否支持目标的实现，它们贴合的程度如何，都是值得考量的。而且校本研修的各种措施与活动能不能融入学校整个教育过程，成为推动教育改革和学校发展不可或缺的积极因素，又与教师的日常工作、学习与生活如何联系起来，都关系到措施的可行性。

（3）结果的实效性

校本研修如果不能对学校教育质量和教师教育素质的提高产生积极的影响，那么这一工作就是徒劳的。应当看到，校本研修的针对性和实效性并不是同一回事，"针对性"是开始时要强调的，"实效性"是结束时要强调的；"针对性"是"实效性"的必要条件，但不是充分条件；实效性需要其他条件的支撑，所以实效性具有根本的意义，即用工作的改善和教师的发展来厘定校本研究的成效。

3. 校本研修评价的重点要求

校本研修的评价是一项复杂的细致的工作，要求高，难度大，其原因在于，其效果表现具有隐蔽性、延时性和综合性，对效果的认定具有推断性和主观性，因此，在进行评价时要特别注意以下三点：

（1）长善救失，促进发展

校本研修的评价应当是一种"发展性评价"，其基本含义是"在发展的过程中进行的，旨在促进被评价者不断发展的评价"。[①] 这种评价的指导思想是：评价是为了"改进"，而不是"证明"，评价的功能由侧重甄别转向注重诊断、激励和发展，因此，校本研修评价的取向，应当是鼓励先进、总结经验、发现不足、增添措施。

（2）审视校情，善待差异

学校之间的资源配置、发展水平和环境条件是很难均等的，这就形成了校情的不一样。对待这种客观存在的差异，在进行校本研修评价时不能视而不见，因此，必须从每个学校的实际出发，看他们在原有基础上的变化与进

---

① 董奇，赵德成. 发展性教育评价的理论与实践 [J]. 中国教育学刊，2003（8）：18—21.

步，看他们的目标和措施与实际水平的匹配程度，看他们在特定的环境和条件下不同于其他学校的措施与探索。总之，要多用几把尺子来量度。

（3）具体分析，综合判断

正是由于校情的差异，导致校本研修的目标追求、内容选择、活动形式和方法采用都不能完全一样，对于校本研修过程的各种要素必须进行具体分析，不可简单地判定为"好"或"不好"，同时，校本研修的"效果"也不等同于"结果"或"成果"，因此，应综合各方面的信息，发现各种数量上或表面上看不到的微妙变化，给予具有建设性的引导或指导。

（二）校本研修评价的内容

校本教研的评价涉及的领域十分广泛，但主要应放在三个方面：一是在校本教研背景下对教师研修的评价；二是对学校教学研究活动的评价；三是对学校教育科研情况的评价。学校组织开展的日常校本研修工作，应当成为评价的重点。

1. 教师研修情况的评价

为构建促进教师自主成长的评价制度，要将评价活动与教师教学工作现状的诊断与改进结合起来，与教师教学能力的提升结合起来。教师评价应融合在教师研修过程中，成为促进教师学习的一种策略。教师研修的评价，要将学校中各方面对教师的要求和评价都统合起来，以统一的评价指导思想将这些评价活动联成有效工作的整体，包括自我分析的、诊断性的、指导性的、档案性的以及评判性的诸项教师评价活动都应加以统合。

具体地说，整合包括以下四个方面：

（1）教师对自己工作、学习和研究情况的自我评价；

（2）观察了解教师在教育教学过程中的表现及反映出来的能力和水平；

（3）对教师教育教学绩效（并非俗指的学生分数，而是指完整意义上的学生素质提高和学业成绩）的评估；

（4）教师参与专业发展行动的努力情况。

这四个方面的内在逻辑是通过对教师教育教学过程和专业发展状况的观

察分析，来促进教师真实地参与专业发展活动，提高自身的教育教学能力和专业素养，继而提高工作绩效的。它们因果相连，不可厚此薄彼。

2. 校本研修工作的评价

按照校本研修评价的分析框架，我们可以将"投入——活动——产出"分别转化出一个量标的体系。"投入"主要指领导者、组织者和参与者的人力和物力投入，表现在所进行的系列工作措施上，我们把重点确定为"组织领导"；"活动"主要定位于校本研修的活动过程，即活动的开展情况上；"产出"主要看成效。具体量表如表2-1所示。

表2-1　校本研修工作评价量表

评价的事项	评价的要点	评价操作列举
组织领导	领导分工、理顺关系	现场听取汇报；进行座谈，征求中层干部和教师的意见；查询文件及资料等
	分级管理、各司其职	
	健全制度、规范运行	
	制订计划、督促实施	
活动开展	针对问题、目标明确	活动考察，现场检视；问卷及访谈；查阅活动简报或相关记载，以及学校制订的有关文件
	内容具体、安排有序	
	准备充分、方式适宜	
	常态进行、保证时间	
工作绩效	及时反映评估，了解满意程度	各个操作要素的满意度调查、教师工作档案及表现记录、学校绩效表现的数据、相关案例、教师的作品、量表及检核表、各类统计数据
	成长进步评估，查明发展状况	
	工作表现评估，厘定业务成绩	
	组织绩效评估，提升办学质量	
	社会效益评估，产生广泛影响	

3. 教育研究成果的评价

教育研究成果的评价可以从"绩效"与"过程"两个维度进行，其方式也可以综合运用"测量式""表现式""档案式"，等等。具体方法如下：

（1）指标量化法，即通过建立评价指标体系，每个评价指标给予相应的效值，通过调查、问卷、测量与统计，做出评价结论的评价方法。

（2）目标评价法，即运用制订教育科学研究的评价目标体系模型的办法，作用于评价对象，进行量化分析或者确定等级次第，并做出评价结论的评价方法。

（3）专家调查法，即运用问卷调查的方式对教育科学研究的评价专家展开调查，然后统计分析，得出评价结论的评价方法。

（4）会议鉴定法，即通过召开专家会议，讨论评价对象，综合会议意见，得出评价结论的方法。

（5）对手答辩法，即选择理论观点上的不同"对手"，通过答辩的方式进行教育科学研究的评价。

在校本教研的评价中，学校和教师的自我评价是十分重要的，在一般情况下，学校可以与工作绩效评价结合进行，通过对某一阶段工作的"检查反馈""总结提高"，对教研的"过程"与"效果"做出评定，这时所采用的方法就更加灵活多样了。

（三）校本研修评价的实施

校本研修的评价是一种"发展性评价"，其目的是为了诊断和改进，激发学校和教师从事研修的积极性，因此，评价的实施要注意多元主体的参与（主要是教师与学校领导干部，也可征求利益相关人员，如学生及其家长、所在社区的人士等），要灵活地把目标参照评价、常模参照评价、个体的差异评价结合起来，合理采用"横向比"与"纵向比"、质性评价与量化评价的方法。一般可有以下评价项目：

1. 总结性的自陈报告

总结性的自陈报告是在对校本研修工作进行疏理、概括和反思的基础上，由学校自身提供的文件，主要有三种：

（1）学校校本研修的工作总结

这是学校对校本研修工作专项性的整体介绍，包括计划安排、实施情况、取得的成效、经验与问题、持续推进的措施等。这种总结应凸显个性特点，介绍实践中的体会和亮点，实事求是地提供真实的、有代表性的信息。

（2）学校基层教研组织的工作情况简述

主要是由教研组和年级组陈述具体的活动安排、内容构成、开展的形式与方法。要注意把重点放在学科和班级建设、实践中重点解决的问题以及活动的质量与成效上。

（3）教师个人的心得体会与研修成果

展示教师在校本研修中的听课记录、笔记、点滴收获的表述、反思小品、教学叙事、教学设计和上课的案例、专项总结及论文等，不必求全、求精，但一定要保持原貌和真实。

2. 记录性的业务档案

档案袋，其英文单词为"portfolio"，有"文件夹""公文包""代表作选辑"的意思。档案袋评价也可称为"教育工作档案评价"或"成长记录袋评价"。它记录校本研修的计划、推行、活动开展、成效等事项，以及教师的发展过程。档案袋评价有双重的含义和作用，其一是归纳被评者的学习、表现与交流，以及学习者自己编辑制作的作品；其二是作为多元化评价的素材。校本研修评价要求获得以下存档信息。

（1）学校关于教学和教师情况的文件夹。包括校本研修的计划安排、实施方案、管理措施、阶段总结、考核记录、评估分析、典型事例，等等。

（2）教研组（室）的活动记录。包括常规教研活动的考勤与参与情况，专题研修的策划与施行，科研项目的立项、分工与合作，重大研修活动的全程叙述，组内经验的概括与提炼。

（3）教师个人的成长档案袋。包括叙事作品、反思与总结、生活史描述、案例与学生个案追踪、读书心得，等等。

3. 诊断性的工作分析

对本校校本研修活动的频次记录、工作质量和覆盖面等进行分析，找出经验和问题，确定其原因或影响因素，提出建设性的改进意见。这种分析主要包括：

（1）计划与需求的吻合度。

（2）活动与工作的关联度。

（3）解决关键问题的有效度。

4．发展性成效评估

这主要是从绩效和效益的角度获得关于结果的信息，这些信息都要围绕学校的发展变化或某方面的进步，摆出可采信和可感受的东西。主要看以下几类：

（1）事效。即做了些什么有效益的事情，侧重摆事实。

（2）物效。即形成了什么物质化的产品，如文献、资料、论著、专题经验、数字化软件，等等。

（3）量效。这是用数量来表征成效的，如考绩、获奖数以及各种可以用数目表达的结果。

第三章

教师要从哪些方面进行校本研修

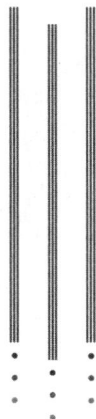

教师的自我完善和素质提高是教育改革与发展的需要，是提高学校教育质量、使学生得到充分自由发展的要求，同时是教师实现自身价值的必然选择。这是由教育工作的性质和特点决定的。

　　"自我更新"的教师专业发展取向要求教师在学校教育实践中，依托学校情境，根据学校发展的要求和自己的实际，不断地完善自己，自觉地提高自身的素质。校本研修的着眼点，正是要让教师充分发挥自主能动性，通过学校教育实践去建构一种合理的、整体优化的专业素质。

　　教师的自我完善和素质提高是教育改革与发展的需要，是提高学校教育质量、使学生得到充分自由发展的要求，也是教师实现自身价值的必然选择。这是由教育工作的性质和特点决定的。"教育是一个使教育者和受教育者都变得更完善的职业，而且只有当教育者自觉地完善自己时，才能更有利于学生的完善与发展。""没有教师的生命质量的提升，就很难有高的教育质量；没有教师精神的解放，就很难有学生精神的解放；没有教师的主动发展，就很难有学生的主动发展；没有教师的教育创造，就很难有学生的创造精神。"[①]

　　那么，教师应从哪些方面进行校本研修来提高自身的素质，促进自己的专业发展呢？

一、　教师素质及其结构

（一）教师素质的内涵

　　素质，一般指一个人在平时的活动中表现出来的一种稳定的内在品质。它虽然表现在外在的活动和行为中，但影响和决定这种外在表现的是一种内在的机制——有人称之为"心理的结构及其质量水平"，正因为这种内在性，素质才会"稳定"地表现出来。概括地说，素质具有以下特点：

　　1. 素质是内在的、深层次的。这一点有别于那些表面的、容易忘却和消

---

　　① 　叶澜，等. 教师角色与教师发展新探［M］. 北京：教育科学出版社，2001.

失的东西。素质往往以一种心理结构（"图式"之类）或活动机能（"解决问题"之类）的形式存在。

2. 素质是综合的、整体的。素质是一种由各种要素组成的综合结构，常常包括"活的"知识与技能、智慧与能力、情感态度与价值观、习惯与方法，等等。在面对需要解决的问题时，素质以整体的形式做出反应。

3. 素质是稳定地表现出来的。素质的稳定性源于它的内在性，当我们说某位教师素质高的时候，意味着他在不同的时间、场合和条件下都有实现某种要求的较大可能性。

4. 素质是建构的，不可能从外面灌注进去。作为一种内在的品质，素质具有"不可传输性"。它只能由学习主体凭借自身的经验与体验，在社会特性相互作用中，通过吸收、转化、重组等一系列心智操作才能生成与发展。

5. 素质是灵动的、可迁移的。素质不是一种凝滞的、僵化的东西，它活跃于解决问题的各种操作中，并能在不同情境中广泛迁移，在运用中不断发展。

素质作为一种内在品质，是一个人在先存特性（遗传与禀赋之类）的基础上，经过长期的学习、修炼而逐步形成的，一旦它形成并表现出来，就将在各种活动中产生效用，并越来越充分地成为一种现实的力量。所以，看重一个人的素质，比计较一个人某些外表行为特性更合适。

关于教师的素质，自 1896 年克拉茨采用问卷调查的方法研究优秀教师的素质起，已经积累了大量的资料。纵观有关教师素质的研究，可以看出各种研究所使用的概念、采用的方法、关注的焦点各不相同，如有的把教师素质称为专业素养、教师品质或教师特性，等等。我国学者根据近年来的理论研究和实验研究的结果，主张把教师素质理解为教师在教育教学活动中表现出来的，决定教育教学效果，对学生身心发展有直接而显著影响的思想和心理品质的总和。也有研究者认为，教师的专业素质是以一种结构形态存在的。所谓教师素质，被看作"教师拥有和带往教学情境的知识、能力和信念的集合，它是在教师具有优良的先存特性的基础上经过正确而严格的教师教育所获得的"①。

基于以上理解，教师素质的提高自然要从分析教师素质的构成入手。

（二）教师素质的结构

对我国当代教师的素质结构，我国许多研究者都着眼于其整体性进行了深入的系统结构分析，如申继亮等认为，职业理想是教师献身于教育工作的根本动力，教师的知识水平是其从事教育工作的前提条件，教师的教育观念是其从事教育工作的心理背景，教学监控能力是教师从事教育教学活动的核心要素，教师的教学行为是教师素质的外化形式。叶澜则指出，教师的专业素养是当代教师质量的集中表现，它以承认教师职业是一种专业性的职业为前提。她认为，未来教师的专业素养主要包括以下方面："对人类的热爱和博大的胸怀，对学生成长的关怀和敬业奉献的崇高精神，良好的文化素养，复合的知识结构，在富有时代精神和科学性的教育理念指导下的教育能力和研究能力，在实践中凝聚生成的教育智慧，这就是我们期望的未来教师的理想风采。"②

学习链接

教师专业素质结构图

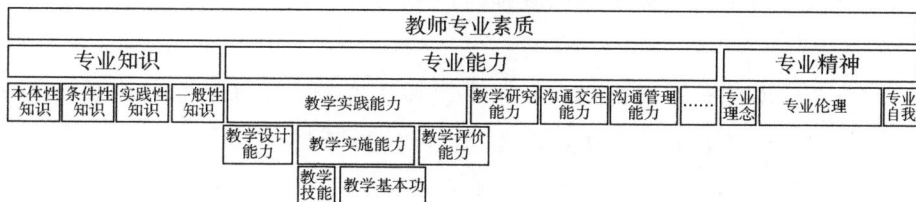

图 3 - 1

---

① 教育部师范教育司. 教师专业化的理论与实践 [M]. 北京：人民教育出版社，2003.

② 叶澜. 新世纪教师专业素养初探 [J]. 教育研究与实验，1998（1）.

表 3-1 有代表性的教师素质结构分析①

研究者	教师素质结构
叶　澜	1. 专业理念；2. 知识结构；3. 能力结构
艾　伦	1. 学科知识；2. 行为技能；3. 人格技能
林瑞钦	1. 所教学科知识；2. 教育专业知能；3. 教育专业精神
饶见维	1. 教师通用知能；2. 学科知能；3. 教育专业知能；4. 教育专业精神
姚志章	1. 认知系统；2. 情意系统；3. 操作系统
唐松林	1. 认知结构；2. 专业精神；3. 教育能力

　　根据对教师素质结构的各种分析，我国研究者把教师素质的基本成分概括为三个方面，即：教师的专业知识素养（包括本体性知识、条件性知识、实践性知识、背景性知识，等等）、专业技能（包括教学技艺、教育教学能力）、专业情意（包括专业理想、专业情操、专业性向、专业自我等）。② 下面对一些主要成分做一个简单的勾勒。

1. 教师的专业知识

　　知识对专业人员的工作是必不可少的。根植于理论、经验或规范的基础知识是所有专业的中心。"教师的身份、知识和能力是起决定作用的教学因素"。教师的专业知识是教师研究中开始较早、众说纷纭的一个领域。我国学者综合各方面的研究，认为现代教师所应具备的知识基础及其内涵包含以下几点：

　　第一，广博的科学文化知识。这是教师从事专业工作所必备的文化基础和智力背景，包括教师的人文知识素养和科技知识素养。

　　第二，系统的学科专业知识。教师只有完整、系统、精深地掌握自己所教学科的专业知识，才能在科学体系中把握自己讲授的学科，在教学中通观全局地处理教材，使知识在教学中不只以符号的形式存在，还可以以推理、结论的方式出现，而且能展示知识本身发展的无限性和生命力，能把知识

---

① 教育部师范教育司. 教师专业化的理论与实践 [M]. 北京：人民教育出版社，2003.

② 教育部师范教育司. 教师专业化的理论与实践 [M]. 北京：人民教育出版社，2003.

"活化"；才能教给学生掌握各种知识、技能的方法，发展学生的智能，引导学生在学科知识的海洋中畅快地遨游；才能根据不同的教育对象选择有效的教学方法进行教学，在教学中真正实现科学精神和人文精神、理论和实践、知识和人性的统一，充分发挥学科知识全面育人的价值。

第三，坚实的教育专业知识。它包括三个方面：一般教育学知识、学科教育学知识、教学情境知识。这三个方面的知识其实是将心理学、教育学、教学法、管理学的知识综合贯通起来，而且这些以"编码"形式出现的知识只有同具体情境与实践经验相互结合以后，才能真正算是"获得"了。

总之，教师的知识结构由一个个不同性质、不同学科的知识构成。广博的科学文化知识、系统的学科专业知识和坚实的教育专业知识共同构成了现代教师必备知识的结合方式，三者缺一不可。知识整合，意味着不是这些知识的简单累加，而是在成为合格教师这一目标的导向作用下，有针对性地对相关知识加以选择，并按一定的逻辑顺序加以排列组合。教师的知识结构必须反映时代的知识水准和培养培训教师的专业要求。

2. 教师的专业能力

教师的能力是教师顺利进行教育教学工作，并保证其有效性的个性心理特征，对教师能力的分析是一个见仁见智的话题。

我国有的研究者认为，教师的教育教学能力是以一般能力（智力）为依托，通过特殊能力表现出来的一般能力与特殊能力的结合。教学活动作为科学与艺术相结合的综合性活动，它既要以个体的一般能力（或智力）做基础，又要借助于特殊能力来体现。[①] 我国许多研究者倾向于把教师的能力分为一般的、通用的能力和教育教学能力。

首先是一般的、通用的能力。这是指在一般情境下教师解决问题所必须具有的能力，是教师的智慧在教育活动中的表现。它大体包括有效协调人际关系与沟通表达能力、问题解决与研究能力、创新思维与实践能力、批判反思与不断学习的能力，等等。

其次是教育教学能力。如组织与培养班集体的能力、教学设计能力、教

---

① 申继亮，王凯荣. 论教师的教学能力 [J]. 北京师范大学学报（人文社会科学版），2000（1）.

学实施能力、课堂调控与管理能力、运用现代教育技术的能力、学业检查评价能力，等等。

还有教师的教学技能技巧，即教师在教学过程中，运用教与学的有关知识和经验，为促进学生学习、实现教学目标而采取的特定的行为方式，这也可以归入教师能力的范畴。

3. 教师的专业态度

如果说"专业知识""专业技能"强调的是会不会、能不能的问题，那么"专业态度"强调的则是愿不愿的问题。它包括：

专业理想。专业理想是教师对成为一个成熟的教育教学专业工作者的向往与追求，它为教师提供了奋斗的目标，是推动教师专业发展的巨大动力。

专业情操。专业情操是教师对教育教学工作带有理智性的价值评价和情感体验，它是构成教师价值观的基础，是构成优秀教师个性的重要因素，也是教师专业情意发展成熟的标志。

专业性向。专业性向是指教师成功地从事教学工作所应具有的人格特征，或者说适合教学工作的个性倾向。

在上述三个方面中，树立崇高的专业理想，养成高尚的专业情操，是教师专业态度发展的主要内容，而教师的专业性向由于在很大程度上属于"先存的教师特性"，不易受后天发展的影响，即使改变，也是一个长期的过程。

4. 教师的专业自我

自我是人格的核心和调节器，对教学工作来说，教师的专业自我是教师个体对自我从事教学工作的感受、接纳和肯定的心理倾向，这种倾向将显著地影响到教师的教学行为和教学工作效果。从这个意义上说，教师专业发展的过程也是教师专业自我形成的过程。

（三）教师素质的特征

与其他专业活动所要求的素质相比，教师的素质具有以下特征：

1. 教师素质的指向性特征

这是指对教师素质的要求，教师进行素质建构时必须体现教师这一专业的特殊性，反映教师专业活动的独特本质，遵循教育规律和教师发展规律。教师的专业素质必须指向学校教育的要求，以解决学校教育实践中的问题为依归。

2.教师素质的结构性特征

教师素质是一个系统结构，各个构成元素之间形成一个相互联系、相互作用的系统，系统内各子系统之间的关系结构决定着教师的素质是否优化。

我国研究者曾分析教师的职业理想、教育观念、专业知识、教学能力、教学行为之间的关系，他们指出，这五种教师素质成分并不是简单的并列关系。其中教师的职业理想、教师知识结构和教育观念是教师的深层次的东西，称之为教师素质的深层结构；而教师的教学行为则是其素质的外化形式，为表层结构。那么，内在的、深层次的成分如何转化为外在的行为表现呢？研究者认为，以教学监控能力为核心的教学能力，是这种转化的中介机制，即中介结构。教师素质的五种成分相互作用，相互影响，共同构成了教师素质系统的复杂结构，而且这个结构是不断变化发展的动态结构。据此，他们建构了教师素质的结构模型（如图3-2）：

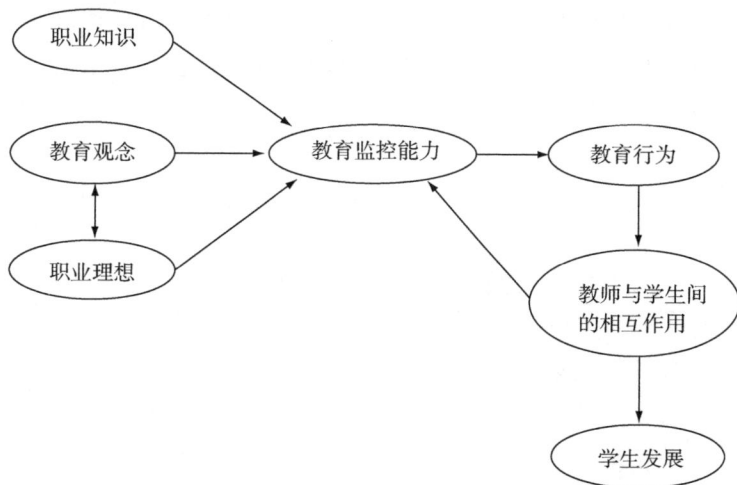

图3-2　教师素质结构模型

3. 教师素质的复合性特征

很多研究都指出，教师需要多方面的修养，这些方方面面的素质成分还必须合理地整合起来，使之在完成教育任务的过程中综合地共同发生作用。教师素质的建构必须采取多元结合、互促共进的方式，使素质的各要素在教育实践中保持动态平衡和辩证统一。

4. 教师素质的动态性特征

有的研究者指出，教师素质是结构与过程的统一，发展性、动态性是其精髓。教师的素质是在教师的实践活动过程中，通过教师自觉和自主的研修，逐步形成和发展起来的，并且会随着教育实践的深度与广度不同，以及教师研修时主体作用发挥的程度差异，出现种种动态的变化。总之，教师素质的形成与发展，既不能一蹴而就，又无法一劳永逸。

5. 教师素质的差异性特性

由于教师的个性存在着客观上的差异，教师素质的发展水平、结构特征、外化形式都不可能完全一样，我们必须承认这种差异并善于利用这种差异。事实上，教育活动的多样性和达成教育目标的多种可能性，都可以给教师素质的差异性留一个相对灵动的空间，使教师在进行校本研修时能根据自身的特点扬长补短，在保证基本素质达标的同时，发展自己的优势，成为一个个性突出的好教师。

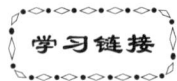

学习链接

新时期：教师素养如何养成①

进入新时期，教师的素养如何适应新要求？有研究者认为，最好的适应是学会学习。我们可以将教师素养的发展看作教师自我学习的一种形式。日本学者佐藤学指出：学习其实是三种对话关系，即与客观世界的对话、与他人的对话和与自我的对话。那么，基于这种学习的教师素养发展则是如何更好地与客观世界进行对话，寻找自洽的职业逻辑及处理好与他人的关系的呢？

---

① 朱永祥，沈佳乐. 新时期教师素养及其养成 [J]. 人民教育，2016（23）.

一、教师素养的取向转变

1. 从使用到建构，对教学资源的创造能力

如果我们关注教师当前的小课题和论文，有一种现象不容忽视：许多教师致力于如何开发校本课程，如何创建微课甚至慕课，有些教师团队着力建设基于云平台的教学资源库，等等。这些行为表明，教师已经不再是既定教学资源的使用者，而是教学资源的建构者。

过去，教材和教参是教师最重要的教学资源，教师的使命是尽可能将教材和教参中的内容传递给学生。而今，教师需要从多方面学会构建教学资源。

首先，是生活化教学资源。2011年教育部颁发的义务教育阶段课程标准呈现出一个共同的趋势，即强调学科和生活的联系。如《义务教育教学课程标准（2011年版）》中对模型思想的建立提出让"学生体会和理解数学与外部世界的联系……从现实生活或具体情境中抽象出数学问题"。生活化教学资源要求教师不再将教学与生活视为两件不相关的事情，而是在生活的情境中寻找教学内容，或是将已有教学资源"返回"到生活中去，实现学科的应用。

其次，是结构化教学资源。常见的课程开发就属此类。结构化教学资源不仅需要教师对知识有充分的理解，形成自己对知识的独特解读，还要求教师能够符合逻辑、系统地呈现教学内容。这对教师的素养提出了很高的要求。

最后，是信息化教学资源。在信息社会，这是教师无法逃避的素养需求。利用信息化手段进一步丰富教学资源的来源、表现形式、效用，建设交互、协作的学习方式和学习氛围，是新时期教师专业发展过程中当仁不让的追求。

2. 从教法到学法，对工作立场的转变能力

"以学为中心"的教育已被倡导了很多年，但许多教研活动仍然是在"教"的线索下进行的。以公开课为例，公开课关注的中心不是学生如何学，而是教师如何教。有人会反对说，公开课肯定关注学生的学习，课后的研讨也会呀。可是，我们只要看一下公开课的教室布局就能知道事情并非如此。多数公开课都是在教室的后排安排观摩教师，此时的教室只有任课教师和观摩教师是面对面的。所有的学生都背对着观摩教师，我们的视线所及都在教师身上。如何观察学生在教育情境中通过表情、动作或是细声的言语所做出的学习反应？又如何真切地关注学生的学习状态呢？其实，大多数教研就如同公开课一样，其焦点设置是把教师放在了竞技和批判的舞台上，学生如何学成了教师如何教的一种辅助产品，甚至被淹没在教的"技术"和"技巧"之中。

在新的时期，变革教学方式是时代对教师提出的必然要求，其中教师的工作线索需要从如何教转变到如何学。这是一件十分困难的事，因为教的线索通常是单向的，主要体现在讲解、传递和评价等方面，而学的线索则是相对复杂的，需要立足于学生的需求和个性，建构对话、讨论、合作、探究的课堂，教师需要在教学设计、教学资源利用、师生互动中颠覆原有的模式。这对教师固有的自我身份造成了极大挑战。

3. 从独教到合教，对合作方式的适应能力

除了要在师与生的关系之间进行重新定位，新时期的教师还要重新定义"我将如何开展工作"。不借助他人之力独立解决问题是当下"独教"文化的表现。诚然，在办公室中，教师也会交流一些教学经验和方法，教师集体备课、集体研讨也是教研的重要形式，但如同佐藤学所指出的那样："在学校里，即便大量存在'话友'，但推进实践之改善的'合作者的同事'不容易存在。学校组织的官僚化与教育问题的深刻化进一步加剧了教师相互合作与合作关系的淡漠。"因此，当回答"教师如何开展工作"这个问题时，教师常常是以"个人情境"展现的，备课、上课、批改作业、准备学材，然后将学生的学业成绩（指教师所教的那门学科的学科成绩）作为"私产"与其他同事做比较。

为什么一些集体教研活动不算与同事的合作，教师又要开展怎样的合作呢？首先，合作的目的不再仅仅是提高"教的技术"，而是共同关注学生"学"的状态。其次，合作的内容不是单纯的示范、引领，而是就教学的问题展开平等的、不预设立场的讨论。最后，在合作的方法上，需要通过多种沟通手段有意识地分享信息，在交往中克服语言、身份、情绪的障碍等。

4. 从技术理性到反思性实践，对发展模式的转型能力

在很长一段时间里，教师的专业发展被定位在知识的积累和技能的提升上，强调教育学、心理学和学科专业知识以及教学方法、教学手段、信息技术等技能性应用。这是一种推进教师作为个人面对学生时合理利用知识和技

术的实践，教师的素养提升是以规模化和规范化培训为主要手段的。这种专业实践基于"技术理性"原理，即问题解决的过程从一开始就是一个稳定的结构，不过是运用技术开展有计划地实施和评价而已。

然而，教师的工作是在参与实践的过程中不断发生的，几乎不可能在周密计划下展开，存在于课堂内的师生因其个体特征文化背景和不可预知的交互性会带来各种各样的"意外"。这些应对"意外"的智慧是无法在常规性训练中获取的。

因此，另一种专业发展模型——反思性实践成为教师发展模式的新取向。反思性实践要求教师的发展专注于与同事、学生的合作，立足于教学中的人际基础，在复杂的语脉中展开共同探索问题的实践。这样的实践与时刻变化的教育情境不谋而合。

当然，两种专业发展模型展开的方式不同，前者是模仿，后者是反思；两种专业发展模型呈现的人际关系不同，前者是个人奋斗，后者是集体合作；两种专业发展模型追求的知识类型不同，前者是理论性知识，后者是实践性知识。正因为两种发展模型在方式、关系和目标上不同，我们需要探索有别于传统教师培养方式的路径。

二、教师素养提升的新路径

虽然技术性打造在教师专业发展中存在一些难以避免的问题，但我们并不能全盘否定当前教师培养的作用，只是希望在教师培养方面弱化一些功利色彩，把关注点真正放在教师素养的提升上。那么，教师素养提升可以有哪些路径呢？

1. 开展基于教学问题的"临床式"教师研修

也许有人会问，所有的教师研修不都是围绕教学问题展开的吗？要回答这个问题，我们需要对"教学问题"做进一步区分。首先，"教学问题"不一定直接指向"教学情境"。例如，在教师培训中可能有"如何制作微课"这样的研修。虽然这属于问题情境，却没有牵涉具体的教学情境，但如果教师面临的是"如何通过使用微课提高实验课的教学效率"这样的问题，则是直接指向教学情境中的问题了。其次，基于问题的教学研修可能是真实的，也可能是虚构的。许多教师在研训过程中可能遇到过这样的环节：请教师采用小组合作的教学方法针对某篇课文进行教学设计或者说课。如果教师没有讲过这篇课文，也没有采用过小组合作的方法，那么教师的设计或者说课就只是一种"假象教学"。最后，基于问题的研修未必提供切实的行动方略。在许多研训中，教师会提出一些自己的意见和建议，但这些可能只是基于"应然"的状态，也不一定被用于实践去解决问题，因此，我们把这种直接指向教学情境解决真实问题，并在提供行动方略后付诸实施的教师研修与一般基于问题的教师研修区别开来，称为"临床式"教师研修。

我们知道，医学院学生必须有临床实习环节，临床教学时实习医生是针对具体的病患病情（类似于某个具体的教学问题）开出诊断的药方（类似于提出行动方略），病人根据诊断书治疗后（类似于付诸实践），通过观察病人的病情再决定下一步的治疗方案。

为什么"临床式"教师研修能促进教师的发展呢？我们认为，首先，当研修以"临床"方式开展，教师会将焦点放在学生如何学的问题上，教师的职业本能就会被激发出来。"临床"是对真实存在的教学问题的解决方法的探索，教师在探索这些问题的过程中，会自然而然地关注学生的学习状态，自觉地突出学生学习的主体地位。其次，"临床式"研修是在真实的教育教学情境中发生的，不是可以预设和规划的。教师在真实的教育情境中会根据变化及时做出反应，教师在这种不确定性中自觉地采用整合学习的方法，从而生成教育教学机智。最后，"临床式"研修帮助教师从"自我关注"和"被人关注"的研修状态中解放出来，实现教师的"去中心化"，既可以帮助教师清除对于自我水平的焦虑，又有利于教师间构筑"对事不对人"的研修氛围。

2. 关注基于反思性实践的"全景式"教师研修

以前，在基于"技术理性"专业范式的主张下，教师的学习主要针对学科、教育学、心理学这样的知识培训和教学方法、信息技术等技术培训展开。可以这样理解这种培训的隐喻：教师的"学习"可以"等同于"信息的获得，而教学则是这些信息的综合应用。而且，这样的培训还指向这样一种立场，即教师的学习是个体活动，且这种个体活动可以从学习者个人的文化背景和经历中抽离出来，试图寻找普遍适用的学习规律。但在现实生活中，教师的专业学习并非如此。

实际上，教师的学习是在参与实践的过程中不断发生的，未必是在周密计划下精心组织、安排的学习，而是时刻存在于职业活动中的学习，而且这种学习也无法与教师的个体特征、文化背景和具体的工作情境割裂开来。学习是教师职业生活的有机组成部分。

其实，教师学习是一种综合的、复杂的、多样的活动状态，是"全景式"的发生。美国学者简·维瑟发现不仅是教师，其实大部分学生学习者都是通过多样化学习方式进行学习的，他提出8种学习模式，并进一步指出，多数学习是通过非正式学习获得的。所谓非正式学习是指非正式环境中的学习，学习并不是被有意识地设计和安排，也不是为了达到某些特定的目标和能力。

前面提到的"反思性实践"就是一种综合化学习。反思性首先强调一种基于人际互动的实践方式。也就是说，教师的教学是在人的对话中展开的（包括他人和自我），并且反思性学习不是"一次性"习得，而是不断进入情境后产生的一种"自动化的实现"，反思可能是被意识到的行为变化，也可能是没有意识到的行为变化。因此，反思性学习包括人际、情境和知识转换等多个方面。反思性实践可以在任何教学时刻、以任何方式发生，不需要借助如教研组、工作坊这样正式的组织形式展开。

提出"全景式"教师学习方式，是因为当前对于教师正式的教育、教学培训十分关注，对教师的非正式学习则关注不够，其价值也没有受到应有的重视。"全景式"教师学习的意义还在于教师学习不再是教师个体获取信息的过程，而是教师在与他人的交互中反思和实践的过程。因此，这不仅是教师学习路径的重新定义，还是学习方式的重新定义。

3. 倡导基于个性化发展的"主体式"教师研修

在"技术性打造"的过程中，教师一直以外在的标准作为自己职业发展的规划和目标，而且可谓按部就班，到最后虽然确实收获了一批"好教师"，但可能会导致千篇一律，是用相同技术方法造出来的"好教师"。反观过去的名师，他们充满个性，既有对教育理念的独特理解，又有对教学方法的独特创意，即便没有各种证书，却几十年如一日潜心研究教育教学问题，有很大的社会影响力。

促进新时期教师素养发展，我们不能用外在的行政化标准为教师规划教学生涯，而是应该让每位教师成为充满个性的独特的教育工作者。

首先，学校促进教师发展时应关注教师的个人愿景，这里的"个人愿景"不是指外化的身份，如想评中学高级、想做教坛新秀等，而是教师自己对职业身份的愿望——"我"要成为一名什么样的教师，这就需要教师寻找自我与工作之间的价值关系。"我"要在工作中实现什么？"我"又能在工作中获取什么？这个追求需要建立在公共价值之上，即为了大多数人的利益，而不是小"我"利益的实现。但在很长一段时间里，我们很少帮助教师清楚地认识到自己对职业的个人愿景，形成自己的教育思想和教育主张。

其次，学校要鼓励教师在某一个教学问题上进行持续的、深入的研究。教育主张不是拍脑袋想出来的，而是在一边实践一边研究的过程中逐渐萌生、发展和固化的。我们发现，即使同一个学科的好教师，他们也是"术业有专攻"。以语文学科为例，有些教师几十年研究经典诵读，有些教师则持续关注微型写作。现在，许多教师虽然也做课题研究，但今天关注新课改，明天关注核心素养，因为要"应景"，所以转换得过于频繁，以致不管什么内容的课题都停留在比较浅显的工作总结层面，来不及对实践进行理论建构，更谈不上形成深刻的教学思想。缺乏个性的、削足适履的教师是无法具有创造性的，这不是新时期需要的教师。

二、 教师的知识获得

我们知道，根植于经验与理论的基础知识，是所有专业的中心。"一个专业既是一种高度复杂和熟练的工作，又是一种根植于知识的专业行为。而这些知识是在学院、大学、实验室和图书馆里产生、测试、丰富、被否定、转化并重建起来的。把某些事情称为专业即表示这些事情有一个在学府里被广泛运用的知识基础。"[①] 教学若被视为一种专业，则首先需要教师具有专门的

---

① 舒尔曼. 理论、实践与教育的专业化 [J]. 王幼真，刘捷，译. 比较教育研究，1999 (3).

知识与能力：教师要"学习应该教的知识和如何教授这些知识"。[①] 因此，专业化的教师应当具备广博的科学文化知识、系统的学科专业知识和坚实的教育专业知识。

（一）教师知识学习的新要求

对于教育应当具备哪些方面的知识，不同研究者的视角显然各不相同。下面是一些有代表性的看法。

表 3 - 2　国内外关于教师知识的研究[②]

研究者	教师必须具备的知识内容
舒尔曼（美国）	学科内容知识，一般教学法知识，课程知识，学科教学法知识，有关学生及其特性的知识，有关教育背景的知识，有关教育目标、价值、哲学和历史的知识
斯腾伯格（美国）	学科内容知识、教学法知识（具体的、非具体的）、实践知识（外显的、缄默的）
格罗斯曼（美国）	学科内容知识、学习者和学习的知识、一般教学法知识、课堂知识、情境知识、自我知识
申继亮等（中国）	本体性知识（学科知识）、实践性知识（课程情境知识及与之相关的知识）、条件性知识（教育学、心理学的知识）
甄德山（中国）	教育理论知识、所教专业学科知识、普通文化知识
默里（美国）	广泛的普通知识、所要任教的学科内容知识、教育文献、反省的实践经验

显然，上面"处方式"的罗列，只指出了教师应具有的知识包括了哪些方面，或者说只是指出了教师知识的结构要素，对每一方面知识的"量"和"质"，并没有做仔细的分析。如果说知识的"量"还较易于厘定，那么知识的"质"就应该做深入的考察了。根据国内外的研究，我们认为，教师进行

---

① 联合国教科文组织. 教育：财富蕴藏其中 [M]. 北京：教育科学出版社，1996.

② 教育部师范教育司. 教师专业化的理论与实践 [M]. 北京：人民教育出版社，2003.

校本研修时应当在"质"的方面有新的追求。

1. 挖掘知识的"潜质"

对每一位教师来说，学科专业知识无疑是他教好本学科的基础。教师所应具备本学科的专业知识，同普通大学同一专业的学习者的专业知识相比，显然存在不同的目标指向和基本要求，除了杜威所讲的教师应对所教的专业有更充分的"理智准备"和"超量的丰富的知识"以外，我国的研究者指出，专业知识中的一些"潜在"的、易被人忽视的内容，对教师引导学生理解本学科的知识和促进他们后继的发展是至关重要的，教师应当挖掘这种知识的"潜质"。

第一，教师应该对学科的基础性知识、技能有广泛而准确的理解，熟练掌握相关的技能、技巧。因为只有这样，教师才有可能花更多的精力去设计教学，在课堂上更多地关注学生和整个教学的进展状态，而不是把注意力集中到自己不能把知识讲错、习题做错上。

第二，教师要对与该学科相关的知识，尤其是相关点、相关性质、逻辑关系有基本了解，这使教师有可能与传授相关知识的教师在教学上取得协调，在组织学生开展的综合性活动中相互配合。

第三，教师需要了解该学科发展的历史和趋势，了解推动其发展的因素，了解该学科对于社会和人类发展的价值以及在人类生活实践中的多种表现形态。这些知识的意义在于使教师能在教学中将学科知识与人类的关系、与现实世界的关系提示出来，使科学具有更丰富的人文价值，同时能激发起学生发现、探索和创造的欲望，以及为人类和社会的发展做贡献的愿望。

第四，教师需要掌握每一门学科所提供的独特的认识世界的视角、域界、层次及思维的工具与方法，熟悉学科内科学家的创造发现过程和成功原因，在他们身上展现的科学精神和人格力量，这对于增强学生的精神力量和创造意识具有重要的、远远超出学科知识所能提供的价值。[①]

---

① 叶澜. 新世纪教师专业素养初探［J］. 教育研究与实验，1998（1）.

学习链接

教师需要精通的"学科内容知识"①

雷诺兹认为，教师需要精通的"学科内容知识"主要包括以下五个方面：

1. 内容知识，即各学科有关的事实、概念、原理、理论等。

2. 实质知识，即一个学科领域的主要诠释架构与概念架构。

3. 章法知识，即一个学科领域里新知被引入的方式及研究者对知识的追求与探究的标准或思考方式等。

4. 有关学科的信念。

5. 有关学科的发展——最新的发展、正在进行的研究以及最近取得的成果。

2. 注重知识的"特质"

在教师应当掌握的知识中，什么知识是有别于其他专业而最具特异性的呢？美国著名教育家舒尔曼的回答是"学科教学知识"（或称"学科教育学知识"）。按照舒尔曼的理解，教师的学科知识应该在特性上，而非内容上与其他人不同。教师不是历史学家，而是讲授历史的人；不是科学家，而是教授科学的人。举个不甚准确的例子，例如，15＋15＝30，一般"数学系"的学生掌握就可以了。但对于"数学教育系"的学生来说是不够的，还要研究15＋15＝30到底有多少种实现形式，有多少种学习模式与方法，即要训练人的教学思维与教学方法，对学科知识本身进行加工和再创造，变成学科教育的内容。舒尔曼认为学科教学知识是区分教师和一般知识分子的一种知识体系。他指出，学科教学知识就是把"内容"和"教学"糅和在一起，变成一种理解，使其具有"可教性"；知道在某种特定主题、问题或议题上，如何针对学生不同的兴趣与能力，把教师自己的学科知识予以组织、表达和调整，从而进行教学。教师所需考虑的不仅是学科本身，还要把学科内容当作与儿童整体经验成长有关的因素，也就是要把学科"教育学化""心理化"。如此，教师的学科教学知识就会因为教师对学生、课程、情境以及教学法的了解而

---

① 教育部师范教育司. 教师专业化的理论与实践 [M]. 北京：人民教育出版社，2003.

得以丰富和扎实。[①]

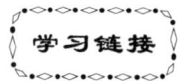

舒尔曼谈"学科教学知识"

舒尔曼认为,"学科教学知识"至少包括以下要义:它的核心内容是就特定内容向特定学生有效呈现和阐释的知识;作为教师知识系统中一个独立的组成部分,它不同于专业学科知识,也不同于一般教学法知识等,但与它们有着密切的联系;从其构成来看至少包括关于特定学科性质、课程安排、学生前概念和错误概念的知识等;教师学科教学法知识的获得有一个动态的发展过程,它并不是随着专业学科知识和一般教学法知识的获得而自然获得的。

教师对学科教学知识的学习大体有以下顺序:

教师首先必须掌握学科教学法的基础知识,如关于学生的知识、课程的知识等;而后开始在教学中尝试运用,再到熟练;最后发展至能够在某种特定的新的教育信念,如以帮助学生理解为目的框架指导下,灵活运用学科教学法知识。[②]

3. 把握知识的"新质"

所谓知识的"新质",是指知识在运用于实践的过程中获得了新的发展和新的品格,知识同学习者的经验以及特定的运用情境结合起来,成为富有生命力和能解决问题的"活知识",这就是"实践性知识"。我国课程理论家钟启泉教授认为,作为"专家"的教师是以"实践性知识"为基础和特色的。他引述日本学者佐藤学的话指出:在教师的专业领域中存在着有别于一般大众的知识和教师固有的知识,谓之"实践性知识"。这里所谓的"实践性知识"与其说是在"理论的实践化"中发挥功能的知识,不如说是在教师的实践情境中支撑具体的选择与判断的知识。[③]

---

① 刘捷. 建构与整合:论教师专业化的知识基础 [J]. 课程·教材·教法,2003(4).

② 叶澜. 教师角色与教师发展新探 [M]. 北京:教育科学出版社,2001.

③ 钟启泉. 现代课程论 [M]. 上海:上海教育出版社,2003.

学习链接

教师知识构成的一个分析框架①

教师应当学习的知识由哪些方面构成，不同的研究者列出多份"菜单"。我国学者陈向明综合各种研究，认为可以把教师的知识分为两大类：一类是学科取向的"内容知识"，另一类是实践取向的"默会知识"。

学科取向的"内容知识"主要包括两方面的内容：所教学科的专业知识；把学科知识加工转化为学生能够理解的教学法知识（包括课程、学生、环境、教学目的与价值等）。"内容知识"是教师通过有意识的学习（如接受、读书等）内化而成的、可以明确表述和传播的显性知识，它是教师入职的基本条件，是教师作为"专业"的基本标志，也是决定教师内部专业分工的前提。从教师专业发展的角度来说，学科取向的"内容知识"是支撑教师专业成长、提高教学水平的基础，也是理解、吸附、梳理经验的架构。

实践取向的"默会知识"，则是一种凝结在实践活动中、积淀在个人经验里、不能明确表述的默会知识，它是教师职业个性化的表现，是教师专业成熟的重要尺度，也是支撑教师在特定情境中进行决策和采取行动最直接的依据。

教师的"内容知识"和"默会知识"并非一种非此即彼、相互对立的关系，它们在具体的教育实践中相互交融、相互转化和整合，共同构成教师的"实用理论"和"有用知识"。

（二）教师知识掌握的新特点

教师的专业活动有自己的特殊性，他的专业活动需要他不断地向学生输出"教学内容"的知识，这属于"教什么"方面的知识，同时，他还必须解决用什么方式使学生有效地习得这些"教学内容"知识的问题，这就属于"怎样教"方面的知识。舒尔曼所讲的"学科教学知识"就是这两种知识的有

---

① 邹斌，陈向明. 教师知识概念溯源［J］. 课程·教材·教法，2005（6）.

机整合。那么，教师的"学科教学知识"能不能单纯依靠听别人讲授的办法或书本学习的方式就掌握了呢？问题并不这样简单。许多研究者都注意到了这一点，如爱蒙德就认为，通常在大学课堂中学习者所知道的是"做教师的知识"，而不是已经被真正内化了的"教师的知识"；奥斯特曼则区分了我们热衷的"倡导的理论"同教师实际可能贯彻于专业活动中的"采用的理论"，指出他们并非一回事。

所以，我们必须了解对教师真正有用的知识有什么特点。

· 教师的"有用"知识具有"境域性"特征

教师在教学时面对的是一种复杂多变的情境，没有一个放诸四海而皆准的办法可以解决一切问题，也没有哪一种概念或理论能完全满足其要求，教师只有根据情境的需要，加工和重组自己的知识，灵活地做出反应，在具体的条件下，在与学生的相互作用中不断进行自主调节。

· 教师的"有用"知识具有"个人性"特征

教师在大学课堂里或书本中获得的普遍性"公共知识"，只有被教师个人的经验和体验所丰富、所补充、所充实、所支撑的时候，这种极富个性色彩或含有"诀窍"意味的知识，才是真正"有用"的。

· 教师的"有用"知识具有"默会性"特征

教师在进行教学或处理某一教学事件时，他的反应应当是自然而流畅的，这时，他的"知识"可以被掌握和运用，却难以充分言说或传输给别人。

· 教师的"有用"知识具有"行动性"特征

教师的知识应当活跃在具体的活动场景中，充满对细节的观照，它是一种有机组织起来的关于程序、策略和方法，关于决策、执行与控制的行动艺术。

· 教师的"有用"知识具有"综合性"特征

教师的知识应当是在深广的文化底蕴和智力背景上建构起来的，融专业知识、教育知识、学生知识、课程知识于一体，并以"素养"的形式表现出来的综合性知识。

总之，教师在专业活动中最"有用"的知识，是教师对理性知识加以重组和个人化、在实践中自主建构的，带有统整、灵活、适应问题情境等特征。

（三）教师知识获得的新方式

人类进入了一个日新月异的时代，知识的生产与积累出现许多新特点，如信息激增、知识的陈旧率加快、知识的综合与分化都相当明显、信息技术的广泛运用等等。教师怎样根据这种种新的变化，以一种科学、有效的方式去汲取对自己"有用"的知识，这自然就成为校本研修中需要解决的问题。

1. 理论与实践的联系

处于教师"有用知识"核心的是"实践性知识"。教师要善于将理论知识的学习与自己的实践活动联系起来，在工作中领悟、体验理论的要义并用自身的经验来充实它，即舒尔曼所说的"在不可避免的、不确定的情况下学会判断，即学会变化、适应、融会贯通、批判、发明，把学校所学的理论知识变成职业工作所需的临床知识"，并且"看到皮亚杰的发展理论与星期一教什么之间，或者维果斯基的最近发展区与分组教学之间建立联系"[①]。事实上，教师的专业知识不能与专业经验分离。实际情境中所面临的问题往往都非常复杂，而理论知识则往往是单纯的、概括的、简化的，这两者之间无法直接一一对应，教育实践工作者无法把先前所学的知识直接拿来一一应用。他们必须在实践中检验、改造和发展各种理论形态的知识，形成实践智慧。理论与实践联系，一方面要求教师在学习理论时要确立正确的方向，学习理论要时刻想着自己的工作实际，学习的目的应指向解决实践问题；另一方面也要在实践活动中注重理论指导和理性思考，克服实践的盲目性。

2. 学习与创造的结合

教师要把人类社会的文明成果和思想财富传递给年轻一代，他不能不学习，不能不继承，他必须精通自己所教学科的专业知识和有关教育的知识、学生发展的知识，因此，教师应当"像海绵一样"不懈地吸收与积累各种知识，但教师只是着眼于接受、保存和继承是不行的，那种"等我把需要掌握

---

① 舒尔曼. 理论、实践与教育的专业化 [J]. 王幼真，刘捷，译. 比较教育研究，1999（3）.

的知识都掌握好了再来参与改革和创新"的想法更不切实际。面对需要掌握的庞大的林林总总的知识群，面对日益更新的信息，教师何年何月才能学完所需的知识，学"完"之后又怎能一劳永逸？因此，教师只能根据自己有限的学习时间压缩学习周期，将学习与实践中的革新与创造结合起来，学什么就用什么，就尝试探索与变革创新什么，这样的学习方式不仅能提高学习质量，加深对知识的理解和掌握程度，而且会因学习富有成效而产生不竭的动力。应当说，教师工作的创造性特点要求我们采用这种方式，也为这样做提供了巨大的可操作空间。

3. 定向与随机的协调

教师学习的时间是有限的，而知识的数量和变化则是无限的，因此，教师只能根据自身的需要，有目的、有选择、有计划地"定向"学习，这需要教师瞄准学校教育实践和自身工作中的热点、难点，有针对性地"为解决问题"而学习和研修，围绕设定的目标觅取学习资源，调控学习过程。这种"定向式"的学习能集中时间和精力，取得较好的效益。而且随着一个个问题的解决，教师就能由点到面地编织好自己的知识网，形成适应实践活动需要的认知结构。但是也应当看到教育实践中存在许多问题，往往牵一发而动全身，需要教师有丰富的学养和广阔的视野，教师的文化底蕴和智力背景也直接影响学生发展的水平和后劲。因此，教师不能以"定向"来局限自己，他必须做一个"有心人"，随时随地获得与领悟来自各个知识领域乃至生活中的信息，把知识面拓宽一点儿，把捕捉的网张开一点儿。其实这也是教师适应学习化社会的一种策略，正像《学会生存》一书中所指出的："在一个空前要求教育的时代，人们需要的不是一个体系，而是无体系。"

4. 苦学与乐学的统一

教师要拥有深广的学科专业知识和精湛的教育技艺，当然离不开孜孜不倦的学习，而且这种学习往往又在"课余"时间进行，从这个意义上讲，教师在"苦学"。但这种"苦"又是相对的，对知识的追求可以唤起人的理智感，感受到学习过程的乐趣，知识应用的效应也能激发拥有知识的权力感和效能感，这种"内在奖酬"也会带来一种愉悦，从这些意义上讲，教师又是在"乐学"。当然，"乐学"是有条件的。要能"乐学"，至少要注意以下几点：一是讲究方法，也就是要"巧学"。那种劳而无功的笨学，只能让人望而生畏或诱发厌倦与焦虑，而讲究方法能举一反三、触类旁通，使学习产生广泛"迁移"，则可能给人以"妙悟"与"理趣"。学习的方法很多，包括有效认知（如知觉学习、记忆、思考等）的方法、自我调控（计划、调节控制、反馈改进等）的方法，以及各种不同性质的知识学习的具体方法。二是学以致用。联系自己的实际工作使学生产生效益，是对学习者的巨大鼓舞。三是投入研究。创造性地运用知识去研究新问题，探究未知领域，是最吸引人的，这就是苏霍姆林斯基所主张的，将教师带进教育科学研究，就能消除教师对日常工作的倦怠和厌烦，激发创造的欢乐。

5. 内储与外储的并用

很多教师都在抱怨自己学过的知识总是记不住，不能很好地保持，这种现象在成人学习中是常见的，究其原因，无非是理解不深、复习不够、运用不多和存储方法不对，等等。学习知识需要头脑的记忆——"内储"。"内储"要求目标明确、理解深透、及时复习、广泛运用、方法科学。但正如《学记》中所说，"记问之学，不足为人师"，更何况学习时并不是所有东西都是需要内储的，脑子应当更多地用来记忆最重要的东西和思考新情境中的问题。著名科学家爱因斯坦的故事是极富启发性的。据说有人问爱因斯坦："从纽约到芝加哥多少英里？"爱因斯坦略一沉吟，从容答道："只要查一查《铁路指南》就行了。"那人又问："不锈钢是什么制成的?"爱因斯坦答道："这要查一下《冶金手册》。"问者从这里悟出：假如爱因斯坦把"从纽约到芝加哥多少英里"，把"不锈钢是用什么制成的"等等问题都一一内储到自己的大脑中，爱因斯坦就不再是爱因斯坦了。"外储"的方法也很多，编索引、做卡片、写摘要、做辑录等等是传统的方法，用电脑分类存储与检索是运用现代信息技术，它们都可以使人从繁重的记忆性劳动中解放出来，使人用更多的时间从事创造性脑力劳动。

三、 教师能力的修炼

我们知道，能力是潜在于个体身上，通过某种活动所表现出来的个体特征。能力和其他个性心理特征相区别的地方是，它是对活动的进程及方式起调节、控制作用的那种个性心理特征，它原则上属于经验的范畴，是系统化、概括化的经验，即类化了的经验。教师的能力正是一种教师个体经验概括化的表现，是对教师教育活动的进程、方式、效率起调控作用的心理因素。迄今为止，还没有人对教师需要具有一定的能力质疑。

（一）教师能力的方方面面

教师究竟应当具有哪些方面的能力，不同研究者的看法向来不一致。下面是几种关于教师能力结构的代表性观点。

表 3-3　几种关于教师能力结构的代表性观点

研究者	教师的能力结构
邵瑞珍等	1. 思维条理性、逻辑性；2. 口头表达能力；3. 组织教学能力
曾庆捷	1. 信息的组织与转化能力；2. 信息的传递能力（语言表达能力、非语言表达能力）；3. 运用多种教学手段的能力；4. 接受信息的能力
陈顺理	1. 对教学对象——学生的调节、控制和改造的能力（了解学生的能力、因材施教能力、启发引导能力、教会学生学习的能力、组织管理学生的能力）；2. 对教学影响的调节、控制和改造能力（对教学内容加工处理的能力、对教学方法手段的选择运用能力、对教学组织形式合理利用的能力、言语表达能力、检查教学效果的能力）；3. 教师自我调节控制能力（较强的自学能力、较强的自我修养能力、敏感地接受反馈信息的能力）

续　表

研究者	教师的能力结构
孟育群	1. 认识能力（思维的逻辑性、思维的创造性）；2. 设计能力；3. 传播能力（语言表达能力、非语言表达能力、运用现代教育技术的能力）；4. 组织能力；5. 交往能力
罗树华 李洪珍	1. 基础能力（智慧能力、表达能力、审美能力）；2. 职业能力（教育能力、班级管理能力、教学能力）；3. 自我完善能力；4. 自学能力（扩展能力、处理人际关系能力）

叶澜等研究者在综合上述研究时指出[①]，教师专业能力应包括一般能力（即智力）和教师专业特殊能力两个方面，教师在智力上应达到一定水平，它是维持教师正常教学思维流畅性的基本保障。在教师专业特殊能力方面，又可分为两个层次：第一个层次是与教师教学实践相联系的特殊能力，如语言表达能力、组织能力、学科教学能力等；第二个层次是有利于深化教师对教学实践认识的教育科研能力。

同叶澜教授的分析相近的是申继亮等人的看法。他们认为，教学活动是教师工作的中心，教师除了应具有一定的教育能力（如班主任工作能力、心理健康教育能力）以外，教师的教学能力具有特殊的重要性。他们提出[②]：

第一，教学能力作为一种特殊能力，其"特殊性"可以区分为三个层次，即教学能力的智力基础→一般教学能力→具体学科教学能力，其特殊性依次升高。

第二，教学活动是由一系列性质不同的具体活动构成的，每种活动都对应一种特定的能力，因此，教学能力是由多种成分构成的一种综合体。

第三，教学活动是一种有目的、有计划、有组织的活动，实施活动过程中不仅有活动的执行成分，还应有保证活动顺利进行的调控成分。

用图 3-3 可以表示教师的能力结构。

---

①　叶澜. 教师角色与教师发展新探［M］. 北京：教育科学出版社，2001.

②　申继亮，辛涛. 教师素质论纲［M］. 北京：华艺出版社，1999.

具体学科教学能力

| 语文教学能力 |
| 数学教学能力 |
| …… |

一般教学能力

教学监控能力

教学认知能力　　教学操作能力

教学能力的智力基础

分析性思维　创造性思维　实践性思维

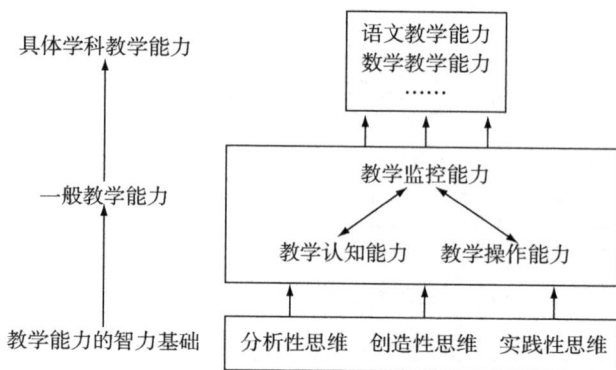

图 3-3　教学能力结构模式

尽管申继亮等人所提出的教师能力细目和分析的角度都有所不同，但他们对教师在一定智力基础上形成的一般教学能力都给予了充分的关注。

（二）教师能力的主要特点

任何专业工作都需要一定的能力作为其完成任务的保证，教师的能力有什么特殊之处呢？下面我们以教师的教学能力为重点进行讨论。

1. 教师的能力是围绕着教育活动组织起来的一种特殊能力

同其他专业一样，教师的工作需要一定的智力做基础，却不能把教师的能力归结为智力。以教师的教学能力为例，研究者就明确区分了教师智力与教师教学能力两个概念，把教学能力视为一种特殊能力。例如，在张大钧主编的《教学心理学》一书中，作者对教师的智力与教育能力做了明确的区分，他认为教师的智力是从事教育工作应具备的基本心理素质，是教师从事教学工作的心理基础，它主要包括敏锐的观察力、准确的记忆力、丰富的想象力、优良的思维品质、善于分配的注意力。而教师的教育能力则是特定的专业能力，主要包括全面掌握与科学设计教学内容的能力，良好的语言表达能力，多方面良好的组织管理能力，善于因材施教的能力，在教学情境中的应变与调控能力，自我监控能力，自我鉴定、自我评价、自我教育能力，一定的教育科研能力和教育机智。另外，研究者对教学能力的内涵进行了探讨，主要表现为把教学能力同教师的其他能力做了更为细致的区分，例如，罗树华、李洪珍在其《教师的能力》一书中，把教师的一般职业能力分为三种，即教师的教育能力、教师的班级管理能力和教师的教学能力，并指出，所谓教学能力主要是指各科教师应当普遍具有的运用特定教材从事教学活动，完成教学任务的能力，它具体包括掌握和运用教学大纲的能力、掌握和运用教材的能力、掌握和运用教学参考书的能力、编写教案的能力、选择和运用教学方法的能力、因材施教的能力、实施目标教学的能力、组织课堂教学的能力、教学测试能力、制作和使用教具的能力等。总之，教师能力的特殊之处，正在于它是围绕教育活动有机地组织起来的各种机能。

2. 教师能力的核心是对教学活动的自我监控与调节

我国的研究者提出，各式各样的教学活动所涉及的能力可以归结为三种，即教学监控能力、教学认知能力、教学操作能力。其中，教学监控能力是指教师为了保证教学的成功，达到预期的教学目标，而在教学的全过程中将教学活动本身作为意识的对象，不断地对其进行积极主动的计划、检查、评价、反馈、控制和调节的能力。这种能力主要可分为三大方面：一是教师对自己教育教学活动的事先计划和安排；二是对自己实际教育教学活动进行有意识的监察、评价和反馈；三是对自己教育教学活动进行调节、校正和有意识的自我控制。这种能力是教学能力诸成分中最高级的成分，它不仅是教学活动的控制执行者，而且是教学能力发展的内在机制。教学认知能力主要是指教师对教学目标、教学任务、学习者的特点、教学方法与策略以及教学情境的分析判断能力，主要表现为：①分析掌握教学大纲的能力；②分析处理教材的能力；③教学设计能力；④对学生学习准备性与个性特点的了解、判断能力等等。在教学能力结构中，教学认知能力是基础，它直接影响教师教学准备的水平，影响教学方案设计的质量。教学操作能力主要是指教师在实现教学目标过程中解决教学问题的能力。从教学操作的手段（或方式）看，这种能力主要表现为：①教师的言语表达能力，如语言表达的准确性、条理性、连贯性等；②非言语表达能力，如言语的感染力、表情、手势等；③选择和运用教学媒体的能力，如运用教具的恰当性。从教学操作活动的内容看，这种能力主要包括：①呈现教材的能力，如恰当地编排呈现内容、次序，选择适宜的呈现方式等；②课堂组织管理能力，如学生学习动机的激发、教学活动形式的组织等；③教学评价能力，如及时获取反馈信息的能力、编制评价工具的能力等。

上述三种能力互相关联，教学监控能力分别与教学认知能力、教学操作能力直接相关，而教学认知能力与教学操作能力的联系往往是通过教学监控能力而实现的。

3. 教师的能力依存于教育活动并在活动过程中形成与发展

教学能力是在教学活动中形成、发展、表现出来的，因此，要深刻认识教学能力，还必须从教学活动过程的角度来分析教学能力。教学活动在时间顺序上可以分为教学前、教学中、教学后，针对每阶段活动的内容、能力表现，用如下动态模式图表示：

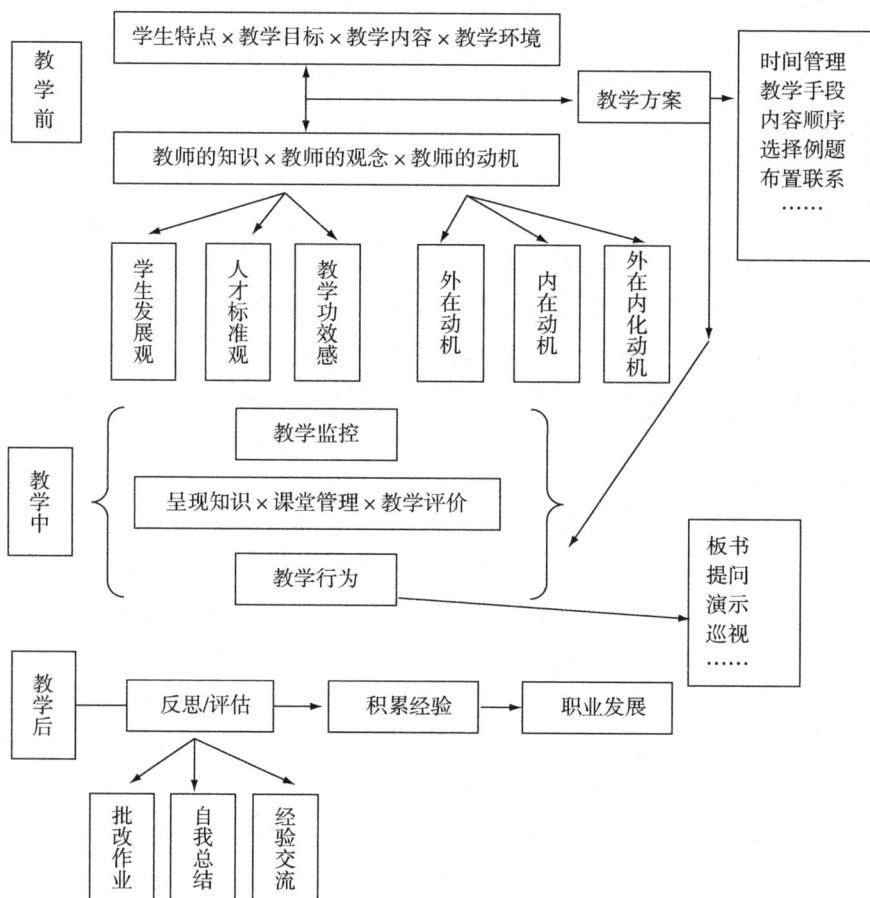

图 3 - 4

教学前阶段，又称教学的准备阶段，影响制订教学方案的因素有两大类：

其一为教师自身的因素，主要包括教师的知识、观念与教学动机；其二为教师之外的各种因素，主要包括学生特点、教学的目标、内容以及环境。这两大类共同决定了教学方案的内容构成、如何分配教学时间、选择何种教学媒体、组织何种活动，等等。

教学中阶段，即教学的实际实施阶段。在这一阶段，教学行为是外在的，可观察的，如教师的板书、提问、演示等，这种行为又可定性地区分为三种活动，即呈现知识、课堂管理和教学评价。针对这三种活动，不论哪一种活动，其顺利进行都有赖于教学监控这一因素的调控。

教学后阶段，从时间上看，主要是指课堂教学结束之后。这一阶段是拓展传统课堂教学概念的重要环节，即课堂教学结束并不等于教学结束，尤其是从教师职业发展的角度看，通过反思积累教学经验是必须重视和加强的一环。

4. 教师的能力常常表现为一种教育的实践智慧

任何能力都必须在解决实际问题中凸显出来，成为一种"实践的力量"。教师的能力常常表现为教育的实践智慧。这里所说的"实践智慧"是教师在教学实践活动中形成的，有关教学整体的真理性的直觉认识。它有理论的品格而不具理论的形态；它已由"抽象上升为具体"，充满丰富性和细节性，饱含着不可言说的个人独特的经验与体验。实践智慧强调教师对合理性的追求，又强调教师对当下的教育情境的感知、辨别与顿悟以及彰显实践的道德品性。[①] 总之，教师的教育实践智慧，是在理性认识指导下，对特定教育情境做出正确认知、反应、调控的智慧，而且会流畅地、自如地、灵活地表现在教育活动中，可以说它是教师个体的经验经过概括化和结构化以后的一种升华，一种能力的表现形态。

（三）教师能力修炼的方式

教师的能力表现于活动中并通过活动而形成和发展，因此说，投身实践

---

① 邓友超，李小红. 论教师实践智慧 [J]. 教育研究，2003（9）.

活动是教师能力修炼的基本途径。具体地讲，选择以下方式是可行的：

·在教学现场中习得

教学能力是在特定情境中、在教学现场中表现出来的一种智慧，是已有知识与经验同情境结合时表现出来的个性特征。教师只有投入到班级、学科、课堂的现场中，才能发展和重组原有的知识经验，才能增强灵活而机巧的处理问题的能力，也才能实现对自我的调节与监控。

·在尝试探索中前进

教师能力的改善常常是"老办法"遇到"新问题"而引起的，教师在新情境中进行探索与尝试越多，原有经验重新组织和概括化的机会越多，能力的发展也越迅速，因此，教师要敢于承担新任务，形成新思路，寻找新办法，让自己去尝试，去探求，积累成功与失败的经验教训，从中找出规律性的东西，使能力一步步从中发展出来。

·在实践反思中提高

教师的能力固然是在实践活动中形成与发展的，但是实践本身不一定会导致能力的迅速提高。美国教育学者波斯纳曾经提出一个公式：教师的成长＝实践经验＋反思，他指出，未经反思的经验是凝滞的、狭隘的和不可靠的。所以，教师要把自身的教育活动作为思考和认识的对象，善于从中找出成与败的原因，试图寻求其内在规律，这种通过自省和反思而使经验体系化的办法，十分有利于能力的不断提高，特别是教师教学能力中的自我监控能力，如果离开了反思，可以说是一种侈谈。

·在教育研究中发展

教育研究是教师运用一定的科学方法，为实现预定目标，围绕课题而进行的自觉的探究活动。教师介入教学科学研究领域，成为"解放"的教育行动研究者，是时代发展对教师提出的要求。不过，教师作为教育研究者，首先要求教师"在研究状态下工作"，把学科作为研究内容，把课堂作为实验室，把班级作为研究阵地，在观察、试验、总结、反思中，在摸着石头过河教的"行动"中，为自己的能力发展开辟道路。当然，教师以教育实践中的问题作为主题的课题研究，通过实验、调查等实证研究或者其他性质研究的教师要从哪些方面去解决问题，对教师能力发展也是很重要的。

　　·在合作交流中倍增

　　教师的能力只能在学校"生态"的环境中，在群体的背景下，特别是在与学生和其他教师的社会性相互作用中才能得到最佳发展，孤陋寡闻、闭目塞听、封闭保守，对能力发展是极为不利的，所以教师要以开放的心态，多渠道、全方位地参与到学校内外的合作与交流中去。

四、 教师德行的提升

　　教师职业活动的本质在于"育人"，这是由教师的根本任务和职责决定的。"教书"只是"育人"工作的一部分，教学是"育人"的重要途径，教师的所有工作都必须围绕"育人"这一目标。我国革命教育家徐特立认为，教师是"人师与经师的合一"，教师就是以自己的智慧去启迪学生的智慧，以自己的人格去涵育学生的人格。教师工作的示范性特点，也决定了教师德行提升的重要性。

（一）教师德行的要求

　　德行，是指个人依据社会善恶的规范支配自己的行为而形成的人格倾向。我国研究者曾经指出，教师德行是指："教师在教育教学过程中不断修养而形成的一种获得性的内在精神品质，它既是教师人格特质化的品德，又是教师教育实践性凝聚而成的品质。教师德行是内在的，需要在教师的教育实践中形成。"它不是先天具有的与生俱来的禀赋。教师德行的具体表现包含以下几层含义：首先，教师德行是一种能使教师个人担负起其教师角色的品质，即实现教师之特殊目的的品质，是教师能充分实现其教育潜能的品质。其次，教师德行还表现为，教师的道德意志在履行教育教学责任和义务过程中所体现出来的道德力量。再次，教师德行还表现为在教师对为师之道体验的基础上所形成的内在的、运用自如的教育行为准则。[①]

我们之所以强调教师的德行，是因为德行意味着教师的职业道德已经成为教师人格的核心，也就是说，职业道德人格化了，成为"人格特质化的品德"。德行这种精神品质整合了教师的价值观、情感、意志、态度、自我等方面的心理要素，是一个人全部思想行为的"定向"性的品格。

教师的德行可以说是教师道德的内在机制，但具体到教师的专业活动中，它又集中地表现在教师的职业道德上，所以教师德行的提升，应当通过教师职业道德的建设去实现，并且通过长期的职业道德践履，使这种品行积淀为完善的人格。

关于我国教师的职业道德，党和政府十分重视，在许多文件中都提出了具体要求，根据《中小学教师职业道德规范》的内容以及党和政府对中小学教师职业道德的新要求，结合中央颁布的《公民道德建设实施纲要》，新时期教师职业道德的基本内涵可以概括为以下几个方面：[②]

・敬业爱岗

教师的职业道德，从广义的角度凸显四个意识，即敬业意识、乐业意识、职业规范意识、勤业意识。师德的实质就是教育事业的"业"字；师德体现的就是对教育事业及其社会地位的认同、情感和行动。这就是师德的第一个表现——"师业"。敬业爱岗有着十分丰富的内涵和外延，在研究中我们看到其表现有：热爱教育事业，热爱本职岗位；献身于教育工作的职业理想；教书育人，培养人才；对教育事业的奉献精神。

・热爱学生

教师对学生的爱，是师德的又一个表现——"师爱"。师爱是师德的核心，我们称其为"师魂"。在一定程度上，热爱学生就是热爱教育事业。师爱

---

① 叶澜. 教师角色与教师发展新探 [M]. 北京：教育科学出版社，2001.
② 林崇德，申继亮，王永丽. 关于教师教育智慧的总思考 [N]. 中国教育报，2004—04—06.

出自教师的职责，这种爱在性质上是一种只讲付出不计回报的、无私的、广泛的且没有血缘关系的爱，在原则上是一种严慈相济的爱。这种爱是神圣的爱。这种爱是教师教育学生的感情基础，学生一旦体会到这种感情，就会"亲其师"，从而"信其道"，也正是在这个感情投入与回报过程中，教育实现了其"育人"的根本功能。因此，师爱就是师魂。此外，成功的期望也是一种师爱。一位优秀的教师肯定认为："我一定能教好学生，我的学生一定会进步，会成才。"这种期望就是教师的教育观念，也就是教师的信念。教师的教育期望或信念是其从事教育工作的心理背景。

・严谨治学

师德集中体现在培养学生的质量上。能否培养出国家需要的优秀人才，是衡量师德的重要标准，于是我们可以看到师德的第三个表现——"师能"。教师的成功，在于培养出值得自己崇拜的学生。教师对学生的严，往往建立在对自己严的基础上，特别是要严谨治学。也就是说，教师要树立良好的学风和教风，刻苦钻研业务，不断学习新知识，探索教育教学的规律，改进教育教学方法，提高自己的教科研水平与教育教学水平，从而提高教育质量，培养优秀人才。总之，教育质量直接取决于教师的业务水平，业务水平集中体现在一个"新"字上，创新的基础在于教师钻研业务。

・为人师表

"学为人师，行为世范"，这就是为人师表的师德表现，也可以称为师德的第四个表现——"师风"。师风表现在四个方面：①以身作则。它有着种种表现，特别是模范言行、严于律己、作风正派、注意身教等。②团结协作。为人师表不可缺少与同事、家长团结协作的行为。③廉洁从教。教师廉洁与否，学生看得特别清楚，所以要坚持高尚情操，发扬奉献精神，自觉抵制社会不良风气的影响。④依法执教。在教育教学中同国家的方针政策保持一致，不得有违背国家方针、政策的言行。

（二）教师德行的特点

教师德行的提升是教师专业化的重要内容，教师的专业伦理规范也是教师专业化建设的一个重要方面。从教师职业的专业化发展历程来看，教师职业从早期的文人谋生的手段发展到"专业化"阶段，对教师的职业道德要求越来越强。特别是作为专业的教师职业，除了具有一套系统化的教育理论知识外，还应该有一套不同于其他职业的、独特的伦理道德规范。建设伦理道德规范不但是教育的伦理本性的具体化，有其内在的依据，并切合现实需要，而且是维护教师职业的声誉和利益，维护教师职业的专业性，加强教师专业化建设的重要举措。

1. 教师的专业活动具有鲜明的伦理本性

教师从事的教育实践是一种道德实践。从语用学的角度看，教育本身就具有深刻的道德内涵，教育这种以人为主体的实践活动，是以对人性善恶的认同为逻辑前提的。尽管古今中外教育家对人性善恶的缘起说法不尽相同，但都坚持认为人在合理的教育环境中是可以弃恶扬善的，教育是教人弃恶扬善的活动。教师的专业活动要指向学生的发展；人的发展的内在现实根据就是德行，德行的成长与人的发展是同一的，人的发展的过程就是德行成长的过程，而人的德行成长的过程或人的发展的过程是导入向善的教育活动的结果，所以教师的教育活动一定要包含着善的意图或道德的目的意义，只有包含善的意图和道德的目的、意义的教育才是本真的教育。

2. 教师的德行体现为一种人文关怀

教育是培育人、影响人的事业，以人为本是教育活动应有之义。教育作为一种人性提升的活动，充满着人文性质。它除了是一个依靠教育内容、教育媒体进行的有主客认识的活动以外，本质上还是人和人之间发生的一个指导和导向的关系，所以它的人文性特别明显，人文精神的要求也特别强。其根本旨趣在于以道德的目的和方式来提升人性，形成人的德行。教师的专业活动处处都体现出对人和对人的发展的关怀。首先，从专业化的教师的职业理想来看，教师应以完整的教育目的为宗旨，促进人的全面发展。教育应重视学生作为人的价值，关心所有儿童的精神世界的完整发展，这既是教师的人文精神的具体体现，又是教师的职业理想的具体内涵。其次，教师的教学认识论与教师的职业道德也有一定的关系。有效的教学专业知识，应该能促进学生完整的生命发展，它不仅包括客观化、精确化、专门化的知识，还包含隐默化、意会性、体悟性的人文知识，这些知识在促进人的发展中具有科学知识所不可替代的意义和价值。第三，从教师的专业道德规范来看，教师的责任感是核心。教师在教育教学活动中，以促进学生的发展为己任，特别是具有职业道德的教师，总是千方百计地发现学生的潜能并积极促进潜能的发挥，他们善于发现学生生命中的"生长点"，懂得利用各种教育因素激活、促进这些"生长点"，使幼小的生命长成参天大树。

3. 教师的德行是渗透于全部教育活动中的

教师的德行作为一种内在的精神品质，会全面地展现在他的专业活动中，全部显示在学生的面前，成为影响学生和教育学生的现实力量。从教师的教育活动来分析，教师对所教内容的价值认同，对内容中的思想道德教育因素的把握，对教材的观念、立场、方法的关怀，都取决于教师自身的思想道德修养。同时，教师在教育活动中如何处理人际关系、教师所建立的制度和营造的心理气氛是怎样的，教师的处事方式和对工作的态度，可以说处处都在以自身的德行影响学生。教育学家古德森在谈到教师的"教学"时曾经说过："教学首先是一种道德和伦理的专业，新的专业精神需要重申以此作为指导原则。""在新的教学道德规范中，专业化和专业精神将围绕对教学和学生学习的道德定义而达到统一。"[①] 事实上，教师在教学中表现出的事业心、责任感和敬业精神，教师对学生的热爱与尊重，教师与教师之间的团结合作，无时无处不渗入教学活动并成为促进学生发展的最活跃、最积极的因素。

4. 教师的德行修养要"与时俱进"，不断发展更新

从来没有亘古不变完全脱离现实社会的道德，时代的发展总会对人的德行提出新的要求。当代教育正在发生着根本性的变革，已经出现了许多全新的教育理念，比如网络化教育、全民教育、终身教育都对以往的教师职业道德提出了严峻的挑战和崭新的要求，并对教师的职业道德建设提出了更为急迫的期盼。如：在网络化时代，面对信息的开放，教师道德的敏感性、新兴

---

① 联合国教科文组织国际教育局 [J]. 教育展望（中文版），2001（2）.

的学习方式和教学方式要求师生关系更加民主化、平等化，也要求教师与学生越来越学会相互尊重，这些都对教师的职业道德提出了新的要求，教师与学生的关系不再是单向度的输出与输入的关系，而是相互学习和创生的关系；在网络化时代的多元文化中，道德的遵循是比较困难的事情，需要培养学生的理性判断能力，教师有无理性判断的能力，直接影响到能不能帮助学生形成理性判断能力；在市场经济的商品竞争中，教育的公益性和产业性之间的矛盾产生了比较大的张力，教师如何处理公益性和产业性之间的关系是对教师的新挑战。在科技与人文的冲突之下，教师要处理好科技与人文的关系，既要重视科技教育，又不能以牺牲人文教育为代价，等等。又如：教育的全民化，要求教师关爱每一个学生，关注每一个学生的全面发展，体现教育公平；教育的终身化，要求教师要持续不断地学习来提高自己，要具有探索世界的兴趣、追求和能力，并要不断地发展自己、超越自己、完善自己、提升自己。

5. 教师的德行是教师人格魅力的源泉

教师对学生的教育影响常常依赖教师自身的人格魅力。教师的德行是一种人格化的品行，教师可以在举手投足之间就自然地、率真地表现自己的风范，不是靠说教和强制，而是在一种"润物细无声"的潜移默化中就产生了教育的效应，而且那些价值导向、情感陶冶、意志磨砺、自我示范，通通都融入"无言之教"中，这种人格魅力可以说是教育最珍贵的资源和最有用的手段。

（三）教师德行的提升

1. 工作中的道德实践

道德本质上具有实践性，离开了行为与活动的道德不过是一种形式化的教条。教师的德行提升游离了一个教师的工作场景和实际工作，一切"规范"就都失掉了意义。从根本上说，教育实践就是一种道德实践。教师的道德修养一定要在教育实践情景中才能实现。教师的一切道德观念和行为都是在与学生共同发生的教育场域中产生的，没有这些活动，就不会有教师的职业道德需要；没有师生间的各种关系，学生的各种问题就不会发生，教师就不可能有现实的处理各种复杂关系的要求和规范。教育实践是教师职业道德需要产生、自觉地转化为道德观念并外化为道德行为的场所，是教师职业道德修养得以实现的必要条件。教师提升自己的道德境界还包括接受新的教育观念的影响，教师要不断地更新教育观念。一位教师对教育有什么样的理解，就会带着这种理解进入教育实践领域，从而形成特殊的教育实践面貌。

2. 从人际关系的调整入手

道德是一个"关系"的范畴。从教师的职业道德来看，教师必须处理好自己与事业的关系——要敬业爱岗；教师必须处理好自己与学生的关系——要热爱学生；教师必须处理好与同事的关系——要团结合作；教师必须处理好自己与发展的关系——要锐意进取。总之，教师要从日常的人际关系的调整入手，把德行的提升置于一种建构新的社会关系的格局中。

3. 进行社会性学习

社会性学习的关键是通过社会观察和社会比较来促进人的社会性发展。人的德行提升需要进行社会性学习，特别是通过观察学习寻找"榜样"，并以这些榜样作为自己德行提升的"重要他人"和"参照者"，再在"社会比较"中促使自己"见贤思齐"，"见不善而警戒"。因此，教师应多了解和接触那些优秀人物，要善于从自己的周围发现"榜样"，不断从别人的身上汲取道德财富来完善自身。

4. 随时反身自省

"吾日三省吾身"是我国道德修养的古训。教师的道德生活充满各种事件"，教师也会对这些事件做出不同反应，教师应当对自己在"做人"和"做事"方面的状况有清醒的自觉。所以我们说，反思是教师实现道德修养的关键。有反思意识的教师，能快速地对自己的教育行为做出冷静思考和客观分析，并能对此进行合理评价和批判，以便即时地改正自己的错误认识和行为。反思＋实践是教师职业道德成长的重要范式。

5. 注重自强与自律

德行提升注重"自强"，就是强调教师应不断地自我激励，不断地奋斗和进取，优秀人物和同侪的嘉言懿行、催人向上的只言片语、步步前行的目标阶梯，都可以鼓舞教师自强不息。德行提升注重"自律"，强调德行提升是一种战胜自我的意志努力。道德修养贵在"慎独"，每一位教师都应当检点自身的行为，即使是一些小事或在别人看不见的时候，也要严格约束自己，这样才能进入较高的道德境界。

第四章

教师进行校本研修要关注哪些事项

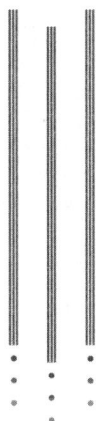

校本研修是"为了学校、在学校中并基于学校"的教师自主学习方式。它以实践性知识和实践智慧的获得为重要特点，是基于创造性实践的经验和反思的自我形成与相互交流。

校本研修是"为了学校、在学校中并基于学校"的教师自主学习方式。它以实践性知识和实践智慧的获得为重要特点。"也就是说，不是要求网罗式地掌握所有教师认为有效的理论知识和技术、技能，而是展开这样的课题旨在做出选择和判断，以便形成专业性的见识，解决基于个别的经验所生成的实践性问题。因此，这不是'传递''讲解''指导'之类的形式所体现的单向的研修和训练，而是基于创造性实践的经验和反思的自我形成与相互交流。"这是一种培育专业见识的"临床教学研究"，这种教师自身所计划、实践的教学研究，具有学习"教学"的性质。"学习"的内涵不仅在于"行为的变化"，而是覆盖全人、自我主导、渗透人格的，亦即会带来行为、态度乃至个性的变化。其本质是意义的建构。①

在确定校本研修的内容和框架以后，选择什么路径或方式，就成为每位教师必然要考虑的问题了。一般说来，教师的研修路径无非是"通过自学获取相关的知识与信息"，"在教育实践中进行试验与研究"，"在学习共同体中交流、分享与提高"。当然，这三种主要路径在实际的研修活动中总是相互交错、相互沟通、相互补充和相互促进的。

一、 获取知识的路径

讲到教师的提高，恐怕多数人都会想到阅读书刊、听讲座或报告之类的进修方式，说明获取知识与信息是教师研修一个最基本，也是最常选择的路径。但是，许多教师的苦恼和矛盾并不全在于肯不肯学或愿不愿意下功夫，而在于常常是不得要领，"事倍"反而"功半"，记不住，记住了也用不上，也不知道从哪些途径去获取新的、有用的信息。下面先讲教师要更新获取知识的理念和思路。

---

① 钟启泉. 现代课程论 [M]. 上海：上海教育出版社，2003.

（一）怎样更新知识获取的理路

以知识学习为中心，继而提升教师专业知能、实现教师专业发展，是近年来教师教育改革的主导方向。但过往以知识学习为中心进而获得专业知识提升的教师教育模式正面临着时代的审视与现实的拷问：这种传统的教师教育模式不仅造成了教师学习能力的退化、教师求知兴趣的式微、教师主体价值的萎缩，而且导致了教师教育信仰的匮乏。新一轮教师教育改革需要以教师的内涵式发展为主线，从知识学习走向精神成长，以关注知识学习对于教师个体发展的本体论意义为鹄的，尊重教师专业发展的意志，强调教师教育生活的自觉反思，鼓励教师教学实践的主动创生，发展教师教育批判的理性精神，从而以生动的求知开启教师人生走向智慧之境，最终实现教师知识学习与精神成长的和谐统一与自治圆融。①

1. 知识的选择

选择什么样的知识才能更切合教师精神成长的内在要义，才能避免知识学习远离精神关怀、人文关怀以及生命关怀而沦为教育技术之学？这涉及对知识类型的考察。过去，我们将知识选择的着眼点放在"有用"原则上，学科专业课程因此而成为教师修炼之术的首选。学科专业课程的比例占到了教师教育课程的 3/4 强，而体现学术性和师范性的条件性知识——教育专业课程的比例还不到 1/4，至于具有通识意义的文化课程更是少之又少，学科知识＋教育知识的学科藩篱就此建立起来。但随着教师教育研究的不断深入发展，大量的有关新教师的大型调研及个案跟踪研究表明，新教师的学习体验更多地集中在角色关系的建立、情感的投入与管理以及教师身份的认同上，这类知识类型的选择和学习才是教师教育课程所要考虑的目标，为了以"暂时有用"为选择标准的知识类型而放弃对其他知识类型的关注显然是舍本逐末的做法，这将导致整个教师教育系统知识的窄化与教师精神的矮化，不利于教师整体的、全面的发展。而观察哈贝马斯对知识类型的划分或许对我们

---

① 于永伟. 从知识学习走向精神成长：教师教育改革的意义拓思［J］. 当代教育科学，2018（3）.

认知教师知识类型具有重要的借鉴意义。哈贝马斯曾根据知识旨趣和利益取向将知识划分为三种类型：劳动—控制—经验性知识、沟通—意义理解—历史性知识、支配—解放—批判性知识。从个体发展的角度而言，劳动—控制—经验性知识是个体获得在世基本技能的知识形式，是个体发展中必不可少的基础性知识；但仅有这类知识是不够的，人是追求意义的动物，对所存所是都会有所反思省察，因此，沟通—意义理解—历史性知识同样不可或缺；不仅如此，人还追求个体存在的终极意义，并希望以此给予个体人生以必要的信念（信仰）关怀，这意味着人还需要适当的支配—解放—批判性知识。三种知识类型构成了个体发展的知识结构体系。对于个体而言，一种知识就是一种生命方式，不同知识类型构成了不同的重要意义，因此，我们必须从知识类型与个体生命关涉的意义上来建构教师教育的课程知识体系。目前，我国教师教育课程在知识的第一阶梯上做得比较完善，而第二阶梯的课程建设还相对比较薄弱，至于第三阶梯的课程还未提上日程。根据哈贝马斯对知识类型的划分，我们大体可以设想一下未来教师教育课程结构改革的方向：首先，学科专业知识作为教师教育课程设计的第一阶梯，是教师专业素养形成的基础，在不断增强其专业性的同时应适度减少占比，为其他知识类型的学习提供时空机会；其次，教育专业知识作为第二阶梯，是对教育意义的阐释，有利于为教育职业发展提供意义支撑，是教师形成专业精神的基础，所以应加大占比，对传统的"老三门"（教育学、心理学和教学法）进行大胆改革，不断增新添彩、分化融合，形成更为精微细致的教育课程结构；而对于第三阶梯的知识选择则要侧重将教师的教育信仰、教育情怀、教育使命、教育价值等具有精神引领和道德诉求的因素融入课程设计中来，开设诸如教育伦理、教育道德、教育审美、教育情感等方面的课程，目的在于形塑教师的精神世界和对未来教育的想象，真正实现教师"灵魂的转向"。

2. 知识的习得

基于促进教师精神成长的考量，知识习得实际上更加关注的是如何把知识学习过程变成开启教师个体智识空间、启迪个体探究欲望、激发个体求知热情、最终融入自我知识结构、进入个体生命的过程。这个过程涉及两个重要问题：一是知识的秩序。知识的秩序影响着教师学习的效果，知识排列有序将有利于教师从中获得规律性的认识与系统化的提升；而知识排列无序（如对在职教师的培训就缺少系统性的规划，出现零散、琐碎、断裂、堆砌、叠加、重复等乱象）就会影响教师学习的效果。虽然教师接受了大量的教育讯息，但不能将其有效地整合到自己的认知结构中来，结果就造成了尼采所言的"博学肥胖症"。浮华的知识学习背后，知识教育失去了最初的意蕴，不再指向教师的精神成长而蜕变为可卖弄的资本，这是教师教育改革所要特别警惕的。对此，我们需根据各级各类教师培养的目标和身心发展特点，有序选择、合理安排适合不同发展阶段、不同层次结构、不同类别属性的教师的知识形式，由此建立起适应教师专业发展的知识秩序。二是知识的内化。如何将外在的有序知识内化到个体的内在知识结构中去是知识学习过程中最为关键的问题。这里的触发点在于兴趣，而兴趣又联结着主体性需要。只有将知识学习还原至教师个体生命展开的过程中，满足于教师自身发展的需要，足以提升个体的生命状态，教师才会进行自觉积极的行动，通过对知识的追求与自我探究达成个体精神的成长。因此，知识学习要高扬人的主体性，以"主体在世界之中"的存在观取代"主体认识客体世界"的对象观，将认识论从表征主义过渡到存在主义的疆域。承认教师经验、情感、态度、反思、体验等在认知过程中的价值与意义，强调教师在认知行动中的主体地位以及主观能动性的发挥，引导教师走向"作为行动者的学习者"的知识发现与知识创造的过程，教师才能更真切地体会到知识学习的乐趣，并将自我置于更高的知识期待和价值观照之中，形成知识与自我的积极关联。然后通过自觉的反思行动，将外在的有序知识整合到自我认知结构中来，形成自我内部知识的有序性，进而发挥改进与提升个体教育教学实践、促进与深化个体精神成长的作用。

3. 知识的应用

知识的应用环节是检验知识学习的重要衡量尺度。如何将知识运用到实践中来，是否起到了指导教师教学实践的目的是传统教师知识学习的最终指向。而走向精神成长的教师知识学习则有着更加高远的目标，它的目的在于"创造性地运用知识"，以实现创造"新物"的目的。对于教师发展而言，"新物"指向个体知识、理论的生成。它不以"普遍知识"在实践中的即时反应作为衡量知识学习的效果，而是强调教师能够从自身的教学境况出发，通过对"普遍知识"的学习启发个体"特殊知识"的生成，生成带有浓厚个人经验印记的理论，以此区分浮于理论层面进行概念操作的纯理论研究者。这就要求教师教育改革要转变思路，将教师从理论消费者的角色转移到理论生产者的位置上来，不断增强他们的思想创生能力，激活创新因子，超越对知识的"摹印"，指向"意义"的创造，使理论生产或创生成为教师的一种普遍自觉，成为沟通理论与实践的中介与桥梁。对于教育实践来说，"新物"指向为学生构建一种具有丰富育人价值的教育生活。教师是学生教育生活的构建者，规模化、标准化、统一化模式培养出来的教师由于主体性、个性化特征不彰，只会使教育生活趋向枯燥、单调与乏味。而精神成长维度下的教师教育则立足于鲜活的教育教学现场，高扬教师的主体性与个性化特征，通过引导广大教师自由参与教育意义的创生、创造、创新实践，借助教师个体内在意义外化的过程，实现教育生活的个性化、非标准化、多元化的发展势态。这就要求教师教育要为教师提供必要的认知和情感空间，使知识学习与知识应用之间保持必要的张力，使教师能够相对平静而安全地自省当下教育实践的合理性、正当性以及改进的必要性，从而借助知识的学习与吸收促进个体实践走向纵深。因此，从本质上说，理想的教师教育以及教师教育的理想并不仅仅指向"合格教师"的培养，而且要聚焦于如何以生动的求知开启教师的人生走向智慧之境，使未来教育者保持对知识学习的持续兴趣与热情，从而实现由他者促学向自我教育者的转变，既能够脚踏实地地进行实践创新，又能仰望理论创生的星空，最终实现教师知识学习与精神成长的和谐统一与自洽圆融。

（二）怎样有效地积累知识

通过实践和读书，我们逐渐获得了一定的知识和经验，但不无遗憾的是，许多人的知识经验总是随学随忘，待需要的时候，觉得脑子空空的，怎么也想不起了，那么，我们所学的知识，能有效地存储和积累起来吗？要有效地存储积累知识，关键是有条理地占有知识，具体要抓两条：一条是抓脑内知识存储的条理化，另一条是抓脑外知识存储的条理化。

1. 实现脑内知识存储的条理化

学习知识，不仅要有所获，而且要将所学、所获转化为所储，一般要经历"消化——简化——序化"三个环节。

（1）"消化"是从阅读材料到实现有效存储的第一步，也是最基础的一步。对材料不消化就不能真正理解，而不理解的材料是不能进入大脑"仓库"的。如果不注重"消化"，只是囫囵吞枣地读，书上的实例和原理、叙述和论证就会混在一起。对于纷繁如麻而又没有理解的文字信息的输入，即使有特殊记忆能力的人也是难以将这些东西存储好的。

（2）"简化"指的是在消化所读材料的基础上，进一步借助思维的利器，将材料概括、抽象和浓缩，以简化的表达方式反映复杂丰富的内容。"简化"是实现知识有效存储的关键一步。从信息论的角度讲，"简化"的实质是进行信息的转换加工，以便让大脑有效地接收、编码和存储。对理科内容进行准确而简练的表达，一般可借助于公式和图表法；文科内容简化，一般可抓要点或中心句、关键词，或拟绘图表。有人把知识"简化"的方法称为"浓缩术"，即把众多的现象抽象为简单的原理，把离散状态的印象归纳出清晰的脉络，把内在本质描绘成定量公式，从大量的事实中析出精华，把知识组成"集装箱"，以利于存储积累。这种知识浓缩的方法大致有：

①大量过滤。第一步，对知识信息先过"大眼筛"，进行初级视觉处理。拿到读本先看作者、纲目、来源、类别，做第一层次取舍；再根据纲目，抽读提要或重点章节，做第二层次取舍；然后围绕学习目标分开档次，做出精读、略读、浏览的决策。

②寻找知识链。可以用编目、提纲、图表、符号连接等方法，找出知识点之间的关系，辑录并记忆知识的主线，把知识串联起来，形成综合贯通的知识链。

③简单包容。如果我们用一个概念来统摄众多的概念，用几句十分明白的话说出一个十分深奥的道理，用一个尽可能简捷的符号、图表概括出尽可能多的经验事实，当然就会大大增加我们的信息摄入。

④合理代谢。没有舍弃就不会有重点，也不会有优势。在一般材料中，表达中心信息的最重要的语句约占全文的 20％左右（并不是说其他文字就没有用），所以一般原文舍弃掉五分之四的文字仍可以完整地保留中心思想的一段文字中，关键的话可能只有几句，就是这几句话往往也能精化。"句式变换"是精练句子的有效方法。例如，把反问句变换成陈述句或祈使句；把原句的补充说明部分转换成定语，可以省略一些连接词和重复成分，并使整个句子更紧凑；原句中某些修饰、限定、补充、说明、重复的部分可以略去。但不管怎么变换，甚至重写，都要忠实原意。"合理代谢"还有一层重要的意思，就是把头脑中那些过时的、芜杂的、无价值的信息主动地忘掉，不断地补充新鲜的重要的信息，使头脑中的信息始终处于活化状态。

⑤模糊记忆。对于大量的外层知识，只要有一个模糊的记忆，知道在哪本书中、大概内容、估计可以解决什么问题就够了。点上"穴位"，便可放大出模糊形象的记忆，可以使大脑的功能变得更强大。

（3）"序化"就是将掌握的新知识嵌入脑中已经存储的知识系统之中，这是从占有知识到牢固地存储这种知识的最后一步。没有这一步，即使知识装进大脑中，也只不过是"散装"的、不稳定的，用不了多久就会被"遗忘"挟走。这就要求我们要牢固地储存某种新知识，一定要将它同脑中已有的知识挂钩，一旦新知识嵌入了已经掌握的知识序列，就会如美国心理学家布纳所指出的"是最有希望在记忆中'自由出入'的材料"。一般情况下，我们阅读一种新的、比较重要的书籍和材料，只要抓好了"消化""简化""序化"这三个环节，就能将它的精华存储到自己的脑中。当然，一次和几次有效的知识存储，还不能彻底解决脑内知识存储条理化的问题，而只是朝着这一方向迈进一步。事实上，人的知识存储状况是一个动态结构。无论什么人，只要一日不中止学习，他脑内存储的知识及其质态就会不断地发生变化。这种变化的特点是，随着人们对某种新知识的占有，这种新知识就会同脑内已经存储的知识发生这样或那样的联结，或者新旧融合，组成一组功能性更强、条理化层次更高的知识网络。所以，在学海扬帆，任何时候都不可停滞不前，应当通过坚持不懈地学习和顽强的拼搏，让脑内知识存储的条理化、概括化水平不断提高，以便凭借这种优化的知识积累去开拓新的局面，索取新成果。

2．做好脑外知识存储的条理化

脑外知识存储的条理化，其实就是采用各种方法和手段对知识的"物化"形式（笔记、资料卡片、信息汇编、文献档案，等等）加以合理的组织，使之适应人的需要。注意资料的积累并使其科学化，是做任何研究工作必不可缺的基本功。知识信息的脑外存储要注意以下几点：

（1）定向求全。积累资料要有明确的目的性，在定向之后，要充分发掘一切可能的资料，"兼收并蓄，待用无遗"。

（2）横纵相携。要在广度、深度两个方向上努力，偏废了哪一方都有欠缺。忽视一方，另一方也走不远。只求横向宽，可能什么都知道一点儿，但又什么都不真正懂；只求纵向深，则孤陋寡闻，前程暗淡。

（3）统筹兼顾。要定向，但不是定死在一个连呼吸都困难的框架里，不应自缚手脚。要善于从各学科、各分支中汲取有益的养分。知识可以相互渗透，甚至嫁接，各学科的分支处、交界处，正是大有可为的处女地。

（4）优选求新。世间万物，并非件件都是古董，即使是最珍贵的文物，也仅仅只能说明过去。要善于沙里淘金、花中选花，在知识堆和信息流中筛取最有用、最新鲜的信息加以存储，并注意经常充实更新。

（5）密集外贮。词典、手册、年鉴、文献汇编、索引、全书等，是密集知识的存储工具，要注意收集、掌握并使用好它们，这样既可以减轻大脑的负担，又可以在需要时从浓缩的密集的知识中获得有用的信息。

（6）持久不懈。"得之在俄顷，积之在平日"，求学求识贵在持久地努力，而要有所作为，则更需要不懈地艰苦劳动。"千淘万漉虽辛苦，吹尽狂沙始到金。"生活中，针，不需用铁棒磨；学业上，没有铁杵磨针的精神就难求真谛。播种，是为了收获，但在果实未成熟之前，应本着"但问耕耘，不问收获"的强烈事业心伏身劳作。

知识的积累是为了应用，衡量知识积累的有效性，唯一的标准就是在需要用时那些已有的知识是否能迅速"接近"或提取出来。这涉及一个人思维的灵活性和记忆的准备性问题。但就知识积累本身而言，存储的条理化就为更好地应用创造了条件。

3. 学会做资料卡片

我国著名历史学家吴晗说过："资料工作和研究工作实际上是一回事，从来没有一个做研究工作有成绩的人是不搞资料工作的。"他主张用做卡片的方法积累资料。

做资料卡片，必须遵循定向原则、优选原则、统筹原则、及时原则、求新原则等。就卡片的内容来说，怎样才能摘录得当、使用起来得心应手呢？那就应当有所取向，有效积累。

卡片基本上可分为两大类：一类是知识性卡片，一类是信息资料性卡片。不同的卡片作用不一样，摘录与使用方法也各有特点。知识性卡片的作用是帮助我们记住一些不常用或难以记牢的原理、概念、公式、论断以及其他一些观点、分析方法、事例、数据等。由于这些知识具有普遍性和稳定性，所以必须记得准确、全面。例如记一个化学反应制备法的卡片，就不能只列一个方程式，还应该指明反应的条件、现象、简要机理、注意事项等。这样，当我们翻阅这些卡片时，就不会感到只是一堆干巴巴的知识骨头，而是有血有肉的知识体系。

与知识卡片不同，信息卡片则要求精练、新颖。使用知识卡片的目的是帮助我们方便地掌握基础知识和基本原理，可以说是"求同"学习；而信息卡片则应该具有独特性和及时性，即反映某一领域的研究动态，把握各种新情况、新问题、新进展、新课题，需要有"求异"性。由异而有疑，而求索，就可能有所发现，有所创新。所以，摘录信息卡片，应着眼于捕捉已解决了什么问题，有什么新发现、新观点、新材料、新问题、新设想，还有哪些关键问题没有解决等等，力求简洁精练，一目了然。

知识卡片和信息卡片不仅在内容和用途上不同，来源也不尽相同。一般地说，知识卡片常摘自教科书或专著，而信息卡片更多地来自报刊和其他较新的文献资料。卡片的取向给我们提供了有效积累的原则，即初入门者应以积累知识卡片为主，以"求同"为目的，同时不失时机地摘录一些信息卡片，初步"存异"；而已经具有一定基础理论的工作者，则可把大部分精力放在"存异"上，积累大量信息资料卡片，在获取新信息的同时，丰富、完善自己的知识体系，适当地"求同"。"求同"与"存异"相辅相成，知识卡片和信息卡片也互相"提携"，为我们的学习和探索提供最大限度的帮助。

（三）怎样搜集与处理信息

信息是教师打开思路、实践探索、改革创新和进行教学研究最重要的资源。信息可以依照收集的方式分为两大类：一类叫直接信息，是教师从工作实践、直接考察（观察）、调查研究及试验探索中获取的第一手资料；另一类叫间接信息，是教师搜集到的各种文献资料。

1. 用直接方式收集信息

这种通过自己亲身实践而获得的材料往往是最真切、最可靠、最富于启发性的。教师必须十分重视以直接方式收集第一手资料。直接资料的搜集途径一般有以下几类：

（1）通过自己的工作实践获取直接信息。

每个人在自己的工作实践中都会遇到并解决一些实际的矛盾和问题，如果我们勇于探索、大胆实践，并能及时把自己的经验和心得记录下来，进行验证和总结，我们就可以获得一些有价值的资料。从自己的工作实践中获取信息，要注意客观、及时、周详地做好记录，要注意和他人的实践经验做比较，要注意反复验证，要注意概括和总结，力求找出规律性。

（2）通过实验获取直接信息。

实验是根据科研需要，在尽可能排除外界干扰、突出主要因素的条件下，使自然现象（或过程）可控制地重演。在现代，实验是获取信息的主要方法之一，因为实验具有简化和纯化作用，并且能强化研究对象，有利于揭示新的规律。

利用实验方法获取直接信息经常采用两种方法：一是观察。这要求实验时全神贯注地留意实验现象的全部细节，并尽可能详细地记录。如教学改革实验，就需要用观察法收集信息。二是测量。就是对现象进行定量测量，从中收集数据。真实、准确的数据是科学研究和撰写论文最重要、最有说服力的信息。

实验方法本身又可分为自然实验和实验室实验。前者是在日常生活或工作（生产）的条件下，适当控制某些条件并结合经常性业务工作进行的，只要基本的条件相同，就可对实验内容的不同结果进行分析和讨论。一般地说，教育实验就属于这一类。实验室实验是在专门的实验室内运用仪器，在严格控制的条件下进行的，一般的结果比较可靠，但要求较高，操作也比较困难。

（3）在调查和考察中获取直接信息

调查是对某一现象、问题或事件，用实际调查的手段取得第一手材料，用以说明或解释所要了解的各种事实及其发生的原因和相互关系，并提供解决线索的一种科学方法。在管理、经济、心理与教育领域，调查是获得信息的重要方法。考察，是科技工作者对于研究对象在不施加任何干涉的条件下进行观察的过程。生物、水文地质、地理等领域常借助于这一方式收集资料。

2．用间接方式收集信息

间接信息是指已有的教育科技文献、情报资料以及用其他手段存储的科技信息。间接信息存储着无数由前人积累的事实、数据、理论、方法和假说，它既有成功的经验，又有失败的教训；它既反映教育研究的成就和已达到的水平，又预示未来教育发展的动向。

间接信息又可分为书面存储和非书面存储两大类。几千年来，科技信息主要通过书面存储保存在图书、杂志和其他用文字书写的资料上。非书面存储手段在21世纪有了迅猛的发展，如图书微缩照相，利用计算机存储文献，以及电视录像、电影等。书面文献可从以下方面收集：

（1）一次文献的收集

一次文献又叫一级文献，它是由直接从事教育科研和教育实践的人所写出来的文字资料，是新知识、新技术、新创造等新成果的记录和报道，是从事研究和开发所必须掌握的最可靠的第一手资料。一次文献包括：专著；论文期刊——专门刊登学术论文、实验报告、研究报告的学术刊物；专题报告；专利文献和技术标准；其他，如政府一次性文献、学术论文、产品资料、实验记录、学术笔记、技术档案等。

（2）二次文献的收集

二次文献又叫二级文献。它是在一次文献的基础上，经过加工、压缩后产生的资料，以便作为查找一次文献的检索工具。二次文献的优点在于：可以广泛地了解动态并为查找一次文献提供线索，能用较少的时间获取大量信息。因此，当前世界各国的科技情报单位都把加工二次文献作为自己的中心工作。对于科技工作者来说，注意二次文献应当成为一种习惯，成为"按图索骥"的最基本的一步。

在我国，将二次文献划归检索类情报刊物，又分为题录、简介、文摘、索引四种。

除去一、二次文献，还有三次文献，主要包括研究报告、手册、年鉴、百科全书等。

3．信息的整理

信息积累到一定时候，就需要加以整理，使之有序化，以便在科研、教学和写作中充分发挥效用。

（1）文献资料的整理

一次性资料散见于图书、杂志，其中有价值的资料，人们都想自己保留，以供查阅，但材料一多就显得杂乱，在需要时却找不到想看的材料，白白浪费许多时间和精力。

为了避免混乱，应该做文献卡片，把论文名称、作者、杂志名称、卷号、年、月、页数以及内容摘要记下来。对于专著也可做类似的卡片。

当卡片积累多了，就应该按内容对卡片分类。分类的原则和方式要由研究的课题和习惯的方式来确定。把同类的卡片集中起来，并加上导卡（上方有凸出的部分可写标题的卡片），然后按分类顺序将所有卡片放入卡片盒中。这种工作初看起来很麻烦，实际上对科学研究和论文写作是很有用的，因为它帮助我们迅速地、无遗漏地查阅自己收藏的文献资料。

至于卡片的编写形式，可因需要而异，因资料性质而异，因编写者的习惯而异。可长可短，可整可零。简短者只记个题目和出处，当作索引用；详尽者则准确摘出论点、论据以及精粹的语句。有的人喜欢以资料为中心，分专著卡片和论文卡片，按资料分别编写；有的人则偏爱以内容为中心，一个论点或一项内容自立一卡；有的人倾向于灵活变通，以应用方便为目的。

（2）笔记的整理

教师大多有记笔记的习惯，偶然产生的想法、对个别结论的推证、研究和实践的心得体会，都可以不拘形式地写在笔记本上。笔记可以随时记下工作实践中的成败得失，为我们总结和提升经验提供支持。笔记还可以详细地记录实验中的各项数据，这些数据虽未得到进一步整理，但是作为原始记录则具有特殊的价值。笔记还可以随时记下考察中或实验时观察到的各种现象，记录有价值的科技会议上的发言，记录专著或论文中自己最感兴趣的部分，等等。由于笔记的材料比较珍贵，而同一笔记本上的内容又如此庞杂，因此许多人无论工作多么繁忙，都坚持做笔记的整理工作。

一个可行的整理办法是将笔记上的内容转录在一张张规格统一的标准纸条上，或将笔记的这一部分剪下来贴在标准纸上，这样在标准纸的上面写好标题，然后分类，并放在不同的口袋或夹子里。

现在很多人习惯用活页纸做笔记。一页记一项内容，分类比较方便。

（3）文献目录的编制

科技文献经过分类加工以后，就要按一定的科学方法将这些卡片、笔记等资料系统地做目录，以便查找和利用。这个工作也要视具体情况而定，一般地说，个人只需编一个简单的目录，以便知道自己都收藏了哪些资料就行了。但是，如果自己确立的课题不止一个，或者某一课题涉及的文献较多，那么最好设立专题目录，就是按专题将有关的文献集中起来编成目录。

二、 行动研究的策略

研究表明，教师要实现专业化，除了掌握必要的学科内容和教学技能之外，还必须拥有一种"扩展的专业特性"。这种扩展的专业特性是指教师要通过系统的自我研究，通过研究别的教师和通过课堂研究检验有关理论，实现专业上的自我发展。简单地说，即教师必须成为研究者。

人类最初的研究，往往显示为"类比想象""经验总结"或"假设与验证"，后来逐步发展出"类比研究""调查研究""实验研究"等研究方法。教学研究的这些传统至今仍然广泛地应用于教学研究领域。

这些教学研究方法虽然有一定的独立性，但中小学教师在使用这些教学研究方法时，往往需要"综合运用"。而且，这些教学研究方法是否能够有效地引发中小学教学实践的改进，取决于教师是否"主动参与"教学研究，取决于教师是否在"自我反思"的基础上打开心灵的窗户，与他人保持某种"对话关系"（包括"同伴互助"和"专业引领"）。也可以认为，有效的教学研究需要教师走向"校本教学研究"。所谓"校本教学研究"，也就是教师为了改进自己的教学，在自己的教学中发现某个教学问题，并在自己的教学过程中以"追踪"或汲取"他人的经验"的方式解决问题，其基本含义是"为了教学""在教学中"和"通过教学（教师）"。①

（一）在学校行动中学作质性研究

教育科学研究一般来说有两种基本范式，一种是以事实研究为主导的实证性研究范式，一种是以价值研究为主导的非实证性研究范式。实证性的研究包括定量研究、实验研究、调查统计分析研究和逻辑分析研究，等等；非实证性研究包括分析描述研究、文献研究、质的研究、思辨研究、解释学研究，等等。如果说实证研究方法（如实验、调查、逻辑分析等）早已为人们所熟悉，非实证性的价值研究则可以说在当代教育研究中异军突起，成为一种引人注目的研究取向，特别是其中的质的研究，已经大步跨进了教育研究领域。

关于质的研究，其特点可用西方学者维尔斯曼的话来表述，质的研究就是："为特定的情境中的教育系统、教育过程以及教育现象提供完整和科学的描述。"② 质的研究不同于实证性研究，就在于质的研究的探究程序是开放的、机会式的，研究者应是具有弹性的、易适应的人，……质的研究方法是不完全规则的，且是不可标准化的……我国学者陈向明认为，质的研究的最大特点是：具有强烈的人文关怀和平民意识，在自然情境下对个人的"生活世界"以及社会组织的日常运作进行探究，提倡研究者对研究情境的参与，直面事

① 刘良华. 校本教学研究 ［M］. 成都：四川教育出版社，2003.

② 维尔斯曼. 教育研究方法导论 ［M］. 袁振国，主译. 北京：教育科学出版社，1997.

实，与研究对象共情，对他们的生活故事和意义建构做出"解释性理解"，对事物的复杂性和过程性进行长期、深入、细致的考察。[①] 我国有的研究者归纳了质的研究有以下几个特点：[②]

1. 从研究的表述方式看，质的研究关注的是一种"描述性"和"叙事化"的方式。也就是说，在教育研究中，首先不是选择一个抽象的问题进行思考，而是选择一个可观察的对象，诸如一个班级、一个课堂，等等。一方面，它不像定量研究或实验研究那样，首先要从教育现象或整体中抽取出一个具体的因果性问题，如："教师的教态与学生成绩的关系"这样一种命题。它不允许将整体现象分隔成具体要素，而必须对现象整体进行研究，也就是说，往往研究的不是两个因素的相互关系，而是一个整体现象。另一方面，它关心的不是教育现象中发生的事情本身，而是这种对象对"人"的意义，强调"人"的体验和人的主观感受。

2. 是整体的归纳。质的研究强调对研究情境的整体进行概括，在这种研究方式中，研究结论常常不是通过分析数据的因果关系获得的，而是从整体现象中的一个个事件中归纳出来的。在这种关注整体情境的研究中，强调研究者个人富于"情感化"的领悟，不是强调事实的依据如何，而是强调研究者个人对具体现象的直观感受，从经验感觉中获得某种领悟。因此，这种研究常常带有比较大的主观性，不同的人可能得出完全不同的结论，但这种研究可以体现个人独特的价值倾向和判断力。相对于那种规范化、结构化的传统教育研究来说，这种研究比较自由，比较富于积极的探索风格。

3. 研究结论的主观性。这是质的研究不同于事实研究的根本之处。质的研究认为，人的研究是不能数量化和实证化的，人是一个整体，不能被分隔成具体的因素来考察。如情感问题很难用数据来描述；又如人的爱也不能用数据来描述，比如问卷中可能回答"爱"，而实际并不等于就真"爱"，此外，爱的程度也很难用数据来表述。价值研究具有主观性，研究结论受研究者个人的主观态度所左右，其结论也总是个人化的，不同的人从同一情境中可能

---

①　陈向明. 在行动中学作质的研究 [M]. 北京：教育科学出版社，2003.

②　朱永新，袁振国. 中国教师：专业素质的修炼 [M]. 南京：南京师范大学出版社，2003.

得出完全不同的研究结果。从这个意义上说，质的研究是主观性研究，是个人化的研究，因此，这种研究所强调的是研究者个人的直觉和灵性，研究的科学性和创造性往往都取决于研究者个人的思维特征和学术修养。

4.质的研究突出自然环境和现场性的研究条件。质的研究尽管也需要利用其他研究的资料和手段，比如访谈中的收集资料等等，但这些研究方法的运用都必须首先建立在以某个具体情境为对象的基础之上，诸如课堂、操场、会场等具体情境中学生的行为表现。质的研究强调研究者应以"局外人"的身份参与到研究情境之中，不允许人为地对自然情境进行干预。质的研究非常看重研究者个人对"现场"所能领悟出的"意义"。

当然，质的研究注重整体现象的研究，但不等于在研究前不提出明确的研究问题，只是这个问题比较宽泛，不是具体的因素化的研究问题。此外，除确定研究问题外，质的研究还要选择一个具体的研究现象，并且要有一个可以直接观察的整体情境。质的研究强调直观性或感性化的研究手段，比如观察、记录、访谈等是最基本的研究方法，使用这些方法时，还要应用多种方法相互印证。

（二）校本研修中的教育行动研究

我国学者陈向明在分析质的研究的发展趋势时指出，质的研究越来越重视行动研究，强调让被研究者参与到研究之中，将研究的结果使用于对制度和行为的改变上。[①] 那么，行动研究究竟是怎么一回事呢？

行动研究起源于美国。勒温说："没有无研究的行动，也没有无行动的研究。"按照埃利奥特的界定，行动研究是指"社会情境的研究，用来改善社会情境中行动的品质"。自20世纪40年代科尔和勒温倡导行动研究以来，经过科雷等第一代行动研究倡导者、斯坦豪斯等第二代行动研究倡导者的努力，行动研究至今已经发展成为一种颇有影响的"行动研究运动"。[②] 教育中的行动研究是一种基于研究的问题解决过程；其研究的主题源于学校环境的脉络；

---

① 陈向明.质的研究方法与社会科学研究［M］.北京：教育科学出版社，2000.
② 刘良华.校本行动研究［M］.成都：四川教育出版社，2002.

实施过程兼具研究与行动两大侧面，主持者兼具研究者与行动者的角色；研究结果要体现在具体的改革实践之中。"教育行动研究"的特质可以概括为"参与""改进""系统""公开"。①

　　教育行动研究之所以成为校本研修中深受教师欢迎的一种可行的路径，是同它的以下特点分不开的。具体地说，那就是：首先，它是一种把"行动"和"研究"结合起来的方法，它要求教师结合自己的教学状况，在行动（即教学实践）中研究和解决问题，从而保证研究工作的实际意义。其次，它是一种旨在改进的方法，比日常经验总结要完善，因为它要求教师对有关情况有充分的了解，依据有关理论认真思考，按计划谨慎行动。再次，行动研究主要适用于教师教育教学实践中"此时此地"的情境，以便更好地改善自身的实践。

╔══════════════╗
║ **事例点击** ║
╚══════════════╝

行动研究：教师教育科研的定位②

　　什么样的研究才是中小学教师所需要的研究？笔者曾有幸接触过四位中小学教师的科研论文，大体体现了四种不同的研究取向：第一位教师积十年之功，撰写了一部《素质教育原理》；第二位教师撰写的是一篇关于学习方法方面的论文；第三位教师写的是一篇名为"把握时代精神，开展主体教育"的文章；第四位教师积累了大量的教育教学案例，并在此基础上形成了自己对教育教学实践的感受和领悟。很显然，最后一位教师所做的研究，正是中小学需要大力推进和开展的行动研究。第一位教师的研究在一定程度上是基础研究，第二位教师的研究大体上属于应用研究，第三位教师的研究是一种"抽象的"经验总结。总之，行动研究有着区别于其他研究的一些特点：其一，以提高行动质量、解决实际问题为首要目标；其二，以研究过程与行动过程的结合为主要表现形式；其三，以教师对自己从事的实际工作进行持续反思为基本手段。

　　从以上论述中我们可以看出，行动研究渗透着两个基本的理念：一是从

---

①　刘良华. 校本行动研究［M］. 成都：四川教育出版社，2002.
②　郑金洲. 行动研究：教师教育科研的定位［J］. 人民教育，2004（3—4）.

经验中学习。行动研究主张，为提高教师专业实践水平，在重视专家研究和理论知识学习的同时，更应重视教师运用所学习的知识对自身教育教学实践中的具体问题（即自身的实践经验）做出多层次、多角度的分析和反省。"从经验中学习"即通过各种方法、策略去研究自身的实践经验，以获得对实践情境的理解和改进。二是实践者是研究者。行动研究主张，不但要提倡"研究者"深入到教学实践第一线中去，而且更重要的是要使教师同时成为自己实践情境的"研究者"，通过行动研究把职业理想和科学理想统一起来，使教师既开放性地不断改进教学实践，又通过批判和修正不断提高对教育实践情境的理解水平。

行动研究有一套实施的基本模式，这就是人们熟知的"问题筛选—理论优选—运用和反思"的模式。

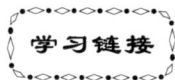

学习链接

行动研究的循环过程

行动研究的循环过程可转化为一组以教育活动为背景的陈述：

1. 当我的教育价值观遭到实践否定时，我碰到了问题（比如，我的学生在我的课上并不如我所要求的那样积极参与）。

2. 我设想着解决这个问题（重新组织，以使他们积极性提高，是以小组活动还是结构性练习的方式）。

3. 我实施这个想象中的解决方案（我让他们进行小组活动，并引入了有结构的练习，使他们在没有我经常监督的情况下提出和回答问题）。

4. 自我评价行动的结果（我的学生参与性加强了，但他们太吵闹，并且在有结构性练习的情况下仍依赖于我）。

5. 我根据自己的评价重新系统地阐明问题（我必须找到一种方法，使他们既积极参与又不太吵闹；我必须找到一种方法，使他们在自身的发展中更具独立性）。

在校本研修中进行行动研究，当然并不是要按照固定的框架行事，但仍须遵循和体现研究的基本规范和基本程序，使之不同于一般的教育教学实践活动。概略地说，校本研究总是要涉及以下几个环节或经历以下几个

过程：①

1. 问题

研究总是从问题开始的。教学研究以教学问题为起点，教学问题可分为理论问题和实践问题两类，理论问题是针对"是什么"（事实问题）和针对"应该是什么"而提出的问题（价值问题）；实践问题则是基于事实问题与判断、价值问题与判断，针对"怎么做"而提出的问题。比如，根据新课程的教学观以及新课程所倡导的学习方式，在实践层面上教师具体应该怎么做，才能实现新课程的培养目标，这便是指向实际的教学问题。随着课程改革的不断深入，这类问题层出不穷，它突出表现在新课程理念与教师教学现状的矛盾和冲突上。但是，教学中出现的问题能否成为研究的问题，关键在于教师是否具有问题意识和探索精神。安于现状，把一切现存的都看成合理的人，脑子里绝不会产生真正的问题（"自己的问题"）；同样，缺乏探索热情和教育责任感，即使面对问题，也绝不会有改革的意向和追求。

教学研究中的"提出"问题实际上是一个过程，它是一种"参与""介入"的态度，提问者已经"把自己摆进去"。这种"把自己摆进去"意味着提问者已经成为此问题的"参与者"，而不是"旁观者"；也意味着提问者已经成为此问题的"当事人"，而不是随意地提出一个问题，甩手等待"专家"来解决。教师能否以"参与者"而非"旁观者"的态度提问，能否以"当事人"而非"局外人"的角色提问，将直接影响着教师"参与"教学研究的程度，也直接影响着教学研究对教学实践的"改进"程度。因此，有人将"改变教师的提问方式"作为教学研究的一条首要策略提出来。校本行动研究所指向的教学问题是教师"自己的问题"，而非"他人的问题"，是在学校里发生的"真实的问题"，而非"假想的问题"。仅此还不够，还要进一步把教师个体发现和提出的问题转化为教师群体共同关注和思考的问题，把学校里发生的真实的问题概括、提炼、升华为有价值的课题，唯其如此，才会有真正意义上的校本行动研究。校本研究强调自下而上地形成课题，但也绝不排斥对学校改革和发展具有导向价值的自上而下的课题。

---

① 余文森. 以校为本的教学研究 [J]. 教育研究，2003（4）.

2．设计

设计指的是解决问题的一种方案、设想、构想、策划。任何假设都具有假定性、科学性和预见性。所谓假定性，是说它具有推测的性质，即这种假设是现实中暂不存在的或未被确认的，或虽见于彼处却未见于此处的，它可能被实践证实，也可能被证伪，因此，假设决定了研究的探索性；但是假设又并非臆断，它以科学理论为导向，以经验事实为根据，又经过研究者的论证和交流，因此，假设又具有科学性，正是科学性避免了研究的盲目性。假设也是一种走在行动之前的思想，一种先于事实的猜想，是研究者从思想观念上对未来的洞察和把握，所以它能使研究活动更富有预见性。

事实证明，一个好的假设，是解决教学问题、发现教学规律、形成科学的教学理论的前提，是进行教学研究的核心。当然，一个好的有价值的研究假设的提出有一个过程，研究者要在研究过程中不断修改、完善研究假设。

3．行动

行动是设计方案付诸实施的过程，对教师而言，行动意味着改革、改进和进步。它具有以下特性：

第一，验证性，检验设计方案的可行性。所有的设计在行动之前都只是一种假设，它的科学性、有效性是需要实践来检验的。从这个角度来说，教师作为研究者要尽量按原计划行动，否则，检验也就无从谈起，研究的科学性也就无从保证。

第二，探索性，发现和寻找各种新的可能性。行动绝不是按图索骥的机械活动，而是一种积极寻找和探索解决问题、达到目的的最佳途径和最佳策略的过程。这意味着教师在行动时，不能拘泥于事先的设计，要根据实际情况，随时对设计做出有根据的调整、变更。上课不是执行教案，而是教案再创造的过程；不是教教材，而是用教材教；不是把心思放在教材、教参和教案上，而是放在观察学生、倾听学生、发现学生上；不是把学生的学当作一种对教的配合，而是把学生看作学习的真正主体和教学过程运行的不可缺少的重要组成部分。

第三，教育性，服从、服务于学生的成长和发展。任何行动都应该无一例外地遵循人道主义原则，体现教育活动的价值导向和人文关怀，无条件地有利于所有学生的成长和发展，这是行动的最高原则。

4．总结

总结在校本研究中既是一个螺旋圈的终结，又是过渡到另一个螺旋圈的中介。在总结这个环节中，教师作为研究者主要要做以下几件事：

第一，整理和描述。对已经观察和感受到的，与问题、设计和行动有关的各种现象进行回顾、归纳和整理，其中要特别注重对有意义的"细节"及其"情节"的描述和勾画，使其成为教师自己的教育故事或教学案例。这是叙事研究在校本研究中的体现，它会给教师的研究带来新的变化，教师作为研究者不再依赖于他人的话语而转向直接讲述自己的教育生活经历和教育生活体验。"做自己的事""说自己的话"，这是校本研究改变教师职业生活方式的关键。

第二，评价和解释。在回顾、归纳和整理的基础上，对问题、设计与行动的过程和结果做出判断，对有关现象和原因做出分析和解释，探讨各种教学事件背后的理念，揭示规律，提高认识，提炼经验。

第三，重新设计。针对原有方案及其实施中存在的各种偏差或"失误"，根据新的感悟、新的发现、新的认识和新的思考，修改原有方案或重新设计方案，并付诸实施，进行进一步的检验、论证和改革探索。校本研究的目的是为了改进和改正，它不可能停滞在凝固的"成果"上，而是一个不间断的自我修订、自我完善的过程。所以，任何总结，都只是意味着一个新的开始。

上述四个环节构成了校本研究一个相对完整的螺旋圈，这个螺旋圈可以以一个学段、一个学年为单位，也可以以一个单元、一节课为单位。校本研究过程就是"问题—设计—行动—总结"循环往复、螺旋上升的过程。值得强调的是，在实际运行的过程中，四个环节的顺序并不是固定不变的，提出问题可以在研究之始，也可以在行动中，检验也并不是等到最后才进行，它们中间有的环节可以合并起来，有的环节也可以匆匆带过，关键在于解决问题，提高质量。

还应当特别提到的是，尽管行动研究可由教师来完成，但由教育科研人员、协作教师和任课教师共同组成的"三方联合行动研究小组"常常是最理想的。

事例点击

以师爱化解学生对学校生活的恐惧[①]
上海市打虎山路一小　张爱勤

问题发现：P 在校内外反差大

一天早上，我看见班上的 P 正对送她上学的父亲大发脾气，样子很凶，全不像平时一副胆小怕事的样子。印象中 P 好像对老师有畏惧感，从来不敢正面看老师，不敢大声说话，很少在课堂上发言，很少欢笑。

为什么反差这么大？

问题症结：解读 P

询问 P 的父亲，得知 P 在家很任性，常对父母发脾气，有时还同母亲对骂对打。P 常常赌气上学，但一进校门遇见老师，马上会住口收敛，紧张得不得了。P 的母亲来参加家长会，我又了解到 P 在幼儿园时调皮好动。有一次因为扯小朋友的小辫子受到老师的惩罚，罚她待在厕所里，吃过中午饭教师才想起来，她整整哭了两个小时。她的母亲回想说，她好像是从那时起开始性情发生变化的。

我猜想：可能是幼年这段不正常的经历深深地刺激了 P，导致现在的她对学校和老师心怀恐惧；她爱在家里发泄，也许又跟她在学校里过得不愉快有关。

问题解决：转变 P

这样的猜测对不对，我心里也没数。但是，无论什么原因，当务之急是帮助她消除在老师面前和学校生活中的紧张感。

1. 对策与方案设计

（1）建议 P 的父母耐心对待 P，多给予鼓励，不训斥。

（2）不让她意识到老师是在教育她，改变居高临下的教育方式，建立起

---

①　陈桂生. 到中小学去研究教育 [M]. 上海：华东师范大学出版社，2000.

相互之间的信任。具体办法是：课堂轻松对话和交往，闲聊式的交谈。

（3）引导她体会教师的关爱，最后引导她改变对父母的态度。

2. 方案实施

（1）辅导性谈话：设法接近她，寻找与她闲聊的时机。

（2）创造让她参与课堂英语对话的更多的机会，鼓励她大胆参与。她开始变化：在家里喜欢谈论自己的老师了，对父母的态度有所好转，但还任性和大发脾气。

（3）教育性谈话：在好转的基础上与她直接探讨对父母的态度。

3. 实施效果

P同以往大不一样，主动举手发言了，能与同学主动交流，神情也比以前轻松愉快多了，对家人的态度也有所改变，但还无证据表明关心与体谅父母有实质性进步。

4. 反思讨论

我感到教育工作实在是一件感情与理智相互交融的工作。如果对学生缺乏爱心或关爱不得体，就难以赢得学生的信赖；此外，对学生的内心需要和行为问题要有敏感性、洞察力、理解力。教育工作既是一项非常困难和艰苦的工作，又是一项有创造性的、非常吸引人的工作。

我的一些行动策略是成功的，但也有遗憾。"教育性谈话"的效果不明显，P对父母的态度尚无实质性改变。那次教育性谈话设计还不精细，错失了一次机会。这些方面确实可以作为我们教育上努力的方向。

这是一个教育行动研究的案例，很能说明行动研究的大致过程——教师日常的行动研究，通常以发现自己教学中的问题或学生中的问题为开端，进而分析问题产生的原因，找出解决问题的策略，然后实施这种策略，在实施中反思策略得当与否，问题解决得是否完善，进一步修订和调整行动策略，如此循环，直到问题解决为止。

（三）校本行动研究走向"教育叙事"

叙事研究是质的研究运用的一种表现形式，它是通过对微观层面的细小事件的质的描述，来阐释流动在现象背后的事实。运用经验叙事的方法，研究教师的生活故事，从而挖掘并认识隐含在复杂多变的教育现象中的深层规律，不失为教育科学研究中一种新的范式。[①] 教育叙事既是行动研究结果的一种表达方式，又是行动研究的一个重要领域。

1. 叙事研究的蕴意[②]

所谓"叙事研究"，也就是由研究者本人"叙述"自己研究过程中所发生的一系列教育事件，包括：所研究的问题是怎样提出来的；这个问题提出来后，"我"是如何想方设法去解决问题的；设计好解决问题的方案后，"我"在具体的解决问题的过程中又遇到了什么障碍，问题真的解决了吗？如果问题没有被解决或没有很好地解决，"我"后来又采取了哪些新的策略，或者"我"又遭遇了哪些新的问题？

当"我"这样叙述"我"在研究过程中发生的一系列"教育事件"时，"我"在"叙述"过程中已经在"思考"或"反思"。"讲故事这种有用的反思方法，不仅可以对个别实践知识进行反思，而且可以帮助教师进行自我反思"。

更重要的是，当"我"这样叙述"我"在研究过程中发生的一系列"教育事件"时，"我"已经在收集研究资料和解释研究资料，叙述的内容也就构成了"我"的可供"公开"发表的研究报告。这种研究报告使以往的"议论文""说明文"式的研究报告转换为某种"记叙文"式的、"散文"式的、"手记"式的、口语化的心得体会。它显得更亲近读者或听众，正如陈向明博士所言，容易"使有类似经历的人通过认同而达到推广"。

这样一来，校本教学研究的基本过程就转换为中小学教师讲述自己（"我"）的教育故事。教师在叙述自己的个人教育生活史的过程中，实际上是在研究、反思自己的教育生活经历，反思自己在教学中到底发生了哪些教育事件。这种叙述使教师开始进入"研究性教学"的境界。

当教师讲述自己的教学研究的过程及其发生的教学事件时，教师可以不

---

① 张济洲. 走入教师日常生活的叙事研究 [J]. 上海教育科研，2003（7）.

② 刘良华. 校本教学研究 [M]. 成都：四川教育出版社，2003.

必盲目依赖于传统的概念体系和逻辑技术。教师讲述的教学事件和教师写的"教育论文"相比将会发生一些变化，将变得有情趣、活泼、生机盎然，变得日常、亲切、生活化，变得更动听、可读、可爱，令人感动，使人受启发，俏皮、欢快、美妙，有音乐性，有韵味，有灵性，让人心领神会，引起共鸣。

其实，教师叙述自己在研究过程中发生了哪些教学事件，叙述自己在研究过程中发生了哪些转变，这本身就是"问题—设计—行动—反思……"的一部分。这种叙述本身已经是一种"静思"。

2．叙事研究的基本诉求[①]

教育"叙事研究"的基本诉求在于，它不仅关注教育的"理"与"逻辑"，而且关注教育的"事"与"情节"。教育"叙事研究"努力恢复被科学话语遗忘和压制了的"寓言"（指宽泛意义上的寓言，相当于"故事"）的合法性，这使教育研究领域一度发出"走向叙事研究"的呼声，行动研究领域不少研究者将"叙事法"作为行动研究的一个基本方法，也有研究者称之为"叙事研究转向"。教育"叙事研究"由此而开发出一条新的教育研究道路。

第一，叙事研究重视"叙事者"的处境和地位。在由校外研究者和中小学教师合作的研究共同体中，教师作为"叙事者"得到了充分的尊重。

第二，叙事研究使教师在"叙事"中增强了教师个人的自我意识。

第三，叙事研究肯定了"叙事者"的个人"生活史"和个人"生活经验"对个人理解和发展教育理念的重要意义，并由此关注了"自传法"的方法论价值。

第四，叙事研究恢复被科学话语遗忘和压制了的"寓言"（故事）的合法性。它重视普通人的日常"生活故事"，且重视这些生活故事内在的"情节"，而不以抽象的概念和符号谋害生活的"情节"与"情趣"。

第五，叙事研究将教育研究从重复他人话语的"复述困境"（或"图书馆情结"）中拉回到"面向事实本身"。"面向事实本身"为教育研究带来新的变化，研究者不再依赖于他人的话语而转向直接讲述自己的教育生活经历和

教育生活体验，"做自己的事"，"说自己的话"。从这个意义上说，"走向叙事研究"是对"与历史对话"（即"走向历史"）的一种补充。

3. 叙事研究的写作

用叙事的方法表达教育行动研究的成果，大致可分为"教学叙事"（所谓"用钢笔录像"）和"生活叙事"，又由于教学叙事与生活叙事总是叙事者"个人生活史"的一系列片段，因此，真实的教学叙事或生活叙事往往有某种自传的性质，因此校本研究也可以用"自传叙事"的方式提出自己受教育的经历以及教学经历中发生的教学事件或生活事件。[①]

那么，叙事研究的写作应当注意些什么呢？

（1）采用"深描"的方式

教育"叙事研究"也就是叙说教育故事，这种"叙说"往往采用"深描"的写作方式。"深描"即教师比较详细地介绍教育问题或教育事件的发生与解决的整个过程，留意一些有意义的具体细节和情境，在叙事研究的报告文本中引入一些"原汁原味"的资料，比如学生的作品、学生的日记、某位学科教师对这名学生的评价，隐藏在学校建筑中的语言，等等。这种"深描"使叙事显得真实、可信而且富有"情趣"。

（2）注重叙事的"情节"

当我们认为故事有"情节"时，也就是说"讲故事"是有"事"的，讲故事总得讲述某个"事件"。任何故事，总意味着在日常的生活中发生了某个突发性事件，这个事件是日常生活中的一个偶然的变化，一个不确定的波折。它是日常生活中的一个起伏。正因为它是日常生活的波折、起伏，它才显得曲折、委婉而动听、可读。这就使故事具有了动听性和可读性。

（3）凸现叙事的"结构"

所有的"结构"都可以归结为一点，就是"意义"。要求一个故事有"结构"实质就是要求这个故事有"意义"，让人听了故事以后能明白某种道理。当然，这些"教育道理""教育理论"只能隐藏在故事或事件的背后，即用"藏而不露"的方式表达某种关于教育或人生的"道理"。

---

① 刘良华. 校本行动研究［M］. 成都：四川教育出版社，2003.

以"叙事"（讲故事）为特征的行动研究报告既不同于一般的教育"实验"研究报告，又不同于一般的经验总结。行动研究的报告是叙述某个人或某件事的故事，这个故事必须具备一些基本特征，比如所叙述的故事必须是教师自己亲身经历的，即教师"参与"其中并引起了某种"改进"。按照教师"参与"和"改进"的程度，"叙事"的内容可以分为三类：

第一类是教师对某个教育问题的解决过程的直接记录。由于行动研究强调研究的主题就是解决某个具体的教育问题的过程，所以，行动研究总意味着教师的教学行为或学生的学习行为获得某种"改进"。教育行动研究的报告也就是对整个教育问题的改进过程的深度描写。下面是一位教师日志中记录的个案。

事例点击

高高地举起你的左手

在一次上公开课时，我发现有一名平时从不举手的学生 M 举手了，我有些奇怪，便让他起来发言。但 M 站起来后一脸的羞愧和慌张，根本不知道问题的答案。

我让他坐下，没有批评这名学生，心里有些纳闷：这名学生为什么这次举手了呢？举手却为什么不知道答案呢？站起来之后的羞愧和慌张是否会对这名学生的心理造成伤害呢？

下课后，我把 M 叫到办公室。我安慰 M 说："今天你举手了，这很好，说明你在思考老师提出的问题。你能不能告诉老师，你当时究竟是怎么考虑那个问题的呢？"

没想到 M 说："其实我根本不知道答案。我不希望被同学看不起，所以我举手了，希望能够侥幸地蒙混过去，可是老师偏叫我回答问题。"

我当时听了很感动，犹豫了一下，对那名学生说："这样吧，我们做一个约定，以后每次上课你都积极举手，如果不知道答案，你就举右手；如果知道答案，你就举起左手。你一旦举左手，我就点你起来回答问题。"

在接下来的几天里，M 果然开始每节课都举手。同学们最初都觉得有些奇怪，但时间长了，同学们开始渐渐相信 M 是学习高手了。

有一段时间我做过统计，M举左手的次数为25次，举右手的次数为10次。但自从我找他谈话，把我统计的他举左右手的次数告诉他之后，他举右手的次数越来越少。

M在日记中写道："考上大学后老师来送我，他只对我说了一句话：'别让自卑打倒你的自信，换只手高举你的自信。'我终于明白了老师的良苦用心，他让我举右手并且少举右手只是为了让我超越自己，换只手高举自己的自信，赢自己一把啊！在人生的道路上免不了遇到对手和困难，但如果不能举左手，那么我们做的第一件事就是'举起自己的右手'……"①

第二类是教师对某个教育事件的"反思"。

下面是特级教师李镇西在他的一名学生死后写的反思日记。

事例点击

决不再对迟到的学生罚站

安妮有迟到的习惯。我多次找安妮谈心，建议她养成雷厉风行的好习惯，但她仍然常常迟到。

那天早晨安妮又迟到了，我让她站在教室外面。大概5分钟后，我怕校长看见，便让她走进教室。进来后，她走到自己的座位前想坐下，我说："谁让你坐下了？再站一会儿。"

她流泪了，但顺从地站在自己的座位前，并拿出书和大家一起读。

直到早读结束，她总共站了15分钟。

两节课后，她来向我请假，说头昏，想回家休息。我很吃惊，问她是不是因为早晨站得久了。她说不是，平时就头昏，是老毛病了。

第二天安妮的母亲来学校请假，说安妮病了，需要一段时间的治疗和休息。我开始感到自己做得有些过分：可能安妮当时已经病了，可我竟罚她站了那么久。

我问安妮的母亲，安妮究竟得了什么病，她母亲含糊地说："也没得什么大不了的病，就是……"

---

① 马国福.换只手高举你的自信 [J].做人与处世，2001 (7).

她不明说，可能有苦衷，我也就没往深处问。

过了两个星期，安妮的母亲来学校，说安妮的病情比较重，得休学治疗。我在吃惊的同时，内心深处暗暗庆幸总算甩掉了一个包袱！

半年之后，安妮返校复学，降到了下一个年级学习。在校园里遇到我时，她总是羞怯而有礼貌地和我打招呼，喊："李老师好！"

几个月后开始期中考试，那天刚考完最后一科，有一名学生来告诉我："李老师，安妮今天早晨……死了！"

我的心不禁一颤，手中刚收上来的一叠试卷滑落到地上。20分钟后，我和几十名学生赶到殡仪馆。安妮的母亲迎上来，用哭哑了的声音对我说："您这么忙还赶来，感谢您和同学们了。"

我心情沉重地说："太突然了，根本没想到。"

安妮的母亲流着泪说："安妮6岁就患上了白血病，当时医生说她最多能活3年。为了她有个宁静美好的生活，我一直没有告诉她，也没有告诉任何人。在许多人的关心下，她奇迹般地活了8年。谢谢您啊，李老师！安妮在最后几天，还在说她想念李老师，想同学们。她复学后一直不喜欢新的班级，多次说她想回到原来的班级。可是，她就这么……"

安妮母亲的话让我心如刀绞。在安妮纯真的心灵中，尚不知道她所想念的"李老师"曾为她降到另外一个班而暗暗高兴。

我忍不住哭起来。这是我参加教育工作至今，第一次也是唯一的一次因愧对学生而流泪。

当天晚上，我含泪写下一篇近五千字的文章《你永远14岁——写给安妮》。第二天，我含泪在班上为学生朗读，表达我悲痛的哀思和沉重的负罪感。

从那以后，我发誓：决不再对迟到的学生罚站！

第三类是"自传"叙事。这实质上是教师的"反思日记"，是有关个人如何成长或自我如何转变的故事。它可以从时间上回溯自己成长的历程，也可以就某件事、某个方面反观自身的认识发展或行为改进。

179

三、 观摩学习及其他

观摩学习是一种社会性学习，即通过观察别人取得"替代"经验，在"社会比较"中改善自身的社会行为。在校本研修中，对优秀教师的课堂教学活动进行观摩和分析，这是一种有效的教师训练的方法。这种观摩可以有两种方式：组织化的观摩和非组织化的观摩。组织化的观摩一般在观摩之前制订比较详细的观察计划，确定观察的主要行为对象、角度以及观察的大致程序，也可以进行有组织的讨论分析。非组织化的观摩则没有以上特征。一般说来，组织化的观摩要比非组织化的观摩效果好，除非观察者有相当完备的理论知识和洞察力。这种观摩可以是现场观摩，也可以是观看优秀教师的教学录像。

美国学者弗兰德斯提出的相互作用分析法就是一种组织化的观察法。弗兰德斯把这种方法用于实习生和在职教师的训练，结果发现，经过这种训练的实习生和教师更能理解学生的想法。还有研究表明，这种训练使教师的课内行为变得更加自然。不过，弗兰德斯的互动分析系统具有强烈的结构化、定量化倾向，用于校本研修的观摩学习须加以改造。

我国学者邵光华、王建磐曾对"教师专业发展取向的观课活动"做了深入的研究，下面做以概要的介绍。[①]

观课是学校教育中一种经常使用的形式，目的、作用具有多重性。观课可以根据目的分为两类：一类是我们都熟悉的以考核考评为目的的观课；另一类是以教师专业发展为取向的观课，这种观课就是非传统的、不以考核为目的的，以能够促进教师专业成长为宗旨的观课。从观课者与被观课者的关系来看，前者往往是领导或专家的观课，是一种自上而下的形式；后者常常是"侪辈"或"同类"观课，即是同级之间的观课，属于同事互助指导。从

---

① 邵光华，王建磐. 教师专业发展取向的观课活动 [J]. 教育研究，2003（9）.

过程来看，前者似乎只有一个环节，就是"听课"，观课之后几乎没有什么讨论，常常给出评价或权威意见就完事，缺少观课后的深入讨论和相互之间的交流切磋；而后者通常有三个环节——观课前的共同准备、观课过程、观课后的共同讨论，其中观课后的讨论是重要的一环，通过讨论达到预期的观课目的，进行的讨论通常是不带有评价色彩的，讨论中有充分的交流切磋。

（一）教师专业发展取向的观课策略

1. 观课内容的确定

就基于教师专业发展取向的观课活动而言，观课内容重点应依观课目的而定，不同的观课目的所确定的观课重心也不同。比如说，观课教师和授课教师都有兴趣探讨学生能否掌握某一个课题，他们的观课目的就是了解学生对课题的掌握情况，那么，观课教师的观课内容重心就要放在以下几个方面：（1）授课教师在讲授的过程中向学生提出了什么问题，学生是怎样回答的，是谁回答了什么问题，以及教师做出什么样的反应。（2）观课教师不仅要留意上述方面，而且要在这些项目上记下当时的情况，以便讨论时与授课的教师一同研究。（3）如果观课目的是探讨如何在课堂上照顾学生的个别差异，观课教师便要多留意授课教师的讲解是否能让每个学生都听得懂，小组讨论时有没有让水平高的学生照顾水平低的学生，所安排的练习是否适合不同能力的学生的需要，等等。

2. 观课方法

从方法论上来说，观课方法可以分为定量方法和定性方法，观课活动中可能只使用一种方法，也可能都使用。如果观课采用定量方法，那么就需要对课堂事件计数；如果采用定性方法，就需要对事件做出描述。比如："王明，你怎么回事？"从定量研究方法来看，这可能是教师在课上 40 个提问中的 1 个，在分类系统中它可能被编码为"管理的"或"对个别学生说的"类目中。如果采用定性研究方法，那么，就需要关注意义、影响以及对事件的个体解释和群体解释。这句话老师是用粗暴的声音说的，表明这位教师对王明非常恼怒，随之而来的可能是惩罚；如果教师是用和善的责怪的声音说的，那么接下来的反应将是不同的。而从学生的角度看，如果王明认为这是教师出于对他负责而做出的行为，那么他会内疚地听从教师的教诲；如果王明是一个敏感的学生，认为教师总是针对他，而忽略其他学生的不良行为，那么他就可能增强逆反心理。可见，定量方法（如对事件的计数）可能提供一些课堂上有趣的见识，但它在全面描述课堂生活方面不尽如人意；而定性方法能弥补这些不足。所以，观课中两种方法应根据观课目的适当兼用。

3. 注意对无声语言的观察

在观课中语言常常是被关注的中心焦点。由上面分析可以看出，同一句话（字面表达相同）用不同的语音语调说出来，表达的意思也不同，所以，观课中对这些有声语言应给予足够的重视。另外，无声语言也是一个重点，它包括教师的形体语言和教师在课堂上的移动或教师教室流向图。教师的一个眼神可能在制止学生的不良行为方面比大声训斥更有效，教师常用的手势之类的形体语言也许能辅助教学，使教学效果更好。教师在教室中的位置移动，有时也暗示着重要的信息，如教师特地走到某一学生的桌旁，有可能是要提醒他集中注意力；教师教室流向图分析也可以反映教师在课堂上的巡视是否合理，是否为每名学生提供了提问或寻求帮助的机会。

4. 观课记录

由于观课活动的一项重要内容是观课后的讨论，观课者和被观课者要对课上的活动、对话做详细分析，所以记录是必要的。观课记录方法有多种，各种方法都有利弊，最好综合使用。

在条件不允许的情况下，可以使用最简单的记录方式——笔录，这种方式比其他任何方法更能对事件进行详细分析，而且在观察时间内就可获得事件的全过程，不需要再额外花费时间。另外，笔录可以马上为观课后的讨论使用，观课后及时进行讨论能使教师和观课者清晰地回忆起发生的事件。但是，这种方法要求观课者在课堂上必须快速地决定要记录什么，所以，所记录的可能是较表面的或不可靠的，而且没有"重来"的机会。如果条件允许，可以使用现代录像带技术或录音带技术来记录，这种方法能获得可重复的声音、图像。

5．注意穿着和座位

为保证观课的自然性，观课者还应注意自己的穿着和座位。观课者应尽量穿得不引人注目并坐在教室的角落或最后，以免影响课堂事件的发生。如果是无计划观课，应事先与教师联系好，澄清观课目的和可能的结果。

（二）良好的学校观课文化的建立

良好的学校观课文化是教师专业发展取向的观课活动得以顺利开展的土壤。为了建立良好的观课文化，对于观察者来说重要的是"尽释前嫌"，放弃先前的判断，用宽阔的胸襟、客观的眼光去观课。必须让教师认识到观课的价值和对教师专业成长的意义，促使教师产生提高教学专业实践质量的愿望；有提高的愿望，才能有优秀的课堂观察。具体实施的时候，还应注意做好以下工作：

1．观课前的说明

为使观课目的性更强，应对教师进行必要的思想引导。第一，明确观课的目的，强调观课旨在促进教师的专业成长而非考核、分等级，不是褒贬某一位教师的教学能力和水平，而是探求相互促进的策略和方法，相互取长补短，有效地改善课堂教学。鼓励教师敢于尝试困难的课题和具有挑战性的活动，并且乐意向观课者请教怎样解决自己正在面临的难题，不要视观课为一场表演。第二，端正观课的态度。观课不是挑刺或找不足，课堂上好的和不好的事件都是有价值的，所以，观课教师不能对被观课教师存有挑剔之心。观课教师和被观课教师都要真诚相待，都应抱着轻松的心情和正常的心态对待观课。同事之间要互相支持、鼓励和体谅，互相合作，被观课教师在准备课的时候如果遇到问题要多向同事请教或与同事共同商量解决。第三，确定观课的中心内容，引导观课者与被观课者共同商定观课内容，让彼此知道重点要观些什么。一般而言，重点是双方或单方想克服、解决的困难或问题，如如何引发学生的学习动机，如何对待一些纪律欠佳的学生，也可能是观课者很想借鉴的教学方法或双方都感到困惑的教学问题等。

2．集体备课训练

集体备课可以让观课者与被观课者共同商定所感兴趣的教学课题，商定大家都方便的时间，预计会碰到的难题，并商讨解决的办法。观课者要在教案的设计上提出建议，也要帮助搜集资料和准备教具。这样，观课者就并非置身于事外的旁观者，而是一同寻求改善教学方法的伙伴，从而能够减轻被观课者的压力，也降低了考核的可能性。因为教案和教学程序是共同设计的，没有理由让授课的同事独自承担所有的责任，也没有理由从课堂上所观察到的情况考核授课的教师，其实授课的教师只不过是集体设计的教案和教学程序的演绎者，这样将有助于良好观课文化的建立。

3．观课技巧培训

课堂上的观察要针对观课前与授课教师共同商定的问题或范畴，记下课堂上的情况，这些资料将会成为讨论时可援引的例子，从而避免空泛的讨论。例如，观课和授课教师都有兴趣探讨学生能否掌握某一个课题，观课的教师便要留意授课教师在讲授的过程中向学生提了什么问题，学生是怎样回答的，是谁回答了什么问题，以及教师做出什么样的反应，观课教师要在这些项目上记下当时的情况，以便讨论时和授课教师一同研究。如果双方都希望探讨如何在课堂上有效地开展合作交流学习，观课教师便要多留意授课教师在教学过程中的整体操作安排和引导情况，以及学生在合作交流过程中的种种表现，可能还要深入小组细致观察讨论的具体细节，体察是否进行了真正意义上的合作与交流等。在观课的过程中，观课的教师可以把自己想象成学生，自问一些问题："我投入吗？我明白了吗？我感到困倦了吗？"这种想象的经验可以帮助观课的教师看见教师一般看不到的盲点。其实观课的教师也可以在下课后直接与个别学生交谈，了解听课情况，但要避免交谈授课老师教得如何，焦点应放在学生对课题的理解上。

4．观课后的讨论技巧

观课讨论的焦点是课题内容、教学处理过程和学生的行为表现。观课完毕，许多授课教师都习惯问观课的教师"你觉得这一堂课怎么样"的问题，这样的问题很容易引导观课教师评估那一堂课教得好不好，从而偏离了同事互助观课指导的精神，这对讨论原先大家想探索的问题没有益处。所以，与其问"你觉得这一堂课怎么样"，不如问"针对事前我们感兴趣的问题，你想先谈哪一个环节或部分"，这样，对方便可把观察到的有关资料罗列，而后再仔细讨论。总之，观课教师应不要急于赞赏、批评或下结论，被观课教师也不要急于了解观课教师对自己授课的评价，而应先对计划观课的内容做一番讨论。观课后的讨论内容应该是观课前与授课教师共同商定的问题或范畴，或双方都感兴趣的、都想研讨的问题或事项。讨论中要如实报告观课记录，一同分析讨论，结论应该由双方一同分析后获得，而不是由观课的教师告诉授课教师。讨论时不妨多想象自己是学生，体会学生在那一堂课里有怎样的体验。多用开放式的问题与同事探究答案，避免提供权威意见。

（三）教学决策训练

教师的教学过程中包含着一系列的决策，判断自己的教学行为所引起的学生的反应是否符合期望，如果符合，就继续维持自己的行为；如果不满意，就要采取一定的预防和矫正措施，等等。通过让教师或实习生进行教学决策的训练，可以提高教师的教学能力。Twelker 设计了决策训练的程序，事先向接受训练的教师或实习生提供有关所教班级的各种信息，包括学业水平、学习风格、班级气氛等等，可以是印刷资料，也可以是录像等，然后让他们观看教学实况录像，从中吸取自己认为重要的经验。在此过程中，指导者一面呈现出更恰当的行为，一面给予说明。通过这种方法，教师和实习生可以获得近乎实际上课的经验，而且可以获得指导者的及时的解释说明。这种方法不仅可以改善他们的教学行为，而且可以使他们对决策的有效线索更加敏感，而这正是专家型教师的重要特征。

在校本研修中，教学决策训练可以通过集体备课中的相互交流、相互切磋来进行，也可以在教研活动中以专题或专项研究的形式展开。

（四）小课题研究

小课题研究是一种以解决某个特定问题为目的的定向性研究。较大的、合作性的课题通常有较为严格的程序和规范，如选题和论证课题、确定研究对象、拟订研究计划、选择研究方法、组织研究活动、检测研究结果、形成成果报告、结题和评审，等等。对于绝大多数教师来说，校本研修中的课题研究有自己的特点，那就是课题来自于平日的实践，也许教学中的"问题"就是研究的主题或课题；工作就是研究（行动研究），其成果也往往主要看实践的进步。当然，教师也可以就自己感兴趣的问题进行探索研究，也应当有一个如何结合自己工作进行自觉、有序研究的计划，研究的成果最好也诉诸文字表述。下面我们看两个案例。

第一个案例对如何处理学校的"大课题"与教师自己的"小课题"之间的关系颇富启发作用。

事例点击

课题研究重在过程

北京市朝阳区垡头一小　万康道

科研兴校是许多学校谋求发展的一条有效途径。作为领导应该走出两个误区：承担课题级别越高越好，承担课题越多越好。我认为，学校毕竟不是正规科研机构，选题过大，不能宏观把握整个科研进程；选题过小，不能带动学校整体工作的开展；选题过于专业，教师的研究水平与所研究内容相差太远而无法完成。我校独立承担区级立项的课题"培养师生信息素养"，并参与"阅读策略和同伴阅读——东西方跨文化研究"课题研究，按照学校实际，让教师从课题角度去研究日常的教学，相辅相成，使师生尝到了甜头。

从对教师的科研能力的培养上来看，学校不能仅仅关注学校有了课题，教师承担了课题，更应该关注教师是怎样进行研究的，必须给予相应的方法指导。

"阅读策略和同伴阅读——东西方跨文化研究"课题的周密计划给了我们一个很好的示范。它从对教师的培训到对学生的培训再到阅读活动的具体开展，每一个环节都有非常合理的安排，这避免了我们以前课题研究中的弱点。我们抓住这个机会，尽可能地从学校管理角度保证课题进展的实施，关键环节是：按计划时间实施、按计划内容实施、出现问题及时调整。

其中，"培养教师信息素养"这一课题的研究深受大家欢迎。首先，课题要求教师们针对教学内容进行分析，针对教育问题进行研究，看看哪些内容可以通过搜集整理使用信息获得更多效果。然后，根据授课需求、个人能力水平、学生实际情况搜集相关材料，制订方案后加以实施，运用《信息搜集卡》《信息运用卡》记录教师信息素养的收获。

亮点一：劳动课《种植二——养花》

由于实际生活中学生对于养花知识了解的层次不一样，教师先动手搜集有关种植的材料，以备学生咨询；在寒假前，又购置几十株水仙，在实验班，师生共同通过获取信息了解水仙的习性、培植知识等，然后亲自试验；最后开展"鲜花送给可爱的人"活动。这样一系列的安排，教师和学生都非常感兴趣，使我们的"培养教师信息素养"这个专题更深入，更有效。

亮点二：语文课《再见了！亲人》

教师将所搜集的信息进行分类、精简、排列，课前找到魏巍的《谁是最可爱的人》让学生传阅。一幅幅真实的不是亲人胜似亲人的离别图，高高飘扬在阵地上满是弹孔的战旗图，参加抗美援朝的志愿军战士在各个省市的分布图，牺牲的数据统计等等，课上课下、课内课外，大量信息的传输、内化、反思，使得中国人民志愿军与朝鲜人民不是亲人胜似亲人的情感在课堂中淋漓尽致地表现出来。虽然新的课型还需要进一步探讨，但教师们深刻地体会到教师信息素养的提高，确实丰富了自身知识内涵，丰富了教育经验，同时在最终为学生服务时取得良好的效果。学校在期末对教师们所搜集的各类信息进行归类整理，建立资料库，以便在新学年大家共享。

亮点三："家庭消费一览表"调查

在"培养学生搜集处理运用信息能力途径与方法的研究"的子课题研究过程中，需要教会学生通过数据统计获取信息。管理人员及时和教师研究指导方法，拟订方案，不满足于数学课上的统计计算，而是拟订了一个让学生充分体验统计过程、根据统计结果进行计算分析并运用信息得出结论的实施方案。以"十一国庆黄金周"为调查的时间范围，制订了《家庭消费一览表》，学生在假期将这7天的所有消费记录下来，然后教师带领学生将这些消费分成旅游、医疗、服装、学习用品、日常生活用品等项目，分小组进行归类整理，并在此基础上教给学生家庭平均消费数、分项消费总数、总消费额几个数据的计算方法，得出现代家庭的消费倾向等结论。

值得一提的是，在科研过程中，学校管理者应该首先对教师提供方法指导、资料准备、心理支持等，时刻关注教师对待科研课题的态度和执行情况，这样才能避免出现由于管理不严，课题研究成果"注水"现象。

[载于《现代教育报》]

第二个案例为校本研修中的课题选择与展开提供了很好的思路。

事例点击

别小看不起眼的小课题
——从课题成果展示会看成都市武侯区微型教学科研

2004年5月19日，成都市教科所和武侯区教育局在成都市双楠中学举办《通过教育科研推动骨干教师专业发展的实践研究》课题成果展示会，以参研者自诉、课题个案展示和专家点评的方式，展示了武侯区骨干教师微型科研的研究成果。

从2000年开始，成都市武侯区承担了该课题，这一课题是四川省"十五"教育规划课题、成都市"十五"教育科研重点课题，共有26个学校分别承担了相应的子课题。

"面对学生，只有一个个尚待解决的问题"

玉林小学的刘勇老师教书仅3年，他的微型科研课题是《"问题解决"在电脑机器人活动中的应用》。

课题个案展示时，穿着翠绿色短衬衫、白色休闲裤的刘勇老师走上讲台，青春阳光，就像个高中生。可是，8分钟的讲解结束后，他就成为现场听课者眼中闪亮的"新星"。专家的评价是："这是一个有自己思想的教师，他在自觉地思考与追求，自觉地践行着理想的教育理念。中国教育，需要这样的教师。"

刘勇做了些什么？刘勇做了一个"面对学生，只有一个个尚待解决的问题"的科学课教师，一个"让学生猜不到答案，因为自己也没有答案"的"教育玩家"，一个在已掌握知识的基础上与学生共同探索未知世界的探险队的领队……

2003年，机器人教学被引入成都玉林小学的科学课课堂，受学校委任，刘勇成为学校机器人活动小组的教练兼领队。"上这种课绝对是一种挑战，因为我也不知道怎么去做一个机器人。"怎么办？只能带着问题上！

于是，玉林小学科学课的课堂状态是：放着流行音乐，一名教师和一群孩子一块玩。一会儿，孩子们问："如何搭建一个快速向前跑并能取物的机器人？"刘勇鼓励孩子们自己琢磨……在这样的课堂上，刘勇总是"不经意"地为学生创造多样的实际情境，激励学生独立探索，让学生自己提出高质量的问题，培养学生多向思维的意识及习惯，同时，让学生认识到解决问题的途径不是单一的，答案也不是唯一的！

可是，在四川省首届电脑机器人大赛的模拟赛中，玉林机器人小组的参赛作品——机器人"笨笨"在搬运比赛中一次也没有成功，失败了！比赛结束后，刘勇听到两个队员的谈话："看到那个用涡轮牵动齿轮的夹子了吗？""看到了，是3号马达逆时针外转，牵动冠形齿轮3秒以上的时间就可以……"刘勇明白，学生自己找到了答案，他们学会了学习与探索自己需要的东西！

在此之后，学生李端萱带着"笨笨"在四川省首届电脑机器人大赛中获常规第三名，随后代表四川参加第三届全国青少年电脑机器人大赛，获机器人搬运比赛金牌。

个案展示时，刘勇引用了一句话——"教育几乎不可能追上知识的增长和技术的跨越性发展"，所以，教师知识的存储不能再停留在"一杯水"还是"一桶水"的争论中，而应该进入教师"终身学习"和与学生"共同学习"的命题上。

科学课的困惑与实践，让刘勇选择了"问题解决"这一微型课题，因为这是让他最苦恼也最感兴趣的教育问题，他愿意为这样的问题去思索，去实践，而在探索的过程中，他见证了孩子们的成长，也拨开了心中的迷雾。

微型科研，是让教育问题的学术研究回到鲜活的现实之中，回到课堂，回到教师内心中去。

"老师，你在状态吗？"

棕北中学的地理教师周永莉和生物教师李剑遇到了一个共同的教学难

点——如何组织学生在课堂上的观察活动？怎样才能让它更符合新课程标准，更能调动学生的积极性，更加有效？于是，她们合作提出微型课题《中学生物、地理课堂活动中观察活动的组织策略》。

金花小学马双双、江学君两位教师感到男孩子们在艺术课上表演时表现得有些胆怯，因而立项研究《小学艺术课中男生主动表演的策略研究》。

成都市机投中学的李建容老师，根据多年的教学实践发现：学生在进行八年级数学运算时，常因情绪上的畏惧而出错，于是提出《如何提高分式的四则混合运算能力》的微型科研课题。为了解决这个难题，他不断想办法，终于在半年后找到了对策，研究出一套面向全体学生，轻松易记的解题方法……

以上个案，只是武侯区骨干教师提出的微型课题中的一小部分，但它给我们的启发却是耐人寻味的：课题都很小，课题都很具体，课题都很有意义，课题都可以推广……

更为重要的是，这些课题研究显示出一种教师职业状态，一种教育工作者应该具有的职业素养、职业理想和职业境界：教师是自身专业发展的主人，要对专业教学负责，从而形成良好的职业品质。

"老师，你在状态吗？"在职业中经历痛苦与艰难的同时，是否体会到了幸福？在遭遇"职业倦怠"之后，是否找到出路并因此获得巨大的欢乐？

在微型课题的展示过程中，一些生动的场景打动着每一位参会者，我们需要大型的科研课题，但也需要科学的实践与理性的反思。武侯区《通过教育科研推动骨干教师专业发展的实践研究》总课题组的研究者们也明确了今后研究的方向：微型科研课题的机制保障在哪些方面还需要更完善？微型科研课题与一般科研如何整合？微型科研课题的成果如何去推广……

[胥茜文，载于《中国教育报》，2004 年 6 月 3 日]

四、 研修成果的聚焦

教师校本研修的成果，一般表现为两种形式：一种是实践活动质量的提高，具体表现在教育工作的进步上；另一种是形成书面形式的"物化"成果，具体表现为各种"文本"。一些教师往往不在乎书面文本的写作，其实这样并不合适。形成书面文本是教师研修非常重要的一环，它不仅能将研修成果固定化，使之有可能成为学习共同体共享的精神财富，而且它也是研修主体将意会知识显性化、模糊认识清晰化、零散想法条理化、直观经验概括化的关键一步。教师在校本研修中不但要"立德""立功"，而且要"立言"。

那么，教师校本研修的成果有哪些文本形式呢？我们把它分为三种文本形式：一是教育实践文本；二是教育叙事文本；三是教育论说文本。

（一）教育实践文本

教育实践往往需要教师提供一定的"文本"来保证它的有效运作，这种依附于实践工作并直接为实践活动服务的书面作业，可以概称为"教育实践文本"，它在教师日常写作中比重较大。概略地划分，它还可分为：

1. 教育设计类

包括教育策划、学年（期）班队活动安排、大型歌舞晚会或综合实践活动策划等等；各种教育计划，如各学科的学年（期）教学计划、课时计划（教案）等等，当然也包括各种教具和电子课件的设计。

2. 教育总结类

如学年（期）工作总结、专题工作总结、试卷分析报告、个人评聘申请报告，等等。

3. 教育文稿类

如说课稿、听课记录、专门的发言稿、课堂教学实录，等等。

教育实践文本的写作应紧贴实际，注重实用，要言不烦，平实铺陈。教师写作教育实践文本时，应认真负责，实事求是，以一种"探索"和"研究"的态度去处理，久而久之，这些实践文本就会积累成有价值的研究资料和教育资源。

（二）教育叙事文本

教育叙事是教师记述自己亲历（所见、所闻、所历）的日常生活事件的故事性文本，一般具有情景性、细节性、实践性、反思性等特点。它并不追求"宏大叙事"的效应，也不以理论的面目示人，而是从那些具体的、在身边发生的事情说起，娓娓道来，把自己的感受与认识蕴藉于有趣的故事之中。由于教育叙事并不要求教师超越他的思维习惯和话语系统，去构造理论的鸿篇巨制，而是"回到他们自身的生活"去叙述最熟悉的事情，因此，成为校本研修中最重要，也是教师最易于、最乐意采用的表达方式。

要严格区分教育叙事文本的类别是很困难的，下面我们选择几种有代表性的形式，做以简述。

1. 教育案例

教育案例是有关教育情境的故事。举凡教学叙事、生活叙事甚至个人发展史追踪等等都可视为教育案例。教育案例区别于论文之处在于：在文体和表述方式上，以记录为目的，以记叙为主，兼有议论和说明；在写作思路和思维方式上，其写作是一种归纳思维，思维方式是从具体到抽象。区别于教案、教学设计之处在于：对已发生的教育过程加以反映，写在教之后，是结果。区别于教学实录之处在于：依据撰写的目的，对教育情境做有所选择的描述。教师撰写教育案例的目的通常是学习运用理论，总结教改经验和促进交流研讨。

写好教育案例要注意两个方面：[①]

（1）案例的结构要素

从文章结构上看，案例一般包含以下几个基本要素：

①背景

案例需要向读者交代故事发生的有关情况：时间、地点、人物、事情的起因等。如介绍一堂课，就有必要说明这堂课是在什么背景情况下上的：是

---

① 张肇丰. 谈教育案例［J］. 中国教育学刊，2002（4）.

一所重点学校还是普通学校，是有经验的优秀教师还是年轻的新教师任课，是经过准备的"公开课"还是平时的"家常课"，等等。背景介绍并不需要面面俱到，重要的是说明故事的发生是否有什么特别的原因或条件。

②主题

案例要有一个主题。写案例首先要考虑这个案例所要反映的问题，是说明如何转变后进生，还是强调怎样启发思维，或者是介绍如何组织小组讨论，等等。比如，学校开展研究性学习活动，不同的研究课题、研究小组研究阶段，会面临不同的问题、情境、经历，各有其特点，写作时应选择最有收获、最具启发性的角度切入，从而确立主题。

③细节

有了主题，写作时就不会有闻必录，而是对原始材料进行筛选，有针对性地向读者交代特定的内容。比如，介绍教师如何指导学生掌握学习方法，就要把学生从"不会学"到"会学"的转变过程，特别是关键性的细节写清楚，不能只是把"方法"介绍一番，说到"掌握"就一笔带过。

④结果

一般来说，教案和教学设计只有设想的措施而没有实施的结果，教学实录通常也只是记录教学的过程而不介绍教学的效果。案例则不仅要说明教学的思路，描述教学的过程，还要交代教学的结果——某种教学措施的即时效果，包括学生的反应和教师的感受等。让读者知道结果，将有助于加深其对整个教学过程的了解。

⑤评析

对于案例所反映的主题和内容，包括教育教学的指导思想、过程、结果，以及利弊得失，作者要有一定的看法和分析。评析是在记叙基础上的议论，可以进一步揭示事件的意义和价值。比如，同样的一个"后进生"转化的事例，可以从教育学、心理学、社会学等不同的理论角度切入，揭示成功的原因和科学的规律。评析不一定是理论阐述，也可能是就事论事，有感而发。

（2）写好案例的关键

写文章要考虑方法，有了完整的故事结构并不等于有了好的案例。写好教育案例的关键是：

①选择复杂的情境

所谓复杂的情境，是指故事的发生、发展具有多种可能性。教师在教育教学活动中面临着各种各样的问题情境，需要进行判断和选择。复杂的情境提供了更多的选择、思考和想象的余地，可以给人以更多的启迪。学校教育教学中有许多典型事例和两难问题，案例可以从不同角度反映教师处理这些问题时的行为、态度和思想感情，提出解决问题的思路和例证。

所谓复杂，也是相对的。你认为复杂，他认为不复杂；以前觉得复杂，现在觉得不复杂。教育情境的选择是因人、因时、因地而异的。为此，选择情境和材料要有针对性：一是要符合当前教改实践的需要，提出人们所关心的、想了解的事情和问题；二是要考虑案例交流的范围，是公开发表，还是校内交流，或者仅供个人参考。总之，撰写案例不能只顾讲述一个生动的故事，还要注意为什么讲、向谁讲的问题。

②揭示人物的心理

人物的行为是故事的表面现象，人物的心理则是故事发展的内在依据。面对同一个情境，不同的教师可能有不同的处理方式。为什么会有各种不同的做法？这些教育行为的内在逻辑是什么？执教者是怎么想的？面对这些问题，案例能够深入人的内心世界，让读者"知其所以然"。这也是案例不同于教案和教学实录的地方。

人物心理的另一个重要方面是学生的心理活动。由于案例一般是教师撰写的，注意力容易偏重于教师自己怎么想的、怎么教的，效果如何，往往忽略了学生的心里是怎么想的，对教学效果的看法是否与教师一致等问题。人们常说，"备课要备两头"，即备教材、备学生，真实地反映学生在教育过程中的想法和感受，是写好案例的重要一环。

③具有独到的思考

同一件事，可以引发不同的思考。从一定意义上说，案例的质量是由作者的思考水平决定的。因为，选择复杂情境，揭示人物心理，把握各种结构要素，都是从一定的观察角度出发，在一定的思想观点的引导下进行的。要从纷繁复杂的教育现象中发现问题、提出问题、解决问题，道出人所欲知而不能言者，需要有一双"慧眼"。具备这样的功力没有什么秘诀和捷径，只有在长期的磨炼中去领悟和掌握。

案例能够直接地、形象地反映教育教学的具体过程，因而有很强的可读性和操作性，也非常适合于那些有丰富实践经验的第一线教师来撰写。要写好案例，一是要有实践的基础和经验的积累，二是要有一定的写作技能，重要的是加强理论学习，不断地进行实践探索。一篇好的案例，可以胜过许多泛泛而谈的鸿篇巨制。

事例点击

一、一堂课要有好的开头

在教学《比较分数的大小》时，以讲猪八戒吃西瓜的故事导入："话说唐僧师徒四人去西天取经，走近火焰山，热得要命。八戒到一户财主家要来一个西瓜，大家十分高兴。八戒心想：如果四人均分，我只能吃到这个瓜的四分之一。因为西瓜是我要来的，应该多吃一份，于是他提出给他五分之一。悟空听了，哈哈大笑，满口答应。谁知八戒分到五分之一西瓜后，十分生气。八戒为什么生气呢？今天我们学习了比较分数的大小便知道了。"板书课题，进行新课。因为"故事是儿童的第一需要"，生动的数学故事令人终生难忘，故事中有生动的情节、表现了人物丰富的情感，所以开讲时寓教学于故事之中，能带学生进入情境之中。

（锦江区　文军）

二、游子的深情吟唱

——《游子吟》教学随记

成都师范银都小学　文莉

课堂上，我们正在学习早就会背的唐代诗人孟郊的诗歌《游子吟》。刚读完课题，有个孩子就问道："'吟'是什么意思呢？"大家立刻主动地翻阅字典，浏览整首诗。可是，出现了异议：有的说像《石灰吟》一样，"吟"是诗歌的一种体裁；有的说"吟"是低声地唱。我说："读完诗歌，我们再来看看'吟'到底是什么意思吧。"大家一致同意。

我说："熟读诗歌后，再仔细地想一想诗歌的什么地方最能打动你，用你喜欢的方式研究研究。"孩子们开始自己研究，并各抒己见。大多数孩子对

"密密缝"深有感触。

生1：结合课文的插图，我想象出这样的情景——母亲在微弱的油灯下，细细地、密密地为即将远行的孩儿缝着衣服。"意恐迟迟归"，孩子这一去不知道哪天才能回还啊！慈祥的母亲生怕孩子在途中挨冷受冻，赶着给孩子密密地缝制衣服。真是"临行密密缝，意恐迟迟归"啊！（师生共同体会诵读：临行密密缝，意恐迟迟归。）

生2：我反复读了整首诗，从"密密缝"体会到了字里行间融入的母亲的深情。年迈的母亲在微弱的灯光下，一针针、一线线，为孩子密密地缝着衣服。一声声叮嘱，都融进这一针一线中。这是一首无言的诗、无字的诗，一针一线把母亲的心与游子的心连在了一起。（师生进一步体会，读"临行密密缝，意恐迟迟归"。）

师：带着你的理解，同桌再相互读一读诗歌，看看你听出了什么。

大家反复地读着，并相互交流着听出的情感，诗句更有情了。我问："你们觉得'吟'是什么意思呢？"孩子们几乎都同意——"吟"的意思是低低地唱，也许是游子看到母亲临行密密缝的情景时，在心底轻唱着这首诗；也许是离开母亲的日子里，低低地唱着这首诗，思念着慈爱的母亲；也许是游子对月当空，倾诉着对母亲的深切思念。我提议，我们一起吟唱这首诗。于是，大家轻轻地吟诵起来：

慈母手中线，游子身上衣。

临行密密缝，意恐迟迟归。

谁言寸草心，报得三春晖。

学习古诗后，我问："读了这首诗，你想说点儿什么？"孩子们提笔写了起来。雪雪写了一首小诗：

母爱是阳光，温暖着我们的心。

母爱是泉水，滋润着我们的心。

母爱是高山，理解着我们的心。

我们是小草，拥抱着母亲的心！（我建议她把"体会"改为了"拥抱"）

即将远渡重洋的陶子由这首《游子吟》触发了另一种思绪，他念了自己的周记：

夜深人静时……

夜深人静时，你会干什么呢？也许你会在床上呼呼大睡；也许你会在熬夜做作业；也许你会入迷地读着一本好书；也许你会听着虫子们的细语慢慢入睡；也许你会仰望天穹，迎着微风……

可是，夜深人静时，我总是看着天花板发呆。大家都知道，我要去加拿大了，大家都羡慕得不得了，认为加拿大生活非常好，在那里一定会非常舒服，说不定我连中国都不想回了。可是他们哪里知道，我一千个一万个不情愿。我身边的朋友总是问："陶子，加拿大那么好，你多久回来呀？"另一个同学说："要很多年后才回来吧？"听到这些话，我只能微微一笑。我真的不想走啊！

他们只知道加拿大非常干净，也非常富有；他们只知道只要去加拿大，就可以说一口流利的英语；他们只知道，在加拿大学习可能比这里轻松；他们知道我去那里，学校一定会很欢迎……可他们知道我要失去的一切吗？

我要放弃我的故乡中国；我要放弃在中国写出的一手好文章（有很多中文，英文不好翻译）；我要放弃许多好朋友；我要放弃可爱的学校、老师、同学；我要放弃在祖国的亲人，要放弃与我朝夕相处的小狗陶陶……要放弃这一切真的很难。别人也许认为我很坚强，其实我是一棵玻璃草，很脆弱，有一颗易碎的心。

11年的情分不开，11年的义隔不断。在夜深人静时，我总是望着天花板，黯然泪下……

教室里一片沉闷，只听见陶子压抑的呜咽。我知道陶子的妈妈已经无数次催促陶子到加拿大去，到妈妈的身边去；我也知道陶子一直深深地爱着妈妈，想念着妈妈，做梦也想和妈妈在一起；我还知道陶子反复地找着借口，不愿去……从来很能够控制自己情绪的我第一次在课堂上失态了，我忍不住痛哭起来。所有的学生都是我的孩子，我深爱着他们。如今陶子要离我而去，这一别，也许永远再没有相见的机会。此刻，我深深地体会到了、感受到了诗歌中那位慈祥的母亲的心情，她强忍着母子分别的悲伤，把所有的爱、所有的叮嘱、所有的牵挂，一针针、一线线地缝入"游子身上衣"。同学们也忍不住哭了起来，他们更不愿亲如姐妹的陶子离开班集体这个家，教室里一片低低的哭泣声。同学们和我各自咀嚼着自己对诗歌的体味，我们哽咽着，深情地吟起了《游子吟》。

2. 教育随笔

教育随笔是比教育案例更为随性的一种记事文本，但凡日常的所思所想、生活感受、读书札记、逸闻趣事甚至即兴的创作或情绪的抒发，都可以信手拈来，写成教育随笔。

教育随笔的写作也有一定的要求。下面是一位老师的看法：

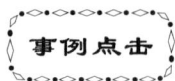

事例点击

我写教育随笔

江苏省吴江梅堰实验小学　孙惠芳

教育生活五彩斑斓、多姿多彩，如何做个有心人，将教育中不断演绎生成的点点滴滴、喜怒哀乐记载下来呢？教育随笔，是一种比较合适的载体。教育随笔，重在一个"随"字。它的形式灵活自由，它的内容短小通俗，它的风格随意平和，它的"脾性"很适合我们教学第一线的老师。

那么，撰写教育随笔必须具备哪些条件呢？下面，我结合自己的经历借用四句诗来谈点儿粗浅的看法：

"腹有诗书气自华"——有底蕴

"衣带渐宽终不悔，为伊消得人憔悴。"这首先要求我们教师做到对自己的教育事业有一股痴迷劲儿，把撰写教育随笔当作自己无悔的追求，为它牵肠挂肚，为它时喜时悲，为它如痴如醉，为它无怨无悔！如果能做到这一点，便能在繁忙琐碎的工作之余千方百计地挤出时间充实自己，将自己的所思所得、所感所悟倾注于这小小的笔端。因为我快乐，所以我要写；因为我在写，所以我快乐！

当你深深地爱上了教育随笔时，当你不再把它仅仅看成完成上级的任务时，当你不再把它视作为写作而写作时，你才会忽然发觉这是一种无与伦比的幸福享受！有时为了写好一篇随笔，白天食不知味，晚上辗转反侧的情况时常会发生，从构思、动笔到修改、成文，成为一段颇为艰辛却相当难忘的经历。然而，每当看到自己的文字变成了铅字，散发出醉人的油墨清香时，我便觉得：再苦再累都值！刊登了文章便又再写，写了又刊登，如此循环，成了促使我写下去的不竭动力。

"为伊消得人憔悴"——有痴劲儿

"读书泉声满沧海，下笔流云走泰山。"书本，早已和油盐酱醋一样成了我生活中的必备品，每天读书两小时已成了我雷打不动的习惯。无论多忙，无论多累，无论我走得多远，我总不忘随手翻书，流连其间，让书香溢满我的心田，让书香释放我的情感，让书香驱逐我的疲惫，让书香提升我的境界——那种如品香茗的感觉久久萦绕在心头，让人难以忘怀！

我看书杂乱无章，爱看含义深透的哲理小品，也爱看文笔犀利的杂文短论。因为，"一个真正的人应当在灵魂深处有一份精神宝藏，这就是他通宵达旦地读过一二百本书"（苏霍姆林斯基）。

读书，使人聪慧；读书，使人明理；读书，使人站得高，看得远，使人的见解和视野更加开阔。最重要的是，读书，为我的教育教学滋养了底气与灵气，撰写教育随笔时也能得心应手，水到渠成！

"北去南来自在飞"——有思想

文章如果是一杯水，那么思想的调味品能使这水变得多滋多味，留有余香；文章如果是一张纸，那么思想的色彩会使它顿时生机勃勃，多姿多彩！

思想从何而来？关键是要学会思考。思广则能活，思活则能深，思深则能透，思透则能明。总结课堂得失，反思教学成败，清理工作思路，多思、爱思，才能善思、深思。时间一长，你就会在无意中惊异地发现，一向熟视无睹的事物中隐藏着真知，一向平淡无奇的现象中包含着深意。思考，使人的思想不甘于平庸；思考，使人的大脑变得富有智慧；思考，使可遇不可求的灵感倏忽而至。

应该说，我的《教育十问》《教育十呼》《教育十思》等一系列文章都是我长期思考的结果。对于教育中出现的哪怕是一个微不足道的现象，我都会想想为什么会这样，它的背后还隐藏着什么教育规律……从多个角度去看待问题，联系自己的亲身实践再参考名家名师的观点，才会使自己形成独特的个性与思想。

"领异标新二月花"——有创新

教育的对象是活生生的人，孩子如同尚未炼成的钢铁，他们等待着一座座创新的火炉。因此，教育和工人生产产品不一样，它每天都是新的，具有不确定性，它应该是一项充满创造的事业。撰写教育随笔也是如此。

"不能光奏前朝曲，要有新翻杨柳枝。"教育随笔要从别人习以为常、司空见惯的现象中挖掘出新意来，就要跳出僵化、死板的格局看教育，就要避免平庸无奇、拾人牙慧。"文章最忌随人后，自成一家始逼真。"如果离开了自己的思想，离开了新意，一味地模仿，一味地"复制"别人的东西，那么再好的教育随笔也只能如同一张失血的脸，显得苍白无力；再高深的文章也只能是一副无血无肉的骨架，令人味同嚼蜡。

创新是水，能滋润窒息的绿叶；创新是火，能点燃教育的激情；创新是神奇的魔方，能使教育随笔充盈着灵性！

[选自《人民教育》，2004年第7期]

案例分析

校园网上的随笔①

苏州的胜浦镇，是一座仍保留着水乡习俗的小镇。镇上的金光小学，建成仅五年。在学校的校园网上，我们看到一位老师写的教育随笔——《有一种思绪叫怀旧》：

"或许，我还未从学生调研测试惨败的阴影中走出；又或许，是学校领导对我们语文教学工作的悲观失望深深影响了我。这学期工作时已明显少了些往日的激情。以前的我曾一度神采飞扬，对未来充满无限憧憬；可如今我已变得战战兢兢，不敢再有什么奢望与斗志。

"但我又清楚地知道这种'破罐子破摔'的想法是绝对要不得的。因为我无法面对40多双诚挚的眼睛，我也无法承受自己良心的责备。但我失落的自信又该如何找回呢？每思及此，心里总会涌起一股难以名状的悲哀。"

校长庄林生告诉记者，金光小学的语文教学不是很好。在不久前的一次

---

① 梁伟国，李帆. 教育随笔：改变教师的行为方式 [J]. 人民教育，2004（7）.

测试中，语文测试的成绩很不理想。于是，庄林生在校园网上发了一篇教育随笔，说"学校的语文教学没有与时俱进"，这位教师的随笔就是针对他的这篇文章而写的。

"老师能将这样的帖子发在校园网，本身就是对学校和校长的一种信任。这说明，她在期待着一种理解，更期盼着一种关爱。"庄林生看到后，在网上又写了一篇随笔，真诚地告诉自己的教师：

"作为学校主要负责人，我从来就没有悲观过，当然失望是肯定有一些的。"但是，"做任何事情先要有信心，然后要有思考，要有扎实的行动，最后要有恒心。我的个性就是这样的，我就不信，人家行，为什么我不行？用三至五年的时间，我就是要使我们的语文教学上一个台阶。"

这篇仅千字的随笔，既表明了校长的态度，又给教师以信心。"但我最看重的，还是通过这种教育随笔，在校园里营造出一种全新的氛围。"庄林生说："参加'新教育实验'后，教师和校长同写教育随笔，而且通过随笔进行交流。过去一些不能当面对校长说的话，教师们现在可以用随笔的形式表达出来。应该说，在某种程度上，教育随笔帮助金光小学开始形成一种民主、平等的学校文化。"

3. 教育日志[①]

教育日志（也称为"教学日志""研究日志""工作日志"或"教师日志"）作为表述教师研究成果的重要方式之一，是近年来才引起大家关注的。在日志中，展现的是教师对教育生活事件的定期记录，在他（她）把真实的生活场景转化为文字、语言符号加以记载的时候，他（她）也就是在梳理着自身的行为，有意识地表达着自己。

一般地说，日志不是仅仅罗列生活事件的清单，而是通过聚集这些事件，让教师更多地了解自己的思想和相关行为。日志通常需要每天或几天记录一次，至少是每周记录一次。在日志中，记录的是教师在实践活动过程中所观察到的、所感受到的、所解释的和所反思的内容，是教师所见所闻所思的自由之作。日志的主体部分是教师对观察的记录和白描。每一次撰写的日志都

---

① 郑金洲. 教育研究的方法与成果表达形式之一：教育日志 [J]. 人民教育，2004 (12).

包含一些基本的信息，如事件的日期（若书写日期与发生事件日期不同时，需标明）、脉络性资料、地点、参与者以及其他看起来可能对研究起重要作用的事。如果是以这样的方式来记录日志，那么日后重读日志的内容，会得心应手得多。

日志常用的记录形式包括备忘录、描述性记录和解释性记录。这三种形式在记录的侧重点以及文体的表现形式方面有一定的差异。备忘录很多时候可等同于一篇日志，而描述性记录和解释性记录通常只能作为一篇日志的一部分。

（1）备忘录

备忘录是最常见的日志形式。它通过研究者试着去回忆，写下特定时段的经历，而再现教育实践中的生活场景。在备忘录中，通常有比较明显的时间信号提示。在撰写时，需要注意的是：①在一个事件后，越早写备忘录越好；②在靠记忆写备忘录前，不要和任何人讨论，因为那样做有可能影响和修改你的记忆；③最好是依照事件发生的先后次序记录。能完整记录很重要，日后想起任何片段，都可以把它附记于后；④可以在活动过程中用缩写符号、只言片语来简记一些重点内容，也可以摘要记录某一时段内发生的事件，有助于记忆；⑤早一点儿进行回忆，记忆会更清晰。写得越晚，需要的时间就越长。

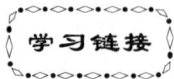

学习链接

教室 8：15

语文课。七彩的课堂（每天课前5分钟）总是弥漫花的馨香、草的翠绿，小家伙们都说他们是七彩孩子。是呀！七彩的孩子总有七彩的梦。"放飞你的希望在春天的早晨，让春姐姐的花瓣雨长上翅膀……"我告诉孩子们，你们的希望一定是多彩的。一会儿，孩子们的话匣子打开了……

"我的梦想是全世界的闹钟都走慢一点儿，我的美梦就不会被吵醒。"

"我希望月儿是我家的电灯。"

"我的梦是常人想不出的萤火虫，亮着灯光，在老师的窗前……"

"我希望妈妈的嘴巴变小，骂我的时候声音就不会太大。"

"月亮的梦是弯的，花儿的梦是红的，小草的梦是绿的，奶奶的梦是老的。"

我告诉他们：有梦的孩子就会飞。孩子们的口气中饱含着自豪、钦佩和共勉。

办公室 9：10

改了20本《语文伴你成长》，虽然只完成一半，但成就感悄无声息地滋生。看来，人的需求层次并不是特别高深莫测。读了几则我和学生在作业中的短信：

1. 几日不见，白云姐姐和陈老师都认不出你的字了，好样的！（老师）

我也发现进步了，谢谢老师。（浩川）

2. 这么棒的书法作品，为什么只给自己四颗星？（老师）

因为我不够自觉，所以另一颗星跑了。（沈超）

3. 你猜猜今天的苹果姐姐是伤心还是快乐的呢？（老师）

是快乐的，因为我今天很开心，妈妈带我去肯德基了。（静茹）

4. 小主人，忘了写作业啦？我很难过哟！（老师）

对不起，我昨天看电视了，我下次和您小手牵大手（拉钩），说到做到。（惠娟）

大院子 9：45

这些小家伙，总是能把吃点心的盆子敲出那么刺耳的声音来。他们笑着，挤着，好像不是等着我给他们盛点心，而是怀着天真的热忱在参加一场盛会。

孩子们玩着古老的"闯关"游戏，一会儿便笑着倒在地上。害得我好几次都念叨着不让他们做这种"可怕"得让老师心惊肉跳的游戏。一个小女孩一本正经地说："老师真是太慈祥了，我们答应您只在草地上玩，那样就不会摔疼。"我吃惊地发现，不知从什么时候开始，孩子们的各种游戏不再令我痴迷了，其实这是我告别童年的一个确切标志。

这个案例是作者一天经历的备忘录。在这份备忘录中，事件发生的时间、地点体现得十分鲜明。

（2）描述性记录

描述性记录包含研究活动的说明，教育事件的描述，个人的肖像与特征

（如外表、说话与动作的风格）的叙述，对话、手势、声调、面部表情的描写，时间、地点与设备的介绍等。而身为一个参与行动的研究者，研究过程中特定的情境和个人的言行，当然是描述的重要内容。这种描述应当是抓住细节的生动的"深描"，而且要尽可能真实地记录。

事例点击

早上，窗外的阳光有点儿朦胧。

喝了一碗豆浆，快步向学校走去。一辆辆自行车从身边飞驰而过。"老师你好"的问候声，在早上的阳光里飘荡。

今天我值班。到年级各班检查了"早读"和"晨扫"后拿起教科书。今天要上《我为少男少女们歌唱》。理了理上课思路，我想到了一个学生。"今天的诗歌朗诵要让许××表现表现，好久没有听到他在课堂上的快言快语了。"我有点儿兴奋，"用这首充满青春活力的诗来唤醒他的学习热情，扫去他近阶段以来的消沉和忧伤。他期中考试成绩太不尽如人意了"。

踩着上课铃声，站到讲台上。播放《我为少男少女们歌唱》的录音诵读；学生齐读全诗，略加指导、范读；学生自由朗读……"现在，请许××同学朗诵"。我向他投以鼓励的目光。1秒、2秒、3秒，好一会儿还不见他站起来。"许××——"我的声调略有提高。他不情愿地站起来。"老师我不想朗读。我喉咙有点儿疼，再说我有权利选择读书方式……"不等我做出反应，他已坐下。全班同学的目光都聚焦于我。我微微一笑："我尊重你的选择。现在请一名同学来诵读。陈××，你来。"课上得还算开心。

下课铃响了，我走到许××的身边，暗示他跟我走。

走廊上，我把手放在他的肩头，他身高跟我差不多，正要开口，他抢先说了："老师，我……我不是故意顶撞您，我……"欲语又止，并低下头。

"老师不是要批评你。你说的也没错，你有权选择读书方式，但以后课堂上要注意语言表达……"

老师，可能没有以后了。

我不解地看了看他。"你期中考试成绩很不理想，前阶段上课总是走神，是什么原因？老师是想用这首诗来激发你的学习热情，课堂上能踊跃发言。"

他抬起头，看了我一眼，眼角有点儿湿润。

"我近阶段来忙着准备迎接'两基验收'的材料，没时间找你聊天，晚上到你家找你，找你父母聊聊怎样——"

"谢谢您的关心。老师，您去了也没用。"

孺子可教，言语不那么生硬了。

他继续说着，有点儿激动："晚上，我父母没空，您不要去了。"

"为什么？给老师一个机会吧！"我拍了拍他的肩膀。他答应了，略显无奈。

……

这篇日志中，黄老师描述的是 2003 年 4 月 24 日在课堂中发现许××的问题过程以及课后的师生交流，在末尾部分，还叙述了放学后家访许××的所见所闻。在这个案例中，许多描述都比较细致、具体，这需要认真观察、及时记录才办得到。

（3）解释性记录

在日志中，除了描述性的记录，还应含有解释性记录，如对感受、解释、创见、思索、推测、预感、事件的解说，对自己的假设与偏见的反思，等等。解释不仅会在写下经验时产生，还会在不久之后产生，在写日志或观察笔记时产生。

事例点击

没有特别注意到第三组，因为第一次观察他们时，他们都表现得非常好，他们基本上不离开座位——而其他同学常常在教室内走来走去。我曾建议同学们离开座位，与其他小组讨论如何使用电脑，但第三小组没有人离开座位，可能他们的座位离电脑很近。王阳（课堂观察员）发现，第三小组的同学容易和其他小组敲键盘的同学说话、讨论。

评论：使用电脑进行合作性写作时，在电脑上写作与在桌前写作的组员需要来回走动。移动讨论和嘈杂声是合作的必然结果，若要减少移动与噪声，可将电脑放在教室中间，小组成员则围绕周边而坐。这需要增设并延长一些电脑用的电线——我想试一试这种做法。

通常而言，解释性记录不能单独构成一篇完整的研究日志。解释性记录可以是一个短句或由几个短句构成，也可以由一个段落或几个段落组成。

作为教师研究成果的教育日志，在撰写过程中还需注意以下几点：

第一，日志具有隐私性，其中有些内容不宜直接公布于众。

第二，如果可能的话，教师可以和同事分享自己的日志。

第三，教育日志要持续地写（两次记录的时间间隔不能过长），不能"三天打鱼，两天晒网"，最好每天或隔几天安排一个特定的时间来专门写教育日志。

第四，撰写教育日志要将事件记录与事件分析结合起来，并在形式上保证有一定量的分析。

（三）教育论说文本

教育论说文本即我们常说的"论文"，它是按照实证的或逻辑分析的方法去研究特定问题获得的成果，一般用论理的语言进行陈述。常见的论说文本有以下几种：

1. 实验报告

实验报告都是按照某种格式写作的，由于习惯和内容上存在差别，格式也可能略有不同，但完整的实验报告应包括下列内容：标题摘要——引言实验原理——实验设计及实验方法、实验结果——讨论——结论——参考文献。

以上几项内容，大体可归为三部分：

第一部分是引言。几乎一切实验报告都以引言为开端。引言部分主要说明以下问题：研究的对象是什么；实验的意义和作用是什么；在此之前，该项工作已做了些什么研究，取得些什么进展和重要结论，存在什么问题；本实验要达到的目标是什么。引言要使用概括性的语言描述，只在较重要的地方略作说明，一般点到即可。

第二部分是实验的原理、设备和方法。对比较复杂新颖的实验，可对实验依据的原理、公式、定律做简要说明，如无必要，也可省略。在这一部分，要对实验中使用的较重要的、特殊的或自己设计的设备，做清楚的介绍并绘出有关的图；还要叙述实验的条件、材料、对象范围、控制措施以及做实验的步骤与方法。

第三部分是结果与讨论。这是全文的主体。在写前要将数据整理好并做统计处理，排好数字、表格及图示，并对其做必要说明。写结果与讨论要求完全真实准确地描述现象，数字的记写与处理方法、表格和图的制订都必须符合规范的要求。对实验结果要进行讨论或分析，主要是对实验结果进行解释，同时与别人的同类结果进行比较，可以具体写以下内容：影响实验的根本因素是什么，提高扩大实验结果的途径是什么，实验中发现了哪些规律性的东西，实验中观察到哪些新的有意义的现象，怎样解释，将实验结果与根据已知理论推算的结果（或前人、别人的定论）加以对比，说明二者的异同，阐释其原因；进行测量误差分析。

2．调查报告

调查是对客观事物进行有目的有计划的了解，并把握其内部规律的实证性研究方法。调查的方式有普遍调查、典型调查、重点调查、个案调查、抽样调查等类型，也可采用问卷、座谈访问、观察等具体的调查方法，因此所得的材料必须经过定量分析和检验，才能找到其内部联系。在撰写调查报告之前，应当先做好这些工作。调查报告的写法千差万别，但大都应包括以下内容：引言——调查的对象范围及所取样本的大小——调查方法——所取得的数据——分析——结论。这些内容也主要是以下几部分：

一是引言。说明调查的缘起、目的和重要意义，交代调查的组织情况。

二是介绍调查的对象范围和调查方法。应说清楚样本的大小、取样的方法、调查所采用的方法、调查的步骤、数据的来源等。

三是列出调查所取得的事实、典型材料和数据，在对调查所得材料进行定量分析和检验的基础上，进行解释与分析。

四是结论。

3．个案研究报告

对一个对象（单位、个人或事例）进行调查研究，以求解释现象、探明原因，给予明确诊断或解决的方法，就是个案研究。在方法论上，这种方法强调研究每一个对象的个性，重点在具体情况具体分析。因此，在医疗保健、教育管理、心理研究等领域应用很广。

将个案研究的结果写成文章，就是个案研究报告，如某个学生的心理特点与教育研究、某个学生转变的分析，等等。

个案分析报告主要分两部分：一部分是对个案（例）的详细说明，包括关于个案（例）的背景材料、历史状况、现实表现、采取措施后的变化和各种表现等等。这部分要具体、真实地描述，并采取定量和定性相结合的方法，用足够的材料（包括佐证和个人文件、作品等）加以说明。另一部分是对个案的分析讨论，要在认真核查证据的基础上确立诊断，由"例"及"类"地分析个案的普遍意义，提炼出结论。

4．专题经验总结

把在实践中经历过、感触到的片段，分散和零碎的体会集中起来，上升到理性认识，从中找出规律性的东西，肯定成绩，明确问题，得出经验教训，并用文字写下来，这就是总结。作为科研论文的总结，一般是指专题总结。

专题总结的写法没有固定的格式，但必须有两个方面的内容：一方面是情况的详细介绍，包括遇到的问题和条件，自己做了哪些方面的实践，有什么绩效和变化，等等；另一方面是从这些实践中得出的结论或体会，带有规律性的认识或看法。

撰写经验总结一般存在的问题有三个：第一个是空洞，也就是没有详细地占有材料。克服这个毛病的办法当然要在收集材料方面下功夫，使自己在动笔之前就已经掌握丰富的事实和依据，既占有足够的背景材料（工作和事实发生的历史情况、自然环境、原有条件、物质基础等方面的材料），又占有"点"和"面"的材料，还占有正面的和反面的材料，这样写出来的专题总结就会具体实在。第二个是杂乱，也就是没有选用恰当的材料突出主要观点。克服这个毛病的办法是力求把观点和材料统一起来，常用的方法有如下几种：用一个典型事例说明一个观点，用一组材料说明一个观点，用对比材料说明一个观点，用统计数字说明观点。第三个是就事论事，找不到规律性的东西。克服这一毛病的办法主要是提高自己的科学理论水平和抽象思维能力，在"由此及彼、由表及里、去伪存真"方面多做一些思维"加工"。

第五章

校本研修可以从哪些点上突破

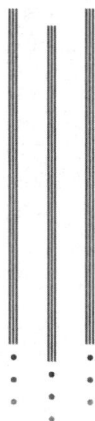

具有中国特色的校本研修制度也处于变革之中，包括目标与理念、体制与机制、方法与技能都多有创新，我们必须认真根据各地的实际，选准突破口和切入点，不断推进实践探索。

当今时代，随着经济社会的飞速发展和科学技术的日新月异，我国各个社会生活领域都在发生积极的变化。具有中国特色的校本研修制度也处于变革之中，包括目标与理念、体制与机制、方法与技能都多有创新，我们必须认真根据各地的实际，选准突破口和切入点，不断推进实践探索。

一、　突破学校组织的局限

学校是国民教育系统最重要的基层组织，我国学者陈桂生教授曾把它称为"制度化的实体"，因此，教育改革、教师教育等立足于"校本"无可厚非，但随着社会变革的加速发展，教育的开放性、融合性日益增强，还需要解决一些新的问题。

（一）打造校本研修升级版

随着我国教育改革的深入，特别是课程改革的推进，一种与国际"校本运动"相契合、具有中国特色的"草根"教师专业发展样式应运而生，这就是"校本研修"。

我国的校本研修发轫于原有教研制度，经历了群众性的教育科研、学校教育科研两个阶段以后，在基础教育课程改革的背景下进入了校本研修的新阶段。校本研修体现出"表达自我""人文范式""日常叙述"的研究价值取向。[①] 校本研修制度在发展中逐步完善：从技术熟练取向到实践反思取向，从研究教材教法到全面研究学生、教师的行为，从重在组织活动到重在培育研究状态，从关注狭隘经验到关注理念更新和文化再造，等等。由此体现"教师成为研究者"理念的"校本研修"，也就成为包括校本教研在内的通称。

1. 校本研修的普遍推行

校本研修作为由学校组织自行策划的、"为了学校"、"在学校中"、"基于

---

① 彭钢. 校本研究：基本规范化与价值取向 [M]. 教育研究，2004 (7).

学校”的教师教育的制度安排，其出发点是学校自身存在的矛盾，落脚点是解决学校面临的关键问题，对象是以学校自身人员参与为主。但在“校本”实施的过程中，可能有专业研究人员或其他人员的合作，因此，“校本”又不是“本校”；它是专家引领、同伴互助、个人反思三种基本要素构成的整体运行结构。由于校本研修直接指向教育教学实践中具体问题的解决，这些问题主要来源于教师的亲身实践和亲身体验，而在基础教育课程改革的背景下，又注入了新理念、新思想和新要求；研究的方式与教师集体备课、学校内部的教研组活动等具有较好的衔接性，同时又非常贴近教师的工作方式、思维方式和知识背景，因此成为一种颇受学校和教师欢迎的教师有效学习形式，并逐步推广到从城镇到乡村的中小学。正如我国研究者所言，它的现存状态也许并不完善，但是它的价值追求是引人奋发的。它在积极创造一种学校的学习文化，引导教师自觉投入到研究性学习中去，并将其融入日常生活，作为教师的生存方式和生活方式。①

2. 以校为本的教师学习

教师的学习与发展是教师教育的聚焦点，校本研修的各种事项也是围绕教师专业学习安排的。对于校本研修中的教师学习，可以有多种解读，如行动学习、案例学习、合作学习、问题解决学习等等，其特点体现出人类学关于情境学习的一个基本观点：在日常生活实践中，没有一种特殊的“学习”，只有根据文化背景的差异而不断变化的参与性实践活动，或者换一种说法，即日常生活的参与是在实践中改变理解的过程，即学习。在这里，学习就被理解为是“现实世界中的创造性社会实践活动中完整的一部分”，是“对不断变化的实践的理解与参与”。②

从情境学习对教师发展的促进作用来看，它必然建基于教师的经验。经验是个体在实践活动中积累起来的认识成果。杜威讲，经验是个体与环境之间连续不断的相互作用。一般地说，教师的经验来自两个场景，一个是学校教育场景，另一个是日常生活场景。在学校教育场景中，教师的经验来源又

① 韩江萍：校本教研制度：现状与趋势 [J]. 教育研究，2007 (7).

② 莱夫，温格. 情景学习：合法的边缘性参与 [J]. 王文静，译. 上海：华东师范大学出版社，2004.

有三个：一是教师自身亲历的教育教学实践；二是观摩别人的教育教学经验；三是习得学校文化中蕴含的规范和行为。我国研究者认为，教师的经验学习有自发的和自觉的两种形式，其中自觉的学习是教师的经验反思和经验重建。[①] 校本研修其实就是教师提升和改组经验的活动。

应当说，校本研修中的经验学习与成人教育的基本规律是不谋而合的，这就是美国成人教育学家林德曼、诺尔兹所讲的，成人会把自己的经验带入学习，经验是成人学习的最好材料，成人学习是自我指导型的。即使是校本培训，也必须吸收和利用成人学习者的已有经验，"使学习者自己从已知到未知"，而不是由培训者"带着学习者从已知到未知"。[②]

3．校本研修的"升级版"

制度是"由有限理性和具有反思能力的个体构成的社会的长期经验的产物"。它"以一种自我实施的方式制约着参与人的策略互动，并反过来又被他们在连续变化的环境下的实际决策不断再生产出来"。[③]

在快速发展的新形势下，校本研修也面临不断改进和变革的问题。我国有研究者提出，随着校本研修的持续推进，交流次数的增加和学校教学改革的不断发展，导致学校自身能够相互学习的经验、理论来源都趋于递减的状态，逐渐失去"势差"，导致教师厌烦，校本研修的努力逐渐像河流流入沙漠一样，不知不觉中就消失了。校本研修似乎进入了信息均衡与收益递减的困境中。[④]

从实际调查看，这种困境在乡村学校中更为突出。由于环境与信息闭塞，优质资源匮乏，缺乏高端引领，加之同一学科教学人员较少或学校的领导力、组织力不足等原因，校本研修在乡村学校中很难取得满意的效果。研究者对解决校本研修制度性困惑的建议是[⑤]，通过各种教学资源的运用，校本研修的信息来源保持持续更新与丰富状态，通过网络交流建立的研修联盟、研修伙

---

① 陈振华．论教师的经验性学习 [J]．华东师范大学学报（教育科学版），2003（9）.

② 陈向明．在参与中学习 [J]．教育理论与实践，2003（4）.

③ 青木昌彦．比较制度分析 [M]．周黎安，译．上海：上海远东出版社，2001：13—28.

④ 戚业国．校本研修的制度性与机制创新 [J]．教师教育研究，2013（9）.

⑤ 同上．

伴，可以有效解决"信息均衡"的问题，这样就可以使校本研修保持持续的活力和成效；把一定区域内不同学校的校本教师专业发展网络进行贯通，形成区域校际之间的教师专业发展网络，通过网络的放大与校际协作。这样的联盟是校本研修的"升级版"，仍然体现校本研修的基本特点，但增加了不同学校校本研修制度的"协同"和资源的"共享""借用"。

（二）建构教师学习共同体

校本研修走向建构学习共同体，是校本研修的题中之义。那么，是不是只要教师在同一学校共同进行教育实践、一起工作与学习，就可视为实践共同体了呢？

最初提出"共同体"概念的莱夫和温格认为，"一个实践共同体包括了一系列个体共享的、相互明确的实践和信念以及对长时间追求共同利益的理解"，一个实践共同体不是简单地把许多人组合起来为同一项任务而工作，拓展任务的长度和扩大小组的规模都不是形成共同体最主要的因素；关键是要与社会联系——要通过共同体的参与在社会中给学习者一个合法的角色（活动中具有真实意义的身份）或真实的任务。[①] 共同体必须具有以下特点：共同的文化历史传统，包括共同的目标、协商的意义、实践；相互依赖的系统，在其中个体成为更大的一个集合的部分；再生产循环，通过循环，新来者能成为老手，而共同体也因此得以维持。[②]

1. 学习共同体意义的重建

"共同体"这一概念在当代语境下发生了意义重建。这种现代意义上的共同体和原始意义上的共同体在内涵上已经有了变化：[③] 其本质特征从本体性的共同理解转变为协商的共识，其要素结构从基于同质性到基于异质性，其成

---

① 莱夫，温格. 情景学习：合法的边缘性参与 [M]. 王文静，译. 上海：华东师范大学出版社，2004：4.

② 乔纳森. 学习环境的理论基础 [M]. 郑太年，任友群，译. 上海：华东师范大学出版社，2002：34.

③ 高文，等. 学习科学的关键词 [M]. 上海：华东师范大学出版社，2009：86.

员从共同生活在同一地域到成员关系的"脱域",个体可能在多个共同体中拥有不同身份。显然,这种意义上的共同体,已经超越了校本研修实践的范围。

当然,这并不意味着实践上要另起炉灶。学校中的教师专业学习共同体其含义是明确的——以教与学的关键活动为中心:备课、批改作业、开发课程等,而不是以抽象的和普适的方式进行。在通过案例、质疑、分析和批判进行的实践探索中成长。建立在实质性的专业对话基础上,以建立同辈关系和实践标准的方式培养对实践和价值观的分析和交流。在此基础上,著名心理学家雷斯尼克等人还认为,单单上述某一种实践中的学习方式还不足以形成教师的学习共同体。教师学习共同体一定是教师对多种、多层面学习活动的参与,既有师徒带教,又有同辈合作,还有围绕各种主题构成的多种学习网络。教师参与这些活动构成了相互嵌套的学习共同体。在参与不同的学习共同体的过程中,教师建构起不同的知识和身份,随着对多个共同体的参与过程相互交叉,教师的专长日渐丰富。[①]

可见,局限于一个学校实体的"校本研修"要成为真正的学习共同体,还必须创造一些条件和拓展一定的空间来解决组织实体封闭性与排他性、学习资源贫困化与同质化、活动样态单调式与重复式等问题。这在乡村学校显得尤其重要。

2. 开放教师组织学习的边界

校本研修中教师群体共同参与的学习属于一种"组织学习"。学校作为一级组织实体是具有边界的。这种边界具有两重性:它是一个组织独立自主运行的必要条件,同时产生闭锁的作用。"学校,同大多数组织一样,总是以选择最少量的变化,甚至以保持不变为行事原则,因为现状具有的巨大力量(如支撑和维持现状的信念和依据、权力关系的具体操作模式以及对变革正确性、自然性和适当性的看法和理解等)总是自动地将变革的可能性筛选出来。[②] 学校组织边界的存在肯定会影响教师文化和教师学习。研究指出,边界是行动或互动中导致中断的社会文化差异;教师不仅面临着传统上的地理和

① 赵健. 学习共同体的建构 [M]. 上海:上海教育出版社,2008:87−88.

② 操太圣,卢乃桂. 抗拒与合作:课程改革情境下的教师改变 [J]. 课程·教材·教法,2013 (1).

组织边界，更面临社会文化和知识的边界。[①] 跨越教师学习的边界，对于与城市学校教师有着社会文化环境差异的乡村学校和教师，其重要性和必要性是显而易见的。

从我国的实践看，对"校本"（英文为"school－based"）一词的大意"以学校为根本""以学校为基础"还是把握得住的，并没有将"校本"视为"本校"。许多高校、科研单位、教研机构以及异地的优质学校和优秀教师都参与到各地的校本研修中，而且我国当前由"学校"走向"学区"、走向"网络学习社区"、走向"跨区域教师专业发展联盟"等等正方兴未艾，特别是在城乡一体化发展背景下，城乡学校之间的对口帮扶、各种城乡教师的互动协作，都还在向制度化、科学化和多样化的方向发展。

3. 推进跨界的共同体学习

学校组织学习边界的开放为消除校本研修可能产生的活力不足、信息贫困以及同质化等局限创造了条件，从而走向跨界的共同体学习。

"跨界"即跨越了学校组织的边界，它意味着来自不同组织的人员跨越原先的边界，借助某一种中介工具或资源，共同完成某一项活动，以实现某个共同的目标。"跨界"被定义为，实践者必须在界限之间流动，来寻找或给予说明，来寻找讯息和工具；而且跨界也意味着进入不熟悉的领域。跨界基本上是一种创造性的努力，需要新的概念资源。[②]

在我国推进城乡教育一体化发展的努力中，诸如学校联盟、对口支教、城乡教师互动和合作学习等多种形式都是一种跨界安排的学习。研究指出，教师正是通过跨越不同的共同体或组织边界才获得学习的，学习首先"是一种身份的生成"，是一种教师间的"相互卷入"，一种对彼此事业的理解和调整，然后才是技能、方式和话语的发展。也就是说，教师间的差异与异质性为教师提供更多的学习机会与新观点、新资源，从而更有利于共同体的形成以及教师学习和专业发展。[③]

---

① 郑鑫，尹弘飚，王晓芳. 跨越教师学习的边界 [J]. 教育发展研究，2015（10）.

② 王晓芳. 从组织实体到跨界安排：理解大学与学校关系的两种路径及其综合 [J]. 教育学报. 2014（12）.

③ 王晓芳. 什么样的"共同体"可以称作教师专业学习共同体 [J]. 教师教育研究，2014（7）.

（三）提高跨界学习的实效

当前，我国推进城乡教育协同发展和实施乡村教师支持计划都在一定程度上采用了跨界学习的方式，这反映了教师教育发展的新趋向。近二十年学习理论的发展表明，学习不仅仅是单一领域知识纵向增长的过程（如从新手教师变成专家教师），还是横向发展的过程，横向学习发生在不同领域的跨越过程中。跨界研究与两种学习理论相结合，一是文化历史活动理论，它把跨界学习视为两个不同活动系统的互动过程；二是以情境学习理论为基础发展起来的实践共同体理论，强调跨界学习是两个实践共同体的相互参与和协作。两者都强调边界及跨界安排中所隐藏的学习的潜能，但由于边界源于社会文化差异，在跨界学习中出现阻隔、中断乃至冲突都是可能的。也就是说，有了跨界学习的安排，并不自然就产生实效。

1. 着力推动教师的改变

跨界的共同体学习为学校特别是农村学校发展注入了新的动能，也为教师群体的发展拓宽了新的空间，但同时给教师个体提出了新的要求，就是要求教师告别过往在认识"静态"社会时形成的一系列遵循陈规的观念的行为，转向奉探究与反思为圭臬的"动态"社会所需的知识和能力。教师必须走出原有范围内熟悉的经验和习惯（"舒适地带"），做出改变。

关于教师的改变，富兰根据教师改变的程度，认为应至少包括使用新的教学材料、运用新的教学手段以及拥有新的教育观念等三个高低有别的层次和类型。史巴克也曾将教师在课程变革中经历的变革分为类似的三个层次，并认为只有三个层次都发生显著性改变，该变革才是"真正变革"，否则就只是一种"表层变革"。而迪南·汤普生则使用"真确式教师改变"这一概念，强调不仅要关注教学价值、观念和实践的改变，而且要重视情感和互动的重要性。总之，教师改变是一个多向度的、可由众多因素引致的结果。①

---

① 操太圣，卢乃桂. 抗拒与合作：课程改革情境下的教师改变 [J]. 课程·教材·教法，2013（1）.

就教师跨界学习的具体施行来说，肯定不只是一个技术性的问题，不仅需要把价值观、使命感、道德性教育摆在"统摄"的位置，成为全时空存在和全方位渗透的要素，而且要十分注意发挥乡村教师的主体性，营造相互悦纳、相互尊重、相互信任的文化氛围，使不同社会文化背景的教师共享彼此的经验和创意，取得互动、互促、互惠的效果。

2．精准选用研修载体

在校本研修的实践中，我国积累了许多行之有效的经验，对推进跨界的共同体学习颇富启示意义。如上海教科所顾泠沅等提出的"行动教育"运行架构，强调以案例为载体，进行"三次实践，两次反思"，即，第一次实践（原行为阶段），关注个人已有经验的教学行为；第二次实践（新设计阶段），在寻找自身与他人的差距中反思和更新理念，进行新课例设计；第三次实践（新行为阶段），关注学生获得，做好行为调整，寻找设计与现实的差距。这是一种以聚焦课堂研究为取向、以课例为载体、以改善教师教学行为为目的的研修方式。有学者指出，课例已经成为联结教育理论和教育行为的桥梁，是"回归课堂"的主要研究方式和成果表现，一种促进教师实现理论学习向教学实践迁移的"载体学习"观正在形成之中。[①]

国外的研究认为，不同组织实体（学校）之间的跨界学习，应当为多元、异质的参与者提供一个混合、多样的话语空间，使之能解构"中心"和"绝对权威"，这个话语空间即是"边界地带"。"边界地带"的特点是共同体之间交叉重叠，需借助"中介人"与"边界物"而推进跨界学习。[②] 所谓中介人，是指能在不同组织实体（学校）间起交流沟通作用的人，如行政人员、学校的领导者或专门委派的人、教研员等。而"边界物"，则是提供给参与成员共同研修的载体、事项、工具，如课例、个案、典型经验、作品、评价手册等等，其特点是"具有阐释层面的灵活性"，使参与者的不同看法和主张能通过意义交锋和思维碰撞得以互通、互补、互惠。一般地说，这种"边界物"应

---

① 杨玉东．课例研究的国际动向与启示 [J]．全球教育展望，2007（3）.

② 王晓芳．从共同体到伙伴关系：教师学习情境和方式的扩展与变革 [J]．华东师范大学学报（教育科学版），2015（3）.

具有"结构不良"的特性，即概念复杂性、意义交叉变化性，[①] 使参与者对同一题材的不同理解在对话中产生出新意、增值或更强的适应性。

在我国的实践中，其实已经将课例（边界物）的"来龙去脉"作为线索，从教学设计的备课说课，到课堂施行的观课听课，再到反馈会谈的议课评课[②]，都贯串着参与者的经验共享、意见融通、创意生成以及种种建设性的构思。

3. 回归学校情境的践履

不同学校实体之间的跨界共同体学习尽管可以"制度化"，但要使其长时间延续却并不总是可能的，对于参与的教师来说，终归要回到自身的学校情境、教学任务和教育对象中去。研究者指出，无论是情景学习和实践共同体理论，还是社会文化活动理论，都强调教师学习仍然必须立足于其具体的教学实践、工作情景和学校共同体之中。正如恩格斯托姆和克洛索所言，不同活动系统形成的学习空间最终还是应回归到工作场所的学习情境之中，并强调学校共同体和教师个体作为学习能动者的重要性。伙伴关系的具体运作应与教师共同体中的教师学习活动（如传统的听课、备课、议课等教研活动）相融合，提升学校和教师对多样化的学习环境的适应能力、对外来新知识的吸收能力，也让教研组、学校等成为"自组织"的专业学习共同体。[③]

从我国教师教育的实践看，包括乡村教师培训在内的各种集中式教师培训，正在同校本研修、网络学习结合起来，逐步形成一种运行机制或操作模式，即"合—分—合，螺旋上升""知—行—悟，有机融合""学—研—培，结为一体"。实践者认为，鉴于教师成长的渐进性和积累性、教育情境的复杂性和变通性，教师教育应采用多次回归的模式和"夹心课程"，倡导在理论与实践中"穿梭往复"。这与心理学情境学习理论主张的"随机通达"和"多次访问"同一学习内容以适应"结构不良领域"的建议，可以说是异曲同工。[④]

---

① 斯特利，盖尔. 教育中的建构主义 [M]. 高文，等译. 上海：华东师范大学出版社，2002：93.

② 齐渝华. 怎样做课例研修 [M]. 北京：高等教育出版社，2010.

③ 王晓芳. 从共同体到伙伴关系：教师学习情境和方式的扩展与变革 [J]. 华东师范大学学报（教育科学版），2015（3）.

④ 谭文丽. 教师教育进行时：成都的实践与思考 [M]. 北京：教育科学出版社，2015：55—57.

随着教育信息技术的快速发展，网上的学习化社区和虚拟性学习成为可能，推进网络平台建设，运用各种网络数字资源，组织不同形式的协同学习与合作探究，已经成为一种"可持续"的方式。

二、 推进技术增能的学习

信息技术的飞速发展对社会方方面面的影响是极其深刻的。"人类正进入一个由互联网建构而成的开放式、交互式、虚拟化、数字化的生存空间。在网络中现身或缺席，以及每个网络相对于其他网络的动态关系，都是我们社会中支配与变迁的关键根源。"[①] 方兴未艾的信息化发展与人类学习、交往、工作和生活融为一体，数字化信息技术（以下简称"技术"）成为人类赖以生存与发展的环境。对学习者而言，技术突破了时空界限，丰富了信息的表征/表现形式，改变了学习资源的分布形态与对其拥有关系，使学习资源具有无限可复制性和广泛通达性，提供了行为主体的智能代理功能，这必将增加人们的学习机会，引起学习者学习方式、认知方式、教育关系及学习生态发生意义深远的改变。[②]

互联网环境下教师教育课程是以学习者为中心的课程，课程学习中的人和技术常常嵌合在一起。由于技术总是人按自身利益最大化进行自然选择的结果，技术中蕴含着深刻的人性结构，而人的官能具有丰富的媒体特性，在此意义上，人与技术实现了融合互构、合而为一。这就是技术增能的思想基础和深刻依据。[③] 乔纳森曾经指出，技术不仅仅是硬件，还应该成为支持学习者思考的工具，成为学习者学习中的伙伴，应该能够帮助学生参与有意义的学习活动和问题解决。其重要作用包括以下方面：技术作为支撑知识建构的

---

① 卡斯特. 网络社会的崛起：信息社会三部曲：经济、社会与文化：第一卷 ［M］. 夏铸久，王志弘，译. 北京：社会科学文献出版社，2001.

② 祝智庭，管珏琪. 教育变革的技术力量 ［J］. 中国电化教育，2014（1）.

③ 余宏亮. 数字时代的知识变革与课程更新 ［J］. 课程·教材·教法，2017（2）.

工具，技术作为探索知识的信息工具，技术作为背景支持在做中学，技术作为媒介支持在对话中学，技术作为智能伙伴支持在反思中学。[①]

（一）走向技术促进的学习

信息促进学习是多方面的，技术可以在一个学习者的最近发展区中提供模型和对元认知的引导，技术可以用来促进理解，技术还可以帮助学习者可视化表征观点，许多工具也具有为学习者的学习和迁移提供多重情境和机会的潜力，技术可以促进独立学习和协作学习等。[②] 但技术需要人去掌控和恰当运用才能发挥其正效应，这就高度取决于人对技术的理解。

1. 切实遵循技术促进学习的规律

在教师的学习情景中，"技术促进学习"（TEL）可解释为"通过技术对任何学习活动的支持"。由于教师教育是以"终身教育"作为基本理念的，我国学者在分析了终身学习的相关定义后提出：终身学习是一种生存方式；终身学习是一种主体转移；终身学习基于学习者的自主性；学习是一个终身的过程；学习是一个全面的过程；终身学习无所不在；终身学习的目的在于建立自信和能力，适应社会变化。[③] 终身学习包含了正规学习、非正规学习、非正式学习或无固定形式学习。由此，关于学习的理解存在如下一些趋势[④]：通过社会实践、个人网络或与工作相关任务等的非正式学习成为知识获取的重要途径；学习与工作相关的活动不再分离，在许多情况下，它们是一致的；技术在改变我们的大脑，我们所使用的工具在定义和重构我们的思维；过去持有的许多学习理论（特别是认知信息处理）将不再适用，或将被技术支持；Know—how 和 Know—what 将被 Know—where 代替（知晓哪里能找到所需的知识）。

---

①　乔纳森. 学习环境的理论基础 [M]. 郑太年，等译. 上海：华东师范大学出版社，2002：5，12－14.

②　金慧. 在线学习的理论与实践：课程设计的视角 [M]. 北京：清华大学出版社，2017：32.

③　高志敏，等. 终身教育、终身学习与学习化社会 [M]. 上海：华东师范大学出版社，2005：18－20.

④　黄荣怀，陈庚，等. 关于技术促进学习的五定律 [J]. 开放教育研究，2010（2）.

我国著名教育技术专家黄荣怀教授在分析五种典型学习情景的基本特征后指出，[①] 关于技术促进的学习存在以下五个定律，这五个定律值得教学设计者和学习组织者借鉴。

定律1（资源）：若要学习者主动浏览或"遍历"数字化学习资源，需要满足内容必需、难度适中、结构合理、媒体适当和导航清晰五个基本条件。定律2（环境）：若要学习者在一个虚拟的学习环境（VLE）中能像在真正的教育环境中一样地交流，需要满足群体归属感、个体成就感和情感认同感三个基本条件。定律3（系统）：若要教师能通过学习管理系统（LMS）对学习过程进行有效管理，需要满足过程耦合、绩效提升、数据可信和习惯养成四个基本条件。定律4（设计）：用户不一定能清晰理解课程资源、学习支撑平台、管理信息系统等的设计意图，不了解用户"心理"的设计通常是失败的。定律5（用户）：无论是远程的还是现场的，学习者在遇到学习困难时不一定会去向教师求教，"守株待兔"式的辅导通常是失败的。

2. 不断增强技术学习的能力素养

践行技术支持学习的主体是教师，随着教育信息化从1.0走向2.0，我国教师要从提升信息技术的应用能力向提升信息素养转变。提升信息技术能力是技术性措施，信息素养则更具有根本性，就是要做到不仅会使用所需要的信息技术，同时更为重要的是教师要具有信息化社会的思维方式和行动方法[②]。在此大前提下，我们不妨将教师的技术支撑学习能力作为提升教师信息素养的突破口。

按照联通主义的学习理论，在当代，知识生长的土壤是复杂的信息环境，这个环境充满着复杂、碎片化、分布式的信息。学习者通过建立信息之间的联系，保持它们的凝聚性。乔治·西蒙斯在其博士论文《定向：在线分布式复杂学习环境中的寻径和意会》中将寻径和意会定义为学习者在复杂的分布式网络学习环境中凝聚信息的手段和核心。"寻径"：主要描述学习者如何利用空间环境中的符号、地标和环境线索为自己定向。"意会"：一般被认为是

---

① 黄荣怀，陈庚，等. 关于技术促进学习的五定律 [J]. 开放教育研究，2010（2）.
② 雷朝滋. 教育信息化从1.0走向2.0：新时代我国教育信息化发展的走向与思路 [J]. 华东师范大学学报，2018（1）.

个体在日常生活中应对不确定性、复杂主题或变化环境的活动。个体作为社会的组成部分，通过寻径与意会的过程建立信息之间的连接，在网络中进行定向，保持碎片化、分布式的信息之间的凝聚性，并由此创建学习制品，从而促进知识的持续流动和生长。①

在联通主义学习中，学习需要有较高的信息素养，这不妨参考美国高等教育信息素养的能力和特点对此的说明。专注：经历一系列分心的事情后仍能保持对重要任务的关注。过滤：管理知识流和提取重要信息。彼此联通：建立网络，保持知识的时代性和熟知性。汇聚人员：与人交互，形成社会空间。创造和获得意义：理解含义，领会意义和影响。评价和鉴定：决定知识的价值，确保知识的真实性。验证过程：在合适的情境中验证人的身份和思想。批判性和创造性思维：怀疑与畅想。模式识别：识别模式和趋势。知识定位：在达成目的时，在知识库、人、技术和思想之间进行定位。接受不确定性：对比已知和未知，看到它们之间的联系。情景化（理解情境游戏）：理解情境的重要性，看到连续性，确保不忽视关键的情境问题。

3. 综合采用技术支持学习的方式

随着互联网的普遍运用，学习者的环境已经由"有围墙的花园"转变为"开放的公园"，一种倡导自由平等、激发创造活力、秉持全面发展的学习文化正逐步形成，学习的范式也正在发生根本性的改变：一是实现学习过程的协同共享；二是推进学习形态非正式化；三是提升策略的生成性；四是推动学习评价的个性化和差异性②。新的学习文化和学习范式，催生了异彩纷呈、百花齐放的学习方式。就课程学习来说，其实并没有什么统一的、固定的方式，教师的"学"与"教"都是如此，"技术的运用者总会整合个体教师的经历、经验与体验，表现了教师的教学惯习，这就使得教学技术有了个人的风格，个性化的教学技术也是教师'职业自主权'的一个体现"。不过，具有普遍意义的三种方式确实值得关注。

一是自我主导的泛在学习。泛在学习环境是一种智能化的、无处不在的

---

① 王志军，陈丽. 联通主义学习理论及其最新进展 [J]. 开放教育研究，2014（10）.

② 徐锦霞，钱小龙. 数字化学习的变革：理论基础、学习文化与学习范式 [J]. 中国远程教育，2013（1）.

学习环境，适应这一环境最重要的要求是自我的主导，包括自主、自律、自我强化和自我调节，等等。特别需要学习者加强知识管理、改善心智模式的焕发主体精神，在学习的方略上，应采用自主选择的个性化学习、设计取向的自组织学习以及高位迁移的生成性学习。

二是随机进行的移动学习。便携式的手持移动学习终端，成全了随机利用零散时间、空间的学习，但也存在"碎片化""浅加工""快转换"等风险，化解这些风险，要多做些碎片化的利弊与分析、浅加工的存与废权衡、快转换的调与控行动。为获取移动学习的实效，可采用"目标—定向化"策略、"整合—结构化策略"、"加工—精致化"策略。

三是数据驱动的智慧学习。智慧学习虽然有多种操作取向和实践样式，但基本离不开数据驱动的学习预测、分析、诊断和对过程信息的记载与运用，如用传感技术刻画学习行为印记，呈现学习活动轨迹，解释各种因果关系，等等。

（二）统筹混合形式的学习

关于混合式学习，历来众说纷纭，莫衷一是。我国信息化教育资深专家何克杭的界定较为明确——"就是要把传统学习方式的优势和数字化（或网络化学习）的优势结合起来的一种组织形式"。随着研究的进展，研究者对混合式学习的两个要素做了更深入的分析[①]。有研究者指出，混合式学习至少需要以下三个条件：是一个正式的教育项目，至少包括一部分由学生控制的时间、地点、路径或步调等要素的在线学习；至少包括一部分有指导的实体环境的教学；每个学生在一个课程或主题的学习路径由所提供的整合的学习经验连接而成。在此基础上，Jessica K. Beaveer 等人总结出混合式学习的五大要素：时间、地点、路径、步调和教师参与。各种不同形式的混合式学习，无非是这五种要素的不同方式的结合。

Graham 则从交互的四个维度界定混合式学习的要素，分别是空间、时

---

① 金慧. 在线学习的理论与实践：课程设计的视角［J］. 北京：清华大学出版社，2017：166—167.

间、保真度和人性化（如图）。随着交互技术的发展，面授学习和在线学习在四个维度上的混合状态将越来越多，比如随着虚拟现实技术、增强现实技术、情感计算、自然语言处理等技术的发展，未来的在线学习环境的保真度和人性化将逐步提高，使学习者获得拟人化的交互体验。

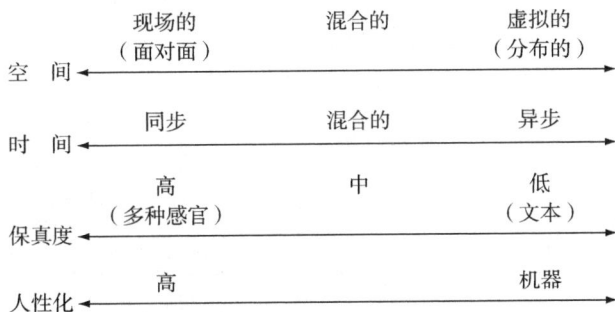

图 5-1　面对面和分布式学习的四个交互维度

Sharpe 等从八个维度界定混合式学习要素：传输、技术、时间、地点、角色、教学法、关注点和指导。

1. 对混合式学习的正确理解

由于混合式学习"位于完全在线学习和完全面对面教学之间的连续体中"，所以，在教育界和媒体中常用的"混合式学习"一词碰到了"金发带问题"。① 因此，"混合式学习"的定义有三层意思：其一是在线学习，其二是在有教师督导的地点进行，其三是一种综合性的学习体验。混合式学习与使用了很多科技手段的传统教学形式不同，前者学生至少对于时间、地点、途径或者进度有一定的掌控，而后者的学习活动是全班统一进行的。②

理论和实践都表明，混合式可以有多种"模式"，最常见的基础教育阶段的四种混合学习模式为：转换模式（包括就地转换、机房转换、翻转课堂和个体转换）、弹性模式、菜单模式，以及增强型虚拟模式。一般来说，如果一

---

① 源于金发少女和三只小熊的童话故事，故事中金发少女发现三只小熊在评论食物时，总有一只说太多或者太烫，也总有一只说太少或太冷，但有一只会说"正好"，意指虽然众口难调，却总能找到在某个范围内的合适的解决方案。

② 霍恩，斯特克. 混合式学习：21世纪学习的革命 [M]. 北京：机械工业出版社，2016：31—32，51.

个混合式模式不是完全切合转换模式、弹性模式、菜单模式或者增强型虚拟模式,那么模式很可能就是以上模式的组合混搭。[①]

2. 系统整合混合形式的学习

美国传播学者亨利·詹金斯说过:"融合代表了一种文化变迁。"[②] 新旧课程传递方式的融合,是课程文化建设的题中之义。因此,可以把教师课程学习的形式加以整合,并在课程实施中注重它们的关联、渗透、交融、互补。

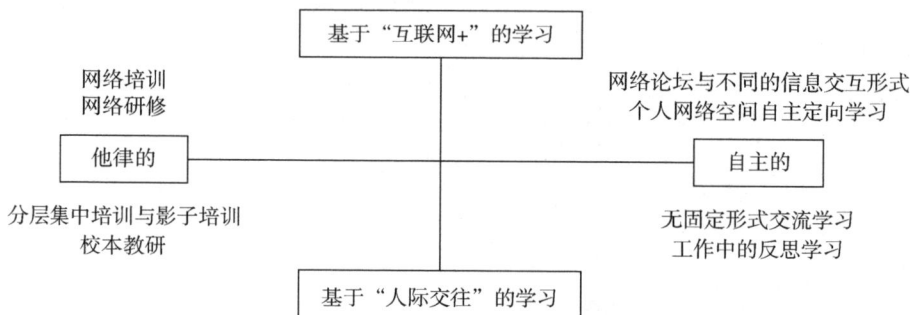

图 5 - 2　教师课程学习的组织形式

这只是一个粗略的划分,由于各种学习形式间存在许多"交集",但又有许多"独到"之处,因此在具体的施行中要在整体筹划的基础上突出各自的特点和优势。

3. 构建共同体学习的教师文化

混合形式的教师课程学习,不论采用什么具体的"模式"或形态,都必须以"学习共同体"为支撑,这实际上是建设一种教师学习文化。什么是学习"共同体"呢?"一个实践共同体包括了一系列个体共享的、互相明确的实践和信念以及对长时间追求共同利益的理解"。"实践中,共同体不是简单地把许多人组合起来为同一个任务而工作,拓展任务的长度和扩大小组的规模都不是形成共同体最主要的因素;关键是要与社会联系——要通过共同体的

① 霍恩,斯特克.混合式学习:21世纪学习的革命 [M].北京:机械工业出版社,2016:31—32,51.

② 詹金斯.融合文化:新媒体与旧媒体的冲突时代 [M].杜永明,译.北京:商务印书馆,2015:317.

参与在社会中给学习者一个合法的角色（活动中具有真实意义的身份）或真实的任务"。[①]

网络环境下的课程学习早已打开了"组织学习"的原有边界，形成包括"校本"、学区化学习、城乡结对、支教扶贫、网络学习社区以及各式各样的"教师专业发展联盟"。也就是说，网络课程不仅要面对以校为本的"实践共同体"，而且要观照"跨界共同体"和"虚拟共同体"。这恰好是互联网环境下课程的特点与优势。研究认为，不同组织实体（学校）之间的跨界学习，应当为多元、异质的参与者提供一个混合、多样的话语空间，使之能解构"中心"和"绝对权威"，这就是形成的"边界地带"。"边界地带"的特点是共同体间交叉重叠，需借助"中介人"与"边界物"而推进跨界学习[②]。所谓中介人，是指能在不同组织实体（学校）间起交流沟通的纽带桥梁作用的人，如行政人员、学校的领导者或专门委派的人、教研员等。而"边界物"，则是提供给参与成员共同研修的载体、事项、工具，如课例、个案、典型经验、作品、评价手册等等，其特点是"具有阐释层面的灵活性"，使参与者的不同看法和主张能通过意见交锋和思维碰撞得到互通、互补、互惠。这些研究无疑是我们组织网络课程学习需要特别注意的。

（三）聚焦案例推理学习

在教师教育课程中，教育案例作为教师实践性知识的主要表达形式，占有很大比重。广义而言，这些案例包括微课中的视频、教育教学活动实录、具体经验、数字化故事、个案，等等。按照美国著名心理学家舒尔曼的分析，案例既是教师个人专业学习的基础，又可以变为教育团体的经验。案例研究联结理论与实践，揭示教师在复杂的认知活动中如何应用高层次决策技能的有效途径；而案例作为教学手段和方法，它把问题带给学习者，要求他们在

---

① 莱夫，温格. 情景学习：合法的边缘性参与 [M]. 王文静，译. 上海：华东师范大学出版社，2004：4.

② 王晓芳. 从共同体到伙伴关系：教师学习情境和方式的扩展与变革 [J]. 华东师范大学学报（教育科学版），2015（3）.

道德中判定，通过案例储存、交换、重组他们的经验。①

1. 解析案例特点

一般认为，教育案例是典型的含有问题的教育事件或教育情境故事，常常由教师以叙事的方式表述自己具有代表性的教育实践过程，明显表现出以下四个特征：一是"经验性叙事"。案例以关注个体和群体内在世界和经验意义的经验叙述为主要特点。经验性叙事强调的不是反映这个世界的大而全的形式、规则、规律，而是经验的意义。它尊重每个个体的生活意义，主要通过有关经验的故事、口述、现场观察、日记、访谈、自传或传记甚至书信及文献分析等，来逼近经验和实践本身。二是"有局限性"。案例依存于教师的局部环境、独特境遇与主观感受。"对于一个偶然事件何以具有案例的特性，并不能从它的叙述本身中立即清晰地表现出来。可归纳性并不是案例固有的，而是在解读者的概念框架中。一件重要事情可以被描述，一个案例必须被说明、阐释、争论、分析和重组。"② 三是"非良构性"。美国学者斯皮罗提出的认知灵活性理论把知识划分为"良构领域"和"非良构领域"。非良构领域知识的特性主要表现为概念复杂性和意义交叉性。③ 案例作为一种"不规则的实例"，蕴含着多种概念和不同的意义，并没有唯一的"答案"或固定的"解读"。每个实例都是非常复杂的，要求使用多种概念表征加以"理解"。四是"可生成性"。案例特别适合教师获取实践性知识。因为实践性知识需要"复杂性思考"，"必须用更具包容性、发散性、行动性、想象空间和内部张力的形式来呈现，而案例就是这样一种理想的方式"。④ 基于案例的这一优势，案例研修有利于教师的"生成性学习"，具体表现为"可迁移""可重构""可拓展"。

2. 发挥案例优势

美国学者舒尔曼曾将教师的知识分为三种形态，即命题知识、案例知识、

① 舒尔曼. 理论、实践与教育的专业化 [M]. 王幼真，刘捷，编译. 比较教育研究，1999（3）.
② 舒尔曼. 理论、实践与教育的专业化 [M]. 王幼真，刘捷，编译. 比较教育研究，1999（3）.
③ 斯特利，盖尔. 教育中的建构主义 [M]. 高文，等译. 上海：华东师范大学出版社，2002：72.
④ 陈向明，等. 搭实践与理论之梯：教师实践性知识研究 [M]. 北京：教育科学出版社，2011：62，136.

策略性知识。他指出，以命题形式存在的知识作为智力理解的支架是不可或缺的，但由于它是"去情境化"的，缺乏细节、情感和气氛，而细节和情境脉络都是必要的。案例知识正好弥补了命题知识的不足并蕴含理论主张。"一个被恰当理解的案例，绝非仅仅是对事实或一个偶发事件的报道。把某种东西称作案例是提出了一个理论主张——认为那是一个'某事的案例'，或认为它是一个更大范围的实例。"当然，命题知识与案例知识在用于解决实际问题时还需策略性知识起选择、调节和"调控"的作用①。

对于教师的课程学习来说，案例有以下作用：一是易习得。案例知识不同于抽象、过度概括化的知识，而具有教师实践性知识的典型特征。它与教学实践的性质有着天然的契合，易于纳入教师实践性知识中。因此，案例所体现的原理、问题解决策略、教师推理方式等，更易为教师所学习。"由于案例示范了最有效的学习方式所发生的具体情境，从而减少了迁移过程中发生的问题。"② 二是促反思。案例情境与教师工作情境的相似性，更容易唤起教师相关联想，比较、对照、领悟、品味或浮想联翩都能激发探究与创造的意愿。三是供示范。案例中内蕴的新见解、新思路、新方法可以丰富教师的实践性知识，特别是原型案例和先例，更容易引起教师去仿效。

3. 学会案例推理

关于"案例推理"，可这样来理解：如果我们把当前面临的问题或情况作为"目标案例"，把记忆中的问题或情况称为"源案例"，那么，案例推理就是根据目标案例的特征，从源案例中搜索相似的案例，并在源案例指导下完成目标案例求解的过程。③ 案例推理（CBR）为人们如何解决问题提供了一种认知模型。这个认知模型是个 4R 模型，包含以下四个步骤："检索"——根据新问题的特征，在案例库中寻找相似案例。"复用"——在调整基础上的重新使用，即根据情境对相似案例所提供的解决方案加以调整，生成新的解决

---

① 舒尔曼. 实践智慧：论教学、学习与学会教学 [M]. 王艳玲，等译. 上海：华东师范大学出版社，2014：141—144.

② 舒尔曼. 迈向案例教学法 [A] // 教师教育中的案例教学法. 郅庭瑾，等译. 上海：华东师范大学出版社，2007：5.

③ 高文，等. 学习科学的关键词 [M]. 上海：华东师范大学出版社，2009：206—208.

方案。"评论"——对新的解决方案加以检验、修正与评论，以确认它的正确性。"保存"——以案例的形式对问题、问题解决方案以及问题解决过程的体验加以描述，形成新的案例，存入案例库，以便将来使用。案例推理过程不仅清晰地揭示了学习者解决问题的过程，而且勾勒了新知识诞生的轨迹，即一个学习中的问题如何成为引发后继学习的新案例的过程。

案例推理指明了从经验中进行有效学习的重要途径：学习时，利用自己或他人的已有经验，生成学习某类知识的经验；对经验加以阐释，以了解从中学习到了什么；将经验的各个部分联结起来，使它们成为有用的案例，并提取出相关教益；预见这些经验的用途，为它们编上索引号，以利于未来的应用；体验应用研究中的失误，解释这些失误并再次尝试；学会有效应用案例进行推理。

三、 拓宽终身学习的路子

从教师作为"成人"和"在职"的特点看，一般应从注重"系统知识学习"走向"问题解决学习"，切实地将学到的理论知识运用到自己的教育教学实践中去，侧重于获取实践性知识，形成实践智慧。我国学者陈向明认为，"教师的工作特征与理论具有不兼容性"，他在分析教师工作特征的基础上，提出了"发掘和提升教师自己的实践理论"，通过"实践联系理论"的研究思路来"超越理论联系实践的提法"[①]，以消解理论与实践的冲突和脱离。

（一）围绕教学工作

教师的专业活动主要是教学。教学实践不仅包含"课堂"教学活动，而且包含为课堂教学活动服务的课前与课后活动，诸如备课、听课与评课、批

---

① 陈向明. 理论在教师专业发展中的使用 [J]. 北京大学教育评论，2008（1）.

改作业、教学反思等"非课堂"实践活动。课堂教学活动与非课堂教学活动的共同特征主要是具有相当的体验性和较高的监控性，但两种实践实际上存在巨大的差异。教学前后的活动（即"非课堂"实践）往往具有时间充裕性、准备性、审慎性、反思性、切磋性。与之不同的是，课堂教学具有时间有限性、目标定向性、素质检验性、事态发展不确定性。有研究指出，围绕这两类教学实践形态的经验学习和知识发展有三种状态。①

1. 常规式

在常规式教学情境中，教学活动按照一定的常规（即按照实践规则和原则而建立起来的一系列调控行为的程序）顺序展开，没有多少需要随机应变的事。也就是说，教师的行为很大程度上受到规则和程式的控制，而以考究的、审慎的方式决策所起的作用很小。这种程式化有利于减轻教师的工作压力，处理日常教学工作，提高工作效率，这也是教师走向成熟的标志之一。麦金泰尔也认为，课堂生活要求教师发展一种自动的、直观的、非反思的专长。为了在课堂中做到举止熟练、自然，教师们利用某些技术性知识，发展可以自动应用的程序。应当说，这种经验学习虽然是必要的和有用的，但可能导致教师"习焉不察"，缺乏适应变化和革新的灵动性和生成性，导致路径依赖和经验的惰性。

2. 应对式

课堂教学按部就班地进行较为少见。课堂教学的一些特征，如难以预料性、时间紧迫性和条件制约性等，使实践中大量存在"应对性"教学。所谓"应对性"教学，是当教学过程中出现了一些未曾预料到的突发事件时，教师习惯的教学程式要被一些小决定打破，而这些小决定就是当场采取的应对措施。正如杰克逊所估计的，一个小学教师每天可能做出一千次决定，这些决定并不一定是审慎的行为，而是对情境的快速解读，以及对行动总目标做出的即时反应。

对于这种突发的情境，萧恩用"行动中反思"与"行动中识知"的观点来说明教师的两种应对状态。在"行动中反思"状态下，教师主要动用生成

---

① 陈振华. 教学实践与教学知识的发展 [J]. 全球教育展望，2000（9）.

性思维能力（与元认知密切相关），来质疑已经做的、正在进行的和可预见到的。它本质上是追问的，通过"怎么办""为什么"之类的反问，使含混者得以澄清，简略者得以细化，抽象者变得具体。只是由于课堂教学存在时间紧迫性等问题，这种追问不可能是长时间的审慎性的。另外，行动中反思还会帮助教师形成临场的思想性试验，即检验惯例。

萧恩又提出了一个有别于"行动中反思"的概念，这就是"行动中识知"。行动中识知是指专业实践者可以自动地、直觉地、充满智慧地对不断变化的实践情境做出反应，但不一定意识到或叙述出自己是如何在实践中做出判断的。在行动中识知的状态下，教师从自己的实践和技能活动中进行潜意识学习。

3. 改革式

在改革的课堂教学中，教师的行为不是其熟悉的程式化行为，可能是新设计的一种行为或几种行为的结合。教师在执行这些行为时，甚至可能有陌生感。这种改革式课堂教学，人们往往称之为试验课或实验课。这种课往往给一些新行为预留了较为充裕的时间，这也为新行为的完成以及行动中反思提供了可能。

在改革式课堂实践中，教师获得的教学知识主要隐含在教师所采取的一些新的教育与教学实验或实践里，它们首先是以假设或行动方案的形式出现的，如果它们在实践中通过检验获得一定的效果或者证实，那么教师就会进一步加以反思、总结和提升。这一方面可能转化为公共知识，另一方面则随着时间的推移，最终构成教师行为方式的一部分。这种通过行为表现的教学知识完全停留在个人教学知识阶段，甚至可能渐渐被遗忘，剩下来的就是一种模糊性的"缄默知识"。

（二）融进学校情境

教师生活于其中的学校是一个非常特殊的场所，这个场所中充盈着人的交互作用和文化的浸润。正像有的专家指出的，在学校中，教学不仅仅是一种传授知识的过程，更是一种生活的过程。我们甚至可以说，生活处境决定着教学的处境，因为在学校乃至课堂上的人际沟通对教与学的状态都具有深刻的影响。教师的生活状态影响着其教学的状态，同样，学生的生活状态也影响着其学习状态。这就是学校文化的根本。①

对一个会学习的教师来说，"在创造性生存实践中，日常与非日常、我为与为我、自在与自为等生存矛盾处于相互转化之中，教师不断创造属于他自己的'可能生活'。这种可能生活不是乌托邦式的理想生活，而是教师在能力范围之内可以通达的"。②

事实上，学校许多场域中的活动都可以给教师带来许多收益。

1. 在会议中吸取

学校的许多工作会议都围绕业务工作进行，从全校性的工作部署、经验总结、专题报告，到教研组、年级组、备课组的教育研究、教学观摩与评议、日常业务学习，教师可以从中分享经验，获取案例，产生洞见。教师应当把它作为一种潜在课程来进行"替代性学习"。

美国心理学家班杜拉认为，事事都要"亲历学习"是不必要的，通过观察、仿效和听取别人的经验，人类可以习得语言、规则、态度、情境等，而不必经过漫长的探索试误过程。人们可以吸取他人显示出来和创造出来的信息源，以此扩大自己的知识、技能。同样，教师在日常生活中通过观察学习与替代性学习，自然获得了一些教育知识，形成了一定的教育方式。

2. 与同事的交流

在学校中，教师之间的办公室谈话、闲聊，走廊中、餐厅里的议论，往往是就事论事、有感而发，其中富含许多真知和新意。

我国有的研究者曾经请教师回顾对他们启发、影响最大的教研活动，很多教师说出的竟然不是我们平时意义上的教研活动，或者说不是学校计划中列出的那些正式的教研组活动，而是一些我们平时不关注的，教师围绕教学、学生等问题在办公室、走廊、饭厅中的交谈和对话等不被我们称为教研活动的活动，如表5-1所示。

---

① 丁钢. 教育经验的理论方式 [J]. 教育研究，2003 (2).
② 罗儒国，教师生存困境：检视与突围 [J]. 南京师范大学学报（社会科学版），2011 (5).

表 5-1　正式教研活动与非正式教研活动的比较

正式教研活动	非正式教研活动
集体备课、说课、听课、评课	围绕教学工作的随意交谈
讨论考试命题、试卷分析	针对个别学生的"集体会诊"
集体业务学习、传达贯彻上级指示、业务考核	对学校焦点（热点）问题的自由讨论
专题研讨活动或正式课题研究	教师自发的学术沙龙或聚会
外出参观考察、学术会议或在职进修	围绕教师工作的网上聊天
优质课评比、研讨	教师反思性阅读，撰写专业日志
师带徒，结对子	教师与研究人员或校长的平等对话

在这个非正式教研活动"平台"上，教师之间随时交流，相互交换信息和"情报"，从而使教师之间的相互开放、合作有了可能。教师之间非正式的相互交流（非正式教研活动）和学校日程上安排的"正式教研活动"对教师具有同样重要的作用。正式的校本研修和非正式的校本研修具有同等重要的作用，两者共同构成学校的教研文化。①

3. 同学生的互动

学校教育情境中广泛存在着教师与学生的交往互动。在教师与学生的相互作用中，教师会受到很大启发，对学生会有更多的了解和认识，这些无疑对教师的专业发展具有积极意义。我国古代教育遗产中，"教学相长""教然后知不足"等主张，确是"民主性精华"。且不说在今天的"数字化时代"，教师的信息优势和"高势能"受到挑战，单就教师在课堂教学中的具体操作而言，我们也未必都能进入学生独特的精神世界，都能理解学生怎样凭借自身的经验在思考问题。所以，有时"灵魂工程师"也没有能触及学生的灵魂，在新事物、新变化面前，我们也还得接受"长江后浪推前浪"的现实。难怪许多优秀教师、许多同学生一起进行研究性学习的教师，都发出了共同的感慨："我们简直惊讶学生具有的智慧和主动精神，真切地感受到一种强大的推

---

① 王洁，顾泠沅. 行动教育：教师学习的范式革新［M］. 上海：华东师范大学出版社，2007：83.

力。""我们重新找到一颗童心、一种青春的激情，享受到与学生一起成长的欢乐。"

（三）渗入日常生活

一般地说，我们把教师日常的专业生活分为教学生活和业余生活（非教学生活）。我国有研究者提出，日常教学生活与非日常教学生活是辩证存在的，两者相互渗透，相互影响。它们是同一生存实践的不同方面，因而需要在两者之间保持必要的张力，不可顾此失彼。[①] 进一步说，"当我们分离了生活当中含义深刻的相对立的实体中的任何一方，实体双方本身就会变成没有生气的幽灵——我们也会变得毫无生气。分解一种生活的悖论同样会影响到我们的智力、情感、精神的幸福，就像人只吸气不呼气会影响我们的身体健康一样。"[②]

1. 把阅历变成一种资源

教师在日常生活中要接触许多人和事，这样的种种经历和遭际，会丰富教师的经验储备和生活底蕴，它们都会成为教师联系现实生活和走进学生心灵的"桥梁"。教师要善于把自身的阅历变为一种"正能量"，所谓"世事洞明皆学问，人情练达即文章"。

对教师来说，无论是联结自身学习还是教给学生知识，"真理"都需要生活经验和实际阅历相掺兑才能真正建构起它们的意义。列宁在《哲学笔记》中就十分赞赏黑格尔关于"真理"的两段话。

黑格尔说："老人讲的那些宗教真理，小孩子也能说，可是对老人来说，这些宗教真理包含着他的全部生活意义。……对小孩来说，这种宗教内容的意义只是这样一种东西，即全部生活和整个意义在它之外。"

列宁说：好极了！"绝妙的比较"。

"正像同一句格言，从年轻人（即使他对这句格言理解得完全正确）的口

---

① 罗儒国. 教师生存困境：检视与突围. 南京师范大学学报（社会科学版），2011 (5).
② 帕尔默. 教学勇气：漫步教师心灵 [M]. 吴国珍，译. 上海：华东师范大学出版社，2005：67.

中说出来，总是没有那种在饱经风霜的成年人的智慧中所具有的意义广袤性，后者能够表达出这句格言所包含的内容的全部力量。"

列宁说：很好的比较（唯物主义的）。

实际上，生活中蕴藏着巨大的甚至可以说是无穷无尽的教育资源，生活中有语文，生活中有数学，生活中有物理、化学。一旦教师将生活中的教育资源与书本知识融通起来，学生就有可能感受到书本知识学习的意义与作用，就有可能深深意识到自己学习的责任与价值，就有可能增强自己学习的兴趣和动机，学习就有可能不再是一项枯燥无味必须完成的义务，而是一种乐在其中的有趣的活动了。

2. 把感悟视为一种财富

在教师的日常生活中，纷繁复杂的对象常会给教师许多刺激，教师也会产生种种感受或醒悟。也许这些感悟是零碎或瞬时的，但教师都要珍视它、审视它，要把对生活、生存有价值的意义且能给自身发展带来启发的点滴感悟记录下来、储存起来、扩展开来，形成"思想火花""生活拾贝""灵感留影"的结集，或通过"微信"与同伴交流。

其实，感悟是人的一种"天性"，率性而为就能水到渠成，给自身发展带来助益。郭思乐教授这样描述感悟的作用[1]：

感悟是人的精神生命拓展的工作间。人形成思想，要通过感悟。它是主体对外部知识、信息的深层次的内化。感悟犹如人体吸收的食物最终转化成奔流在自己血液之中的物质一样——只有后者才是主体自身的东西。不通过感悟，外界的东西对主体来说始终是没有意义的；逐步深入的感悟，则可以使被感悟物——一本书、一篇文章、一个观点或一个事物消化成为主体的思想、精神的一部分。

感悟是头脑中对事物的重新组合、选择和建构，它其实就是创新。感悟是人对自身的挑战，它总是在人的认识的前沿发生。感悟除了有完成的形态之外，还有相当多的处在连自己都不能描述清楚的"愤悱状态"。

---

① 郭思乐. 教育走向生本［M］. 北京：人民教育出版社，2011：149，152.

四、 开展全民阅读活动

读书是教师专业发展必不可少的自主学习活动，教师的工作对象是人，因此教师首先自己要有思想，有灵魂，有科学的积极向上的世界观、价值观，有对自然、对社会的基本认识，这是教师与学生交往、引导学生、行为示范的前提。空口袋是无法立起来的，教师要靠读书来充实自己。培根说："读史使人明智，读诗使人灵秀，数学使人周密，科学使人深刻，伦理学使人庄重，逻辑修辞之学使人善辩。凡有所学，皆成性格。"如果一个人对于知识的学习和掌握只是局限于一隅，就难以获得对人和世界的全面而客观的认识，也不可能成为具有全面的思维能力、博雅的精神和美好的情感的人。

（一）读书活动的目标

成都市一直把组织教师的读书活动作为推动教师个性化自主学习的重要举措，如把读书活动纳入教师专业发展规划和常规工作，建立和健全支持、引领、督导、评估和激励的机制，举办了包括组织动员、经验交流、现场考察、成果展示、表彰奖励等各种活动，使教师的读书活动蓬勃开展起来。

读书活动具有多方面的内涵和效益。成都市的教师读书活动主要指向以下三个目标：

1. 推动学校文化建设

"学校文化"是可以从多角度阐释的概念，一般由默许假设、共享价值观、共享行为规范以及象征性活动构成。[①] 其核心是学校成员共有的价值追求和行为方式。我国的研究者曾对学校文化建设做过许多探索，如有的校长提

---

① 赵中建.学校文化［M］.上海：华东师范大学出版社，2004：11—16.

出，在电子读物、电脑、卡通等快餐式文化越来越占据人们的生活时，我们要牢牢地坚守学校读书这块净土，因为书中自有浓缩的文化。[①] 事实上，在文化建设中提出的如创新、学习、进取、合作、探索等追求，都能从读书中得到滋养和落实，因此，我们把师生读书看成学校文化建设最适切和最必要的途径和抓手。

在成都市的实践中，有些学校十分赞赏苏霍姆林斯基的提法，就是学校应当有几种崇拜：对祖国的崇拜、对人的崇拜、对书的崇拜和对语言的崇拜。可以说，这是对读书做的很好的演绎。

2. 丰富智慧生活背景

苏霍姆林斯基曾经有一段很精辟的论述。他说：许多年的经验向我们证明，有效地开展学生全面发展工作的一个重要条件，就是教师集体要有丰富多彩的智慧生活，要有多样化的兴趣、广阔的视界、顽强的钻研精神和对科学新事物的敏感性。苏霍姆林斯基的话其实涉及教师文化对学校、对学生的教育影响问题。

我们知道，荷兰哲学家皮尔森曾明确宣称，"文化"这个术语与其说是名词，不如说……是行为模式。"文化是一种学校学习过程。"我国向来倡导教师要"敏而好学"，要"学而不厌，诲人不倦"，这种教师精神最重要的行动表现就是读书，并从而构筑起师生智慧生活的背景。

3. 增强通识学习意识

教师专业标准对教师专业知识的领域专门列出了"通识性知识"一项并提出四点要求：具有相应的自然科学和人文科学知识，了解中国教育基本情况，具有相应的艺术欣赏和表现知识，具有适应教育内容、教育手段和现代化方法的信息技术知识。这些要求突出了教师应具有综合的知识储备并能使之融通的理念。

应当看到，当代社会知识在急剧增长的同时表现出日益显著的一体化倾向，自然科学、社会科学和人文科学在曾经高度分化的基础上重新走向高度统一。教育改革以及广大教师都应该顺应这种趋势，增强"通才意

---

① 赵中建. 学校文化 ［M］. 上海：华东师范大学出版社，2004：187.

识"，注重广闻博览，充分利用一些时间和机会阅读专业的以及专业以外的文史哲、理化生、音体美书籍，兼收并蓄，使自己具有丰厚的文化底蕴和综合素养。

（二）读书活动的深化

群众性教师读书活动的开展有一个逐步引向深入，使之产生成效的问题。由于参与活动的人员众多，他们各自的专业方向、学习准备、智能结构、环境条件都存在巨大的差异。因此，需要循序渐进、因势利导，把读书活动引向高品位、高质量，使读书真正成为教师的精神需要。

1. 从情趣到志趣

书籍能给人展现一个丰富多彩的世界，很容易激发起阅读者的兴趣，许多人都是由此而步入知识殿堂的。心理学研究提出，兴趣是一种带有情感色彩的动力性结构，人的兴趣广度和稳定性是很不相同的。培养广泛而又有中心的、稳定的兴趣，对于人的智能发展具有重要意义。特别是读书的兴趣是一种认识兴趣，它表现为力求深入地认识客观世界，是一种高级的兴趣，需要明确学习的社会意义并伴随创造一些基础条件才可能发展起来。

从我们的具体工作来看，主要是保持方向意识，指向专业需要；提供应用情境，解决实践问题；建立展示平台，肯定多样成果；及时勉励强化，磨砺意志品质；重视自我体验，获得内在奖酬。

2. 从想读到会读

教师有了读书意愿是他们求知欲的一种表现，但要使这种意愿保持下去，就必须从想读走向会读。我们主要抓三个环节：

一是在选择上下功夫。在信息激增的背景下，在浩如烟海的书刊宝库中，要觅取适合自己需要的读物，缺乏方向感、鉴别力和敏锐性是不可能成功的，这只能在读书实践中锤炼。我们采取的措施主要是定向推荐、分类介绍、专家建议、同行评述、专题讲座、新论辑选等。

二是在思考上做文章。读书不只是攫取和存储，《学记》中说："记问之学，不足为人师。"因此，会读书的教师一定是动脑筋读、创造性地读，这就是郭思乐教授所讲的："人类的阅读，是一种最适宜于把既有的信息与当前的创造结合起来，把接收与联想结合起来的活动方式。其美妙之处就在这里——它区别于完全感性的方式，而是通过领略人类信息凝练而成的文字，激发自己的储存，形成新的信息、新的画面和新的感悟；不仅是在感官的领域，更是在思想的领域，以信息引发信息，以情感引发情感。"①

三是在迁移上下功夫。如果读书不能举一反三，那么读得再多，收获也不会很大，所以要在迁移上下功夫。所谓迁移，是指先前学习对当前学习和解决问题的影响。我们倡导将读书所得加以迁移，这就需要满足迁移的条件：概括、解决问题、元认知活动。

3. 从应然到自然

教师应当读书，因为教师天天都在"输出"，所以不能不"输入"；教师天天在"放电"，所以不能不"充电"。这显然是一种客观必要性的应然要求。但读书还应当有更深层的建构，那就是从"必然王国"走向"自由王国"，其境界更高。发展的轨迹就是：工作性质的要求→求知益智的手段→专业成长的阶梯→文化素养的涵育→精神生活的追求→生存价值的体现。

从我们对成都各区（县）读书活动开展的督导评估的情况看，一种初见端倪的趋势开始出现，这就是从要求到需求，从推动到自动。

（三）读书活动的推进

就成都读书活动的整体情况来说，始终存在着一些矛盾，如专精与广博、吸收与创新、投入与产出等矛盾都需要加以解决。我们认为，读什么书和怎么读书是高度个性化的事情，没有放诸四海而皆准、适合每一个人的策略和方法，因此，读书的指导也好、引领也好，只能提出一些原则性的思路和建议。

1. 建立激励性的机制

作为一种倡导和推动，建立一种激励的机制是必要的。根据蒂西原理，

---

① 郭思乐. 教育走向生本 [M]. 北京：人民教育出版社，2001：43.

如果同时存在外部奖酬和内部奖酬，其效应不是二者之和，而是二者之差，即相互抵消。因此，我们只在力所能及的范围内给予教师一些外在支持，如赠送购书券、奖发优秀书刊、组织专题辅导、举办读书经验交流会议、印发参考资料、提供考察机会等等。在内在奖酬上，主要是呈现读书心得，强化成就动机；展示读书成果，提升抱负水平；感受读书乐趣，唤起智力情趣；表彰先进群体，激发集体荣誉。

2．重视操作化指导

读书的方法有很多，但不尽适合每一个人，有一些操作倒是可供教师参考：

一是脑内存储条理化，包括"消化—简化—序化"。"消化"，即充分理解，化为自己的养分，这是读书的第一步。"简化"，包括大量过滤、寻找链条、简单包容、合理代谢、模糊记忆等方法。"序化"，即分类排序、上靠下联、纳入系统等。

二是脑外存储便利化。要求能定向求全、纵横相携、统筹兼顾、优选求新、密集贮存、坚持不懈等。至于做资料卡、笔记、索引、网络录入等，那就更需因人而异地采用了。

3．鼓励转化式表达

从读书的"接受"到"应用"或"创新"，有一个"转化"的中间环节。胡适曾经讲过："发表是吸收知识和思想的绝妙方法。吸收进来的知识、思想，无论是看书得来的，还是听讲得来的，都只是模糊零碎的，都算不得自己的东西。自己必须做一番手脚，或做提要，或做说明，或做讨论。自己重新组织过，用自己的语言记述过——那种知识思想方可算是你自己的了。"